Japanisch kochen

Emi Kazuko

Japanisch kochen

120 Originalrezepte von 21 Küchenmeistern

CHRISTIAN VERLAG

Aus dem Englischen übersetzt von Natascha Afanassjew
Redaktion: Inken Kloppenburg Verlags-Service, München
Korrektur: Dr. Christian Topp
Umschlaggestaltung: Horst Bätz
Satz: Studio Fink, Krailling

Die Originalausgabe mit dem Titel *Masterclass in Japanese Cooking* wurde erstmals 2002 im Verlag Pavilion Books, einem Imprint von Chrysalis Books, London, veröffentlicht.

Design: Nigel Soper

Druck und Bindung: Imago, Singapur
Printed in Singapore

ISBN-13 978-3-88472-730-0
ISBN-10 3-88472-730-3

HINWEIS

Alle Informationen und Hinweise, die in diesem Buch enthalten sind, wurden von der Autorin nach bestem Wissen erarbeitet und von ihr und dem Verlag mit größtmöglicher Sorgfalt überprüft. Unter Berücksichtigung des Produkthaftungsrechts müssen wir allerdings darauf hinweisen, dass inhaltliche Fehler oder Auslassungen nicht völlig auszuschließen sind. Für etwaige fehlerhafte Angaben können Autorin, Verlag und Verlagsmitarbeiter keinerlei Verpflichtung und Haftung übernehmen.

Korrekturhinweise sind jederzeit willkommen und werden gerne berücksichtigt.

DANKSAGUNG

Mein Dank gilt dem verstorbenen Kenneth Lo, der mich dazu brachte, Kochbücher auf Englisch zu verfassen, meinem Mentor Detha Hsiung für seine Freundschaft und Unterstützung und meiner langjährigen Freundin Katsuko Hirose, die nie müde wurde, mir aus Japan bei der Recherche zu helfen. Außerdem danke ich allen meinen befreundeten Food-Autoren, insbesondere Marlena Spieler für ihr professionelles Interesse an der japanischen Küche. Doch vor allem gilt mein tief empfundener Dank meiner Herausgeberin Zoe Antoniou, ohne deren große Unterstützung, ihre Anregungen und Geduld dieses Buch niemals entstanden wäre.

ANMERKUNG

[V] = Vegetarische Rezepte

Inhalt

Zu diesem Buch

Die internationale Beliebtheit der japanischen Küche hat im letzten Jahrzehnt rapide zugenommen. Auslöser war die weltweite *Sushi*-Begeisterung, die gegen Ende der 1990er-Jahre den japanischen Speisen zum bisher größten Interesse verholfen und zur Entstehung einer neuen japanischen Cuisine beigetragen hat. Ich halte es für ein besonderes Privileg, diese Entwicklung miterleben und einen Beitrag zum besseren Verständnis der einst höchst mysteriösen japanischen Küche leisten zu können.

Mysteriös galt diese Küche in den Augen westlicher Völker vermutlich deswegen, weil wir Japaner rohen Fisch essen. Doch nachdem sich diese fremde Gewohnheit im Westen zu einer neuen Modeerscheinung mit Namen *Sushi* gewandelt hat, ist sie keineswegs mehr mysteriös. Dennoch unterscheidet sich das Konzept der japanischen Küche wesentlich von dem westlicher Länder. Die traditionelle japanische Küche ist unkompliziert und gekennzeichnet von einer natürlichen Art des Kochens: Kann man etwas direkt vom Feld oder aus dem Wasser verzehren, dann ist das die beste – wenn nicht die einzige – Form, den natürlichen Geschmack zu erleben. In der japanischen Küche werden die Speisen grundsätzlich mit Wasser gegart, während man in fast allen anderen Ländern Öl verwendet. Wir gebrauchen Öl nur sehr sparsam. *Tempura* wird zum Beispiel in sehr dünnem Teig leicht ausgebacken und bei Tisch in eine *Dashi*-Dipsauce getunkt, die das überschüssige Öl aufnimmt und für zusätzliches Aroma sorgt.

In der Vergangenheit haben europäische Meisterköche bereits versucht, eine neue Küche zu kreieren, und das wachsende Angebot exotischer Zutaten dafür genutzt. Wirklich aufregend ist jedoch, dass japanische Küchenmeister mit ihrem Gespür und Wissen über ihre einmalige Kochtradition, die ausgefeilten Techniken, die subtile Art des Würzens und die perfekte Präsentation inzwischen etwas ganz Neues schaffen. In Tokio habe ich zum Beispiel sanft gegrillte *foie gras* gegessen, die auf *Daikon*-Rettich, in einer *Dashi*-Sauce langsam gegart, angerichtet war. In London wurde der Klassiker *Katsuo no Tataki* (leicht gebratenes Bonito-*Sashimi*) in einen Salat mit Senf-*Shoyu*-Dressing verwandelt. In New York und London ist inzwischen aus dem in *Miso* marinierten Grillfisch ein großartiges Bankettgericht mit dem seltenen und teuren Sablefish (Kohlenfisch) geworden. All diese Köche präsentieren die japanische Küche auf westliche Art. Das Ergebnis bewahrt die japanischen Traditionen und besitzt doch universellen Reiz.

Zwanzig ausgesprochen anregende Küchenmeister, Küchenchefs, Lehrer, Autoren und Fernsehköche aus allen Teilen der Welt erzählen in diesem Buch von der heutigen japanischen Küche. Sie sind allesamt Experten der japanischen Küche – vom höchst traditionellen *Kaiseki* (mehrgängiges Mahl) bis zu den neuesten Formen. In ihrer jeweiligen Domäne sind sie hoch angesehen, und die Rezepte verweisen auf ihre Spezialgebiete. Jedes Kapitel krönt ein Küchenmeisterrezept, das Schritt für Schritt ausführliche Arbeitsanweisungen gibt sowie wertvolle Expertentipps zur Verarbeitung der Zutaten.

Aus Japan selbst stammen zwölf dieser Küchenmeister. Sie decken das breitere Spektrum der Landesküche ab: von den authentischen *Ryotei* (Gesellschaftshäusern im alten Stil) in Kyoto bis zu den modernen Tokioter Restaurants. Viele der Köche kennt man in ihrer Heimat aus dem Fernsehen und aus Zeitschriften, außerhalb Japans sind sie jedoch kaum bekannt. Die meisten *Ryotei* in Kyoto werden immer noch von Nachkommen der Gründer geleitet, und drei dieser außergewöhnlichen Meister haben an diesem Buch mitgearbeitet.

EIICHI TAKAHASHI (ET) wurde in das legendäre Hyotei hineingeboren, das 1837 entstand, und gehört zu den führenden Vertretern der kulinarischen Welt Japans. MASAHIRO KURUSU (MK) aus dem berühmten Tankuma unterrichtet in mehreren bekannten

Kochschulen. YOSHIHIRO MURATA (YM) aus dem Kikunoi ist ein gefeierter Küchenmeister und präsentierte zusammen mit Dom Pérignon 1999 ein *Kaiseki*-Bankett in Frankreich. AKIHIRO KURITA (AK) ist ein junger Koch in einem der Kyotoer *Kappoh*-Restaurants, wo er direkt vor seinen Gästen kocht.

Eine Reihe gefeierter Fernsehköche, berühmter Kochlehrer und moderner Chefköche aus Tokio gibt ebenfalls ihre authentischen Küchentechniken preis. KAZUNARI YANAGIHARA (KY), Nachkomme der alten *Cha-Kaiseki*-(Mahl zur Teezeremonie)Sekte Kinsa-Ryu, leitet seine eigene renommierte Kochschule und hat bereits mehrere Serien über die japanische Küche im Fernsehen präsentiert. KENTARO KOBAYASHI (KK) ist ein berühmter Fernsehkoch, der sich auf einfache Gerichte für die häusliche Küche spezialisiert hat. TAKAYUKI HISHINUMA (TH) und MINORU ODAJIMA (MO) gehören zu den großartigen Köchen, die die moderne japanische Küche kreiert haben. Als Vertreter der Spezialitätenrestaurants konnten TETSUYA SAOTOME (TSa), *Tempura*-Küchenchef und Besitzer des gefeierten Mikawa, gewonnen werden sowie TAKESHI YASUGE (TY), *Fugu*-Chefkoch und Besitzer des *Fugu*-Restaurants Asakusa Fukuji. YUICHI OYAMA (YO) ist der *Sushi*-Chefkoch des legendären *Sushi*-Restaurants Yoshino in Osaka und der stolze Bewahrer von *Sushi*-Rezepten nach Osaka-Art. NOBUO IWASEYA (NI) ist leitender Chefkoch aller Suntory-Restaurants im Ausland und wurde für das Londoner Restaurant 1987 mit einem Michelin-Stern ausgezeichnet.

Aus Großbritannien habe ich zwei Meisterköche aus herausragenden Londoner Restaurants ausgewählt. HISASHI TAOKA (HT), der Besitzer des Kiku, ist Fischhändler und SUSUMU HATAKEYAMA (SH) leitender Chefkoch des etablierten Ikeda. Aus Deutschland hat HIDEAKI MORITA (HMo), Chefkoch des Matsumi in Hamburg, einige echte Gaumenfreuden beigesteuert.

Drei weitere, außergewöhnliche Chefköche kommen aus den USA. LINDA RODRIGUEZ (LR), die einzige Frau und nicht aus Japan stammende Mitarbeiterin, ist die leitende Chefköchin des gefeierten Bond-Restaurants in New York. Geboren in Manila, wuchs sie jedoch in den USA und Japan auf und hat bereits mit dem weltberühmten Nobu Matsuhisa in seinem Londoner und New Yorker Restaurant gearbeitet. TOSHI SUGIURA (TSu), Chefkoch des *Sushi*-Restaurants Hama in Los Angeles, bereiste die Welt, ehe er sich niederließ und der beste *Sushi*-Koch in Los Angeles wurde. KEN TOMINAGA (KT) heißt der junge Küchenchef des beliebten Hana-Restaurants im Norden San Franciscos.

Aus Australien stammt HIROSHI MIURA (HMi), der leitende Küchenchef eines All-Nippon-Airways-Restaurants in Sydney mit Namen Unkai. Er ist in der Teezeremonie wie auch in der klassischen Küche ausgebildet. NAOYUKI SATO (NS) begann seine Karriere im Nadaman, einem der ältesten und erfolgreichsten *Kaiseki*-Restaurants in Kyoto, und ist inzwischen Chef einer Armee von Köchen in dem gleichnamigen Restaurant in Hongkong.

Die Beiträge dieser Spezialisten habe ich durch eigene Rezepte ergänzt und eventuelle Lücken in Bezug auf Zutaten und Techniken gefüllt. Viele meiner Rezepte stammen aus der traditionellen Küche, die ich zu Hause bei meiner Mutter erlernt habe, oder aus den Kochkursen, die ich in meiner Jugend zur Vorbereitung auf den Brautstand besucht habe. Dazu gehören auch die Teezeremonie sowie *Cha-Kaiseki* (das Mahl zur Teezeremonie).

Japanisch kochen ist nicht schwer: Man muss nur auf das achten, was die Natur zu bieten hat, wie wir in Japan sagen. Ich hoffe, die Mischung aus Rezepten professioneller Köche und meinen eigenen verhilft Ihnen zu einem tieferen Verständnis für eine der gesündesten, aromareichsten Landesküchen der Welt.

Emi Kazuko

Japanische Küche und die Teezeremonie

Die japanische Küche unterscheidet sich, ebenso wie die Kultur Japans, wesentlich von der anderer Länder. Ihre Vielfalt ist beeindruckend, doch die Zutaten und Gerichte sind einfach, fast minimalistisch. Die Gründe sind kultureller, religiöser und sozialer Art und gehen auf die jahrhundertealte Geschichte Japans zurück. Den Ursprung bildeten der Reis, Grundnahrungsmittel seit alter Zeit, und die Erfindung solch wichtiger Würzzutaten wie *Shoyu* und *Miso*. Großen Einfluss auf die Küche Japans hatte der Buddhismus, der auch die Entwicklung der Teezeremonie und der dazu gereichten Speisen prägte.

Für die Japaner ist Reis so wichtig, dass das Wort für gekochten Reis, *Gohan* oder *Meshi,* gleichzeitig „Mahlzeit" bedeutet, während alle anderen Speisen *Okazu* heißen – bloße „Beilagen". Der Reis gelangte möglicherweise im 2. Jahrhundert vor Christus von Südostasien nach Japan. Zum Hauptnahrungsmittel entwickelte er sich zwischen dem 8. und 12. Jahrhundert, als die Aristokratie eine Blütezeit erlebte und Essen und Trinken wichtiger Bestandteil des sozialen Lebens wurden. Da Reis einen größeren Ernteertrag als jedes andere Getreide liefert und sich außerdem gut lagern lässt, blieb er stets das verlässliche Hauptnahrungsmittel der Japaner. Alle anderen Nahrungsmittel und Speisen wurden als passende Beigaben zum Reis zubereitet, und dank seines neutralen Geschmacks und seiner weichen Konsistenz harmoniert er mit fast jeder aromatischen Zutat. Auch viele andere japanische Spezialitäten wie *Sake, Mirin,* Essig und *Miso* entstanden aus den kostbaren Reiskörnern.

Sake braute man bereits im 8. Jahrhundert aus Reis. Damals wie heute galt er als heilige Flüssigkeit, die von bösen Geistern befreit, und steht in engem Zusammenhang mit Shinto, der alten japanischen Religion, ihren Zeremonien und Ritualen. Jedes Jahr wird der erste gebraute *Sake* der einzelnen Regionen immer noch den Shintoschreinen geopfert.

Die wichtigste kulinarische Errungenschaft neben Reis und *Sake* war *Hishio*. Diese Mischung aus Salz und tierischen oder pflanzlichen Fasern und Proteinen ergab eine nahrhafte Zutat und Würze. Es gab verschiedene Sorten *Hishio,* und jene aus Reis, Gerste oder Bohnen entwickelte sich zwischen dem 11. und 16. Jahrhundert nach und nach zu den zwei wichtigsten Würzzutaten Japans: *Shoyu* und *Miso*.

Eine andere Variante von *Hishio* mit Fisch bildete den Vorläufer des heute weltberühmten *Sushi*. Anfänglich wurden Süßwasserfische in Salz und gegartem Reis fast ein Jahr lang fermentiert, um sie zu konservieren. Gegessen wurde nur der Fisch, den Reis warf man weg. Diese älteste erhaltene *Sushi*-Form heißt *Nare-Zushi* und wird jedes Jahr in Shiga bei Kyoto zu Ehren eines Schreins aus dem 8. Jahrhundert zubereitet. Um den Vorgang zu beschleunigen, gab man Essig zum Reis. Dies verkürzte den Konservierungsprozess auf zehn Tage, sodass man auch den Reis essen konnte. Im Tokio des 19. Jahrhunderts wurde die Methode noch weiter beschleunigt, und daraus entstand das heutige *Nigiri-Zushi* (Finger-*Sushi* mit einer Scheibe rohem Fisch).

Die Einführung des Buddhismus im 6. Jahrhundert hatte großen Einfluss auf die Küche Japans. Das Schlachten und Essen von Tieren galt als Sünde und wurde schließlich verboten. So entstand der traditionsreiche Vegetarismus in Japan. Erst gegen Ende des 19. Jahrhunderts, als die Öffnung des Landes nach 260 Jahren Abgeschlossenheit erzwungen wurde, begann man, vom Ausland beeinflusst, wieder Fleisch zu essen. Dennoch wird die Küche bis heute von Gemüse und Seafood dominiert.

Obwohl der Buddhismus über China nach Japan gelangte und man in beiden Ländern viele ähnliche Zutaten kennt, ist die japanische Küche doch ganz anders. In China aß man stets Fleisch und verwendete tierisches Öl zum Kochen. Die Zutaten wurden in heißem Öl kurz gebraten, um nur wenig Brenn-

Der Große Buddha von Kamakura hat eine beeindruckende Wirkung. Stets erinnert er an den großen Einfluss des Buddhismus auf die japanische Kultur und Landesküche.

stoff zu verbrauchen. Die japanische Küche verwendete kein Öl und löste das Problem des mangelnden Brennstoffs, indem man direkt über dem Feuer grillte oder die Speisen in ganz wenig Wasser nur kurz garte. Braucht man in China auch heute noch viele verschiedene Zutaten und Würzmittel, steht in Japan nur eine Zutat im Vordergrund; eine Sauce wird meist separat gereicht.

Im 12. Jahrhundert wurde der eher strenge Zen-Buddhismus eingeführt, der zur Entwicklung der Teezeremonie und der vegetarischen Küche führte. Tee war erstmals im 8. Jahrhundert aus China nach Japan gelangt, aber erst durch die Zen-Mönche setzte sich das Teetrinken in den Adels- und Samurai-Schichten durch. Während des turbulenten 15. und 16. Jahrhunderts lernte man den reinen Teegenuss – in aller Ruhe und abseits von Kriegen – immer mehr zu schätzen, und unter dem Einfluss der Zen-Philosophie der Gelassenheit und Schlichtheit wurde die Teezeremonie geboren. Sie ist nicht nur das Ritual eines Nachmittagtees, sondern vielmehr eine Philosophie – die Basis der japanischen Kultur, die alle Formen der visuellen Künste einbezieht, etwa Malerei, Töpferei, Blumenarrangements, Architektur sowie Speisen und ihre Präsentation. Die Teezeremonie und die vegetarische Küche bildeten zusammen *Chaji* und *Cha-Kaiseki* (das Mahl zur Teezeremonie).

Das Mahl, *Cha-Kaiseki,* zur formellen vollen Teezeremonie, *Chaji,* bestand ursprünglich nur aus je einer Schale Reis und Suppe und zwei oder drei Beilagen. Es wird vor der Teezeremonie serviert, als besondere Würdigung des Tees. Die Bezeichnung *Kaiseki,* „Stein am Körper", leitet sich von einem erwärmten Stein ab, den die Mönche unter ihrem Gewand trugen, um Hunger und Kälte besser zu verkraften. Heutzutage besteht *Cha-Kaiseki* meist aus Reis, Suppe, Vorspeisen, einer gedämpften und einer gegrillten Beilage, klarer Brühe, einem Hauptgericht, eingesalzenem Gemüse und heißem Wasser. *Sake* wird ebenfalls serviert. Zutaten und Darreichung sollten die jeweilige Jahreszeit widerspiegeln.

Die Teezeremonie ist eine alte Kunstform, die Speisen, Getränke und Kultur miteinander vereint. Auch heute noch wird sie praktiziert, obwohl man inzwischen auf einige komplizierte Formen der Zeremonie verzichtet.

Der Besuch in einem traditionellen *Kaiseki*-Restaurant ist selbst für Japaner ein faszinierendes Erlebnis. Es handelt sich nicht um ein übliches Restaurant, sondern ein Haus im alten Stil, das man durch ein Tor betritt. Auf einem von Bambus flankierten Weg geht man über frisch benetzte Steine, zieht sich in einer abgetrennten Eingangshalle die Schuhe aus und betritt eine höhere Ebene. Von dort wird man durch einen langen, holzgetäfelten Gang in einen separaten Raum mit *Tatami* (dicken Strohmatten) geführt – mit Blick auf einen schön gepflegten, friedlichen Garten. An einer Seite des Raumes befindet sich eine dekorative Nische mit Schriftzeichen und Blumen der Jahreszeit. Nach einer rituellen Begrüßung durch die Dame des Hauses bringt eine Frau im Kimono die vom Koch ausgewählten Speisen herein und verbeugt sich vor und nach dem Servieren. Das Mahl ist aber nur Teil eines Gesamtkonzepts, das den Ort, den Garten, die Atmosphäre, Etikette und Speisen miteinander verbindet. Je nach Jahreszeit ändern sich Raumdekoration, Geschirr und Essstäbchen. Auf der Vorspeisenplatte befinden sich saisonale Zutaten aus den Bergen, dem Wasser und vom Land. Beim *Kaiseki* kann man auf ideale Weise die Gaben der Natur würdigen.

Zwar gehört die Teezeremonie nicht mehr zum japanischen Alltagsleben, doch sind die *Kaiseki*-Restaurants fest etabliert. Die traditionellen Speisen bilden immer noch die Grundlage der japanischen Küche, aber längst stehen vom Ausland beeinflusste Gerichte wie *Tonkatsu* (Schweinekotelett) und *Ramen* auf den Speisekarten. Eine weitere Besonderheit der japanischen Restaurantkultur ist die häufige Spezialisierung auf nur ein Gericht oder eine Zutat, etwa *Sushi* oder *Tempura.* Ein Japaner entscheidet im Voraus, was er essen möchte, und wählt entsprechend das Restaurant aus. Möge die ganze Welt diese Cuisine entdecken.

Regionale Spezialitäten und Getränke

Die geographische Lage macht Japan zu einem Land, in dem man wunderbar leben kann: Das Klima ist relativ mild, und es gibt vier Jahreszeiten von beinahe gleicher Dauer. Die landwirtschaftlichen Erzeugnisse sind je nach Jahreszeit sehr unterschiedlich, was sich in der Küche mit ihrer Betonung auf saisontypischen Speisen widerspiegelt. Das lang gezogene, schmale Land erstreckt sich über zwanzig Breitengrade, das entspricht der Distanz zwischen Nordschottland und Nordafrika. Und so reicht seine Produktfülle von Reis über Zuckerrohr bis zu Äpfeln, Mango und Papaya. Obwohl seine Gebirgszüge bis zu achtzig Prozent des Landes bedecken, besitzt es ausreichend Ackerland. Die warmen und kalten Strömungen an seinen Küsten sichern Japan außerdem eine der weltweit größten Fischereiwirtschaften.

Vor dem Zweiten Weltkrieg lebte Japan vorwiegend von der Landwirtschaft, doch aufgrund der rasanten Industrialisierung ist es heute stark auf Lebensmittelimporte aus anderen Staaten Südostasiens angewiesen. Dennoch ist es bei der zunehmenden Globalisierung und Massenproduktion geradezu ein Wunder, dass immer noch zahlreiche kleine Familienunternehmen florieren: ob sie nun in Hokkaido *Kombu* sammeln und trocknen oder irgendwo in Japan Gemüse einlegen. Diese regionalen Spezialitäten sind heute überall in Japan über Versand- oder On-Line-Handel erhältlich. Die saisontypischen Spezialitäten bekommt man in den regionalen Restaurants oder in dem speziellen *Bento* (Lunchbox), der in den Geschäften im Ort sowie an den Kiosken der Hauptbahnhöfe angeboten wird.

In Japan gibt es 47 *Ken* oder Präfekturen (Amtsbezirke), die sich aus den *Han* (den Domänen) entwickelt haben, welche die alten Kriegsherren während der Shogun-Ära vom 16. bis 19. Jahrhundert regierten. Während die typischen Merkmale der *Han* (heute *Ken*) und ihrer Bevölkerung bis heute überlebt haben, lässt sich das Land geographisch in die nach-

Dieser Mann auf dem Tsukiji-Markt wählt geeignete Kraken aus.

folgend beschriebenen sieben Regionen unterteilen. Reis wird beinahe überall in Japan produziert, doch die reichen Reisregionen befinden sich im Norden, ebenso die Hauptproduktion von *Sake*. Die südlichen Regionen haben tropischeres Klima und kultivieren tropische Früchte und Gemüse.

Hokkaido *(die Nordinsel)*

Klima und Landschaft von Hokkaido erinnern stark an Schottland. Die Insel ist wirtschaftlich am wenigsten entwickelt und die Bevölkerungsdichte gering. Erst zu Beginn des 20. Jahrhunderts ermutigte die Regierung die Menschen, hierher zu ziehen und das Land zu bewirtschaften. Neben den Ureinwohnern, den Ainu, stammt die Bevölkerung aus ganz Japan, sodass man von einer kulturell durchmischten, liberalen Region sprechen kann.

Wie Schottland ist die Insel für ihren Fischreichtum berühmt, vor allem Lachs. Verarbeitet man ihn nicht frisch, wird er meist sofort eingesalzen – auch der Lachsrogen, *Ikura,* den man für *Sushi* oder Vorspeisen verwendet. Es gibt drei beliebte Krabbenarten: *Taraba-Gani* (Königskrabbe), *Kegani-* und *Hanasaki*-Krabbe. Heringsrogen, *Kazunoko,* sofort eingesalzen und getrocknet, gehört zu den Spezialitäten für das Neujahrsfest und wird auch für *Sushi* verwendet. Weitere typische Meeresfrüchte sind

Leuchtend bunte Konserven mit Krabbenfleisch in einem Tokioter Geschäft.

Ein Stand mit frisch getrocknetem Fisch auf einem der vielen regionalen Märkte. Fisch ist der mit Abstand häufigste Proteinlieferant in der japanischen Küche.

Muscheln, etwa *Hokki-Gai* (Trogmuscheln), Tintenfisch, Kammmuscheln, verschiedene Garnelenarten und Makrelenhecht.

Trotz des rauen Klimas und der schroffen Gebirge gedeihen hier Kartoffeln, Gemüsemais, Zwiebeln, Kürbis und Spargel, in den wenigen Niederungen sogar Melonen. Die ausgezeichnete Kartoffelsorte *Danshaku* (Baron) wurde 1906 nach ihrem Züchter, Baron Kawada, benannt. Hokkaido ist auch die einzige Region Japans mit Schafzucht.

Ishikari-Nabe, frischer Lachs und Gemüse, in *Miso*-Brühe gegart, ist eine echte Hokkaido-Spezialität, und im Ganzen gegrillter *Shishamo* (eine Stintart) wird landesweit von *Sake*-Trinkern bevorzugt. Krabbenflocken auf Reis bekommt man in den *Bento*, und viele Straßenstände verkaufen im Sommer zubereitete Krabben. Auch *Ghengis Khan-Nabe* (gegrilltes Lamm) wird hier gegessen. *Ramen* (Nudeln auf chinesische Art), vor allem *Miso-Ramen*, kamen zuerst in der Hauptstadt Sapporo auf und leiteten die internationale *Ramen*-Begeisterung ein. In Hokkaido gibt es sogar ein *Ramen*-Dorf.

Hokkaido ist eine der größten Reis produzierenden Regionen, jedoch vorwiegend zur *Sake*-Herstellung. Wegen der langen, kalten Winter sind die Brauzeiten eher lang, und das Ergebnis ist ein trockener, leichter *Sake*.

Tohoku *(der nördliche Teil der Hauptinsel Honshu)*

Die mächtigen Gebirge Zentraljapans beginnen an der Nordspitze der Hauptinsel Honshu. Die sibirischen Winde, die hier aufgehalten werden, sorgen auf der Westseite für heftige Schneefälle. So ist die Region sechs Monate im Jahr schneebedeckt.

Im angrenzenden Japanischen Meer, dem Pazifik und der Tsugarustraße werden Lachs, Tintenfisch, Kabeljau, Kammmuscheln und sogar Haie gefangen. In den vielen felsigen Buchten der Pazifikküste züchtet man Austern, *Wakame* (junge Braunalgen) und Kammmuscheln (vor allem Jakobsmuscheln). Zu den Süßwasserfischen zählen *Ayu*, *Iwana* (Seesaibling), *Dojo*, Forelle und Karpfen.

Tohoku ist Japans Hauptanbaugebiet für Reis. Der ertragreichste Reisgürtel verläuft entlang der Küste am Japanischen Meer bis zur nächsten Region im Süden. Hier gedeihen hochwertige Reissorten, so auch Japans bester Reis: *Sasanishiki*. Trotz der kalten Winter baut man Gemüse und Obst an, am berühmtesten für diese Region sind die Äpfel (etwa *Fuji*). Die Berge liefern viele Arten von *Sansai*, wildem Berggemüse, und Pilzen, die beide ganz unterschiedlich eingelegt werden. Die lange Winterpause förderte die Entwicklung ausgeklügelter Technologien zur Konservierung verschiedenster Lebensmittel. Das legendäre japanische Rindfleisch, *Shonai-Gyu*, wird in Yamagata-Ken auf der Pazifikseite gezüchtet, ebenso *Shonai*, eine spezielle Schweinerasse.

In der Region gibt es viele Spezialitäten mit oder zu Reis: Bei *Kiritanpo* handelt es sich um einen mit Reis ummantelten Stab, der über Holzkohlenglut gegrillt und dann in Brühe gegart wird. Eine Winterspezialität ist der Eintopf *Shottsuru* mit *Hata Hata* (einer Sandfischart), der auch eingesalzen und für *Sushi* verwendet wird. In Sendai, einer großen Stadt am Pazifik, stellt man Sendai-*Miso* und Fischprodukte wie *Sasa Kamaboko* (in Bambusblätter gewickelter Fischkuchen) her.

Aus dem Schmelzwasser der Berge und dem hervorragenden Reis entstehen einige der besten *Sake*. Vier der sechs *Sake* produzierenden Präfekturen zählen zu den zehn besten in Japan.

Kanto *(Tokio und Umgebung)*

Die Region um die Hauptstadt Tokio ist das politische, wirtschaftliche und kulturelle Zentrum Japans. Das Flachland von Kanto, die größte Tiefebene, wird von den Bergen im Norden vor den kalten sibirischen Winden geschützt und profitiert vom warmen Pazifikstrom im Osten und Süden. Die Pazifikküste von hier bis Osaka, der zweitgrößten Stadt, besitzt das mildeste Klima und ist darum mit etwa achtzig Prozent der 125 Millionen Einwohner Japans auch am dichtesten besiedelt. Die Tokioter Küche ist entsprechend geprägt: Hier bekommt man zu jeder Jahreszeit alle Speisen und Getränke, regionale Spezialitäten ebenso wie internationale Küche. Auf Tokios Tsukiji-Fischmarkt werden täglich etwa 3000 Fischarten gehandelt.

Der am Pazifik gelegene Osten verfügt über großen Fischreichtum. Hier fängt man mehr *Katsuo* (Echten Bonito) als in irgendeiner anderen Präfektur. Hinzu kommen Sardinen und Schaltiere wie Abalonen, *Sazae* (Tigerschnecken), *Asari* (Teppichmuscheln) und *Hamaguri* (Venusmuscheln). Der *Nori* von der Pazifikküste, unverzichtbare Zutat für *Sushi*-Rollen, ist von besonders guter Qualität. Süßwasserfische werden zu Schnellimbissen wie *Kabayaki* aus Aal (gedämpft und gegrillt, mit *Tare*-Sauce) und *Tsukudani* aus verschiedensten Fischen und Schaltieren (lange in dunkler Sojasauce gegart) verarbeitet.

Chiba-Ken im Westen von Tokio ist Japans bedeutendste Gemüse- und Obstregion für Produkte wie *Daikon,* Zuckerschoten, *Sato-Imo* (Taro), *Gobo* (Klettenwurzel) oder Nashis. Die Spezialität der Gegend, *Bushu Biwa* (Loquat oder Japanische Mispel), gilt als Königin der Früchte. Die Gebirgsregionen im Norden und Westen liefern so manches Gemüse und ausgesprochen japanische Zutaten wie *Konnyaku* (Wurzelstärke) und *Kanpyo* (getrocknete Kürbisstreifen). Mito im Nordosten Tokios ist für *Natto* (ein fermentiertes Sojabohnenprodukt) berühmt. Hier werden Sojabohnen noch traditionell fermentiert und in Stroh verkauft. Dies ist auch das wichtigste *Shoyu*-Gebiet: Noda in Chiba-Ken kann eine 270 Jahre alte *Shoyu*-Produktion nachweisen. Hier wird auch *Miso* hergestellt.

Der frische Fang eines Tages wird von den Kunden auf dem Tokioter Fischmarkt bewundert. Im Vordergrund: frischer Thunfisch.

Außer *Sushi* gibt es in Kanto keine bedeutenden regionalen Gerichte – die Küche ist ebenso national wie international. *Sushi* isst man heute auf der ganzen Welt, doch das bekannteste – *Nigiri-Zushi* (Finger-*Sushi* mit einer Scheibe rohem Fisch) – entstand im 19. Jahrhundert in Tokio. Es ist auch als *Edo-Mae* (nach Tokioter Art) bekannt, denn *Edo* war der alte Name für Tokio. Andere beliebte Speisen wie *Oden* (Eintopf mit Fischkuchen), auch *Kanto-Daki* (Kanto-Essen), stammen ebenfalls aus Tokio, gelten heute aber als Nationalgerichte.

In der ganzen Kanto-Region wird *Sake* produziert. Selbst in Tokio gibt es 14 – wenn auch kleine – Brauereien. Im Nordosten der Kanto-Tiefebene wird schon seit fast 100 Jahren Weinbau betrieben.

Chubu *(die Zentralregion von Honshu)*

In dieser Region variieren Landschaft, Klima und auch die Produkte sehr stark. Der nördliche Teil am kalten Japanischen Meer ist wie das zentrale Gebiet inmitten der höchsten Berge Japans viele Monate schneebedeckt. Dem Küstengebiet im Süden beschert der warme Pazifikstrom dagegen ganzjährig ein angenehm mildes Klima.

Entlang der Küste am Japanischen Meer werden zahlreiche seltenere Fische gefangen, etwa *Hotaru-Ika* (eine Kalmarart) und *Buri* (Japanische Bernsteinmakrele). Auch der berüchtigte giftige *Fugu* stammt aus dem Japanischen Meer. Weitere Spezialitäten sind Schaltiere wie *Zuwaigani* (Rote Schneekrabbe) und *Bai-Gai*. Die Pazifikküste ist reich an Meerbrassen, Schnappern, Krabben, *Katsuo* (Echter Bonito), Abalonen, *Sazae* (Tigerschnecken) und Hummern.

Das nördliche Gebiet bildet die Fortsetzung von Japans ertragreichstem Reisgürtel, und das am nördlichsten gelegene Niigata-Ken gilt geradezu als Synonym für Reis: Von hier stammen *Koshihikari* sowie *Sasanishi,* zwei der meistgeschätzten Reissorten. Trotz der langen, harten Winter werden hier auch verschiedene Gemüsesorten angebaut, etwa *Sato-Imo* (Taro) oder *Kabocha*-Kürbis. In der zentralen Bergregion werden *Soba*-Nudeln, genannt *Shinshu Soba,* hergestellt.

Bekannt für seine große Erdbeer- und Teeproduktion ist der Süden. Trotz der Nähe zum Pazifik ist es hier gebirgig, und genau im Zentrum befindet sich Japans symbolträchtiger Fujisan. Die vielen Hügel und Plateaus eignen sich gut für Teekulturen. Auch drei der besten japanischen Rinderrassen werden hier gezüchtet, und zwar *Hida-Gyu* in der zentralen Bergregion, *Matsuzaka-Gyu* in der südlichen und *Wakasa-Gyu* in der nordwestlichen Tiefebene. Das südlich gelegene Nagoya, Japans drittgrößte Stadt nach Tokio und Osaka, produziert dunkelrotes *Miso (Haccho),* das im Nagoya-Gebiet statt *Shoyu* zum Würzen verwendet wird.

Eine attraktive Auswahl exotischer Gemüsesorten wird zum Verkauf angeboten.

Nagoya wartet mit vielen Spezialitäten auf. Zu den berühmtesten gehören *Kishimen* (*Udon*-Bandnudeln) und *Hitsumabushi* (ein *Kabayaki*-Aal-Gericht). Der Norden mit seinen hervorragenden Reissorten kennt zahllose Reisgerichte, etwa *Ika-Meshi* (Tintenfischreis) oder *Masu-Zushi* (Forellen-*Sushi.*)

Die Reis- und *Sake*-Produktion gehen Hand in Hand, und so gehört Niigata auch zu den führenden *Sake*-Erzeugern. Das weiche Wasser und das kalte Klima ermöglichen einen langen Brauprozess bei niedriger Temperatur und ergeben einen leichten, trockenen *Sake.* Auch im Kofu-Becken in der südöstlichen Bergregion produziert man guten Wein sowie *Shochu* (Reisbranntwein) und Bier.

Kinki *(Osaka und Umgebung)*

Im Gegensatz zu den anderen Regionen Japans ist Kinki relativ flach – sieht man einmal vom zentralen Gebiet auf der Kii-Halbinsel ab. Dominiert wird diese Ebene von den beiden großen Städten Osaka und Kyoto. Das Klima ist mild, das Gebiet von Osaka entlang der Halbinsel sogar besonders warm.

An der Pazifikküste der Kii-Halbinsel werden Makrelen, *Tachiuo* (Degenfisch) und Hummer gefangen. Im Norden von Kyoto liegt die Wakasa-Bucht, die mit *Buri* (Japanischer Bernsteinmakrele), *Katsuo* (Echtem Bonito) und Tintenfischen einen der besten Fanggründe Japans bietet.

Gilt die alte Hauptstadt Kyoto auch als Wiege der japanischen Kochkunst, so betrachtet man heute Osaka als das kulinarische Zentrum. In beiden Städten gibt es viele kleine Familienbetriebe, die Lebensmittel erzeugen: in Kyoto vor allem *Yuba* (getrocknete *Tofu*-Haut) und eingelegte Speisen, in Osaka *Kombu.* Die Tanba-Hügel im Nordwesten von Kyoto rühmt man für ihr besonderes Gemüse, zum Beispiel *Kabura* (eine große Rübenart) und *Matsutake*-Pilze, die bei den besten *Kaiseki*-Restaurants in Kyoto hochbegehrt sind. Bereits seit 1844 züchtet man in der Region auch zwei hervorragende Rinderrassen, *Kobe-Gyu* und *Ohmi-Gyu.* Guter Reis gedeiht östlich von Kyoto in den Ebenen von Ohmi, und dank des milden Klimas wachsen auf der Kii-Halbinsel *Mikan* (Satsumas), Pflaumen, Kakis und Nashis. Auf der Halbinsel gibt es außerdem Wildschweine, deren

Fleisch im Winter manchen Eintopf bereichert. Auch die alte Hauptstadt Nara produziert einige Gemüse- und Obstsorten sowie beliebte eingelegte Speisen, etwa *Nara-Zuke* (Markkürbis, in *Mirin* eingelegt). Die *Somen* (sehr feine Nudeln) aus der Stadt Miwa gehören zu den besten im Land.

Die Stadt Ohtsu am Biwa-See in Shiga, dem größten See Japans, gilt als Geburtsort des *Sushi*. Ursprünglich war *Sushi* eine Konservierungsmethode für Fisch. Die Fische aus dem See, *Funa* (eine Karpfenart), *Dojo* oder *Namazu* (Wels), wurden gepresst und ein Jahr in Salz und Reis fermentiert. Seit dem 8. Jahrhundert wird der ursprüngliche *Funa-Zushi* regelmäßig zu Ehren eines Schreins in Ohtsu zubereitet. In Kyoto werden Spezialitäten wie eingelegtes Gemüse und Zimtplätzchen *(Yatsuhashi)* für die Touristen angeboten, doch die eigentliche kulinarische Errungenschaft liegt in der Zubereitung und Präsentation eines *Kaiseki*. Aus Osaka stammen wiederum interessante Speisen wie *Kushi-Yaki* (frittierte Spieße) und *Udon-Suki* (Nudeltopf), die inzwischen zu Nationalgerichten geworden sind.

Besondere Bedeutung kommen den *Sake*-Brauereien der Region zu. Hyogo und Kyoto sind die zwei besten *Sake* produzierenden Präfekturen Japans. Da Nada in Hyogo und Fushimi in Kyoto die meisten *Sake*-Brauereien aufweisen, nennt man auch die *Sake*-Marken der Region Nada beziehungsweise Fushimi. Nada wird aus dem regional produzierten *Yamada Nishiki,* dem vielleicht besten *Sake*-Reis, erzeugt und soll einen „maskulinen" Charakter haben. Das harte Wasser der Gegend macht ihn trocken und kräftig – ganz im Gegensatz zum weichen, „femininen" *Fushimi.*

Chugoku *(der westliche Teil von Honshu)* und Shikoku

Chugoku ist auf der einen Seite dem Japanischen Meer zugewandt, auf der anderen der Seto-See, im Landesinnern verläuft ein Gebirgszug. Das Klima variiert dementsprechend. Die Insel Shikoku, südlich von Chugoku gelegen, ist die kleinste der vier Hauptinseln mit einem ebenfalls zentralen Gebirgszug. Die ruhige Seto-See im Norden und der warme Pazifik im Süden sorgen für ein sehr mildes Klima.

Eine belebte Einkaufsstraße in Tokio, die die Besucher mit leuchtenden Reklameschildern und übervollen Verkaufsständen lockt.

Das Japanische Meer bietet einige Seafood-Vorkommen, etwa *Ago* (Fliegender Fisch), Tintenfisch, Seeigel, *Nori* und *Wakame,* während die Seto-Seite berühmt ist für ihre Austernzucht und Streifenbrassen. Shimonoseki, die westlichste Stadt Japans, gelangte durch den berüchtigten *Fugu* (Kugelfisch) zu Ruhm. Vor allem in der Leber und den Eierstöcken dieses Fisches sitzt ein tödliches Gift, darum wird für die Zubereitung eine spezielle Lizenz (nach einer dreijährigen Praxis) verlangt. Der wilde *Fugu* von Shimonoseki gilt als der beste. An der Südküste von Shikoku herrscht das ganze Jahr über großer Fischreichtum, denn ganz in der Nähe verläuft der warme Pazifikstrom. Die Verarbeitung der Seafood-Produkte wie das Trocknen von Garnelen, *Jako* (kleinen Fischen), Schollen und Algen (für *Nori, Wakame* und *Hijiki*) findet ausnahmslos in der Region statt. *Anago Kabayaki* (Meeraal, gedämpft und gegrillt) und Fischprodukte wie *Kamaboko* und *Chikuwa* sind weit verbreitet.

Chugoku gehört zu den drei wichtigsten Regionen für den König der japanischen Pilze, den *Matsutake,* aber auch für *Shiitake.* Das warme Klima an der Seto-Seite lässt umfangreichen Gemüse- und Obstanbau zu. Auch einige japanische Rinderrassen werden hier gezüchtet. Der alte Name für Kochi-Ken im Süden von Shikoku lautet Tosa und wird immer noch für die regionalen Produkte verwendet: *Tosa Jiro* bezeichnet eine besondere Hühnerrasse und *Tosa-no Tataki* die berühmten gebratenen *Katsuo-Sashimi* aus Echtem Bonito.

Sanuki (der alte Name für Kagawa-Ken) im Nordosten von Shikoku wird für seine *Udon* und *Somen* gerühmt. Oliven und Olivenöl verwendet man in Japan kaum, doch dank der populären italienischen Küche ist Kagawa nun einer der wenigen Produktionsorte für Olivenöl. *Mikan* (Satsuma), *Yuzu* und *Sudachi* sind nur einige der vielen Zitrusfruchtarten der Region.

Trotz des milden Klimas wird in der ganzen Region *Sake* gebraut.

Kyushu *(die Südinsel)* und Okinawa

Im Norden von Kyushu liegen die größten Industriestädte, der schmale Küstenstreifen beherbergt eine Tiefebene und das Landesinnere riesige Vulkane. Das Klima ist sehr mild, auf den südlich sich anschließenden Inseln sogar subtropisch. Inmitten dieser Inseln zwischen Kyushu und Taiwan befindet sich Okinawa, die größte der Inseln, etwa auf gleicher Höhe mit Nordafrika und einem entsprechend mediterranen Klima.

An der Nordküste von Kyushu am Japanischen Meer fängt man große Mengen *Fugu*, Makrelen und Tintenfische. Das Meer im Süden bis nach Okinawa ist dagegen zu warm für die fettreichen Fische, die für die übrigen Regionen Japans so typisch sind.

Das subtropische Klima liefert Kyushu eine große Vielfalt an Zitrusfrüchten, Erdbeeren, Mangos und Weintrauben. Auch wird hier etwas Reis angebaut sowie Gemüse, etwa Lotoswurzeln, Zwiebeln und *Shiitake*. Getrocknete *Shiitake* aus Ohita-Ken im Nordwesten sollen die besten in ganz Japan sein. *Hogo-Gyu* heißt die regionale Rinderrasse, und es gibt eine eigene Hühnerzucht. Okinawas Wildschweine werden zu Würsten, Speck und Schinken verarbeitet, und das tropische Klima bringt Früchte hervor wie Ananas, Papaya, Mango und Passionsfrucht sowie zahlreiche Zitrusfrüchte.

Eine Lebensmitteltheke in einem Kaufhaus bietet vom Einkauf erschöpften Kunden viele kleine Snacks zum Mitnehmen an.

Satsuma, wie Kagoshima, die südlichste Präfektur Kyushus, früher hieß, hat deutliche Spuren in der kulinarischen Geschichte Japans hinterlassen. Viele fremde Einflüsse haben diese regionale Küche geprägt: *Satsuma-Imo* (Süßkartoffel) gelangte aus Südostasien hierher; *Satsuma-Age* ist eine frittierte Fischpaste und in ganz Südostasien sehr verbreitet; *Satsuma-Jiru* ist eine Art *Miso*-Suppe mit Schwein, Huhn und Gemüse. Aus Satsuma wurde auch erstmals *Mikan* in den Westen exportiert, daher die internationale Bezeichnung „Satsuma" für diese süße Zitrusfrucht. Das Wort „Soja" (etwa in Sojasauce) ist ein Dialektwort aus Satsuma für *Shoyu*, denn von hier brachten holländische Händler das Produkt im 16. Jahrhundert erstmals in den Westen.

Zu den regionalen Spezialitäten gehören *Mentaiko* (eingesalzener Kabeljaurogen) und *Ramen* aus Hakata, der größten Stadt Nord-Kyushus. *Ramen* in Brühe mit Schweinefleisch ist so beliebt, dass es überall in Japan *Hakata-Ramen*-Restaurants gibt. Im Grunde stammt *Ramen* aus Nagasaki, der Präfektur im Westen, wo man auch *Chanpon* (*Ramen* mit einer Mischung aus Gemüse und Fleisch) erfand. In Kumamoto, der Präfektur am Fuß des Vulkans Aso, isst man rohes Pferdefleisch als *Sashimi*. Zu der von China beeinflussten Küche Okinawas gehören *Champuroo* (pfannengerührter *Tofu* mit Gemüse), *Irichee* (Schweinefleisch mit verschiedenen Zutaten) und *Unbushee* (in *Miso*-Sauce gegarte Zutaten).

Auch hier ist trotz des warmen Klimas die *Sake*-Herstellung weit verbreitet. Auf Okinawa trinkt man *Shochu* (Reisbranntwein), der hier *Awamori* heißt und aus Thai-Reis und schwarzem *Koji* (Gärungsmittel) besteht. Auf allen Südinseln wird Schwarzer-Zucker-*Shochu* aus Zuckerrohr hergestellt.

Die japanische Speisekammer

Die Zutaten

In westlichen Supermärkten werden immer mehr japanische Lebensmittel angeboten, sodass man viele typische Gerichte zubereiten kann, ohne ein Spezialgeschäft aufsuchen zu müssen. Im Folgenden sind die wichtigsten Zutaten aufgeführt, ihre Zubereitung wird in den Rezepten beschrieben.

Bohnen

Azukibohnen sind kleine rote Bohnen – *Azuki* bedeutet „kleine Bohne“. Sie dienen vorwiegend der Zubereitung einer süßen Paste *(An)* für Desserts.

Daizu (Sojabohne) bildet die Basis der wichtigsten japanischen Saucen, etwa *Miso* oder *Shoyu,* und natürlich von Tofu. Die Sojabohne ist so nahrhaft, dass sie als „Fleisch des Feldes“ gilt und auch zur Herstellung von Fleischersatz dient.

Edamame (frische grüne Sojabohne in der Hülse) wird einfach in Wasser gegart und mit etwas Salz direkt aus der Hülse gegessen. Frisch gekochte *Edamame* sind zu Hause wie im Restaurant unverzichtbare Beigabe zu Aperitifs und auch im Ausland als Snack sehr beliebt.

Natto (fermentierte Sojabohne) ist fester Bestandteil des japanischen Frühstücks. Man verwendet es für *Norimaki* (in *Nori* gerollte *Sushi*) oder vermischt mit geriebenem *Daikon,* Frühlingszwiebeln, *Shoyu* und Senf.

Dashi

Dashi, die allgegenwärtige japanische Brühe, hergestellt aus Seetangblättern *(Kombu)* und aromatisiert mit getrockneten Bonitoflocken. Sie ist wichtiger Bestandteil vieler Gerichte, insbesondere von Suppen und Dipsaucen. Am besten schmeckt sie frisch zubereitet, wie auf Seite 56 beschrieben (Klare Brühe mit gedämpftem Ei und Garnelen). Für eine schnell zubereitete kleine Menge eignet sich aber auch Instant-*Dashi* aus dem Asienladen.

Früchte

In Japan werden zahlreiche Zitrusfrüchte zum Aromatisieren und zum Verzehr produziert. Hier zwei der beliebtesten Früchte für Saucen und Dressings.

Daidai, für den Frischverzehr zu sauer, wird mit *Shoyu* zu einer Dipsauce vermischt, die man zu *Nabe*-Gerichten (Eintöpfen) reicht.

Yuzu ist eine der vielen beliebten Zitrusfrüchte in der japanischen Küche. Vorwiegend wird ihre aromatische, leuchtend gelbe Schale verwendet, die in winzigen Stücken zum Garnieren von Suppen, Salaten, gegarten Speisen, Pickles, Relishes und Süßigkeiten dient. Die Frucht schmeckt zu herb, um sie zu essen, doch ihr Saft eignet sich für Dressings und Saucen. Im Handel bekommt man das Zitrusaroma „Ponzu“ als *Yuzu*-Ersatz.

Umeboshi (in Salz eingelegte und getrocknete Kaki) sind eine einzigartige japanische Spezialität und werden gern mit Reis zum Frühstück gegessen. Sie sollen stärkend wirken. Wegen der Farbe und des Aromas werden sie oft mit roten *Shiso*-Blättern eingelegt und für *Sushi* verwendet.

Ein Marktstand mit einem reichen Angebot an getrockneten Bohnen und anderen getrockneten Hülsenfrüchten.

Gemüse

In der japanischen Küche ist das Zerkleinern der Zutaten so bedeutungsvoll, dass die verschiedenen Formen ihre eigenen Namen besitzen, etwa *Sengiri* (Streifen), *Wagiri* (Kreise), *Hangetsu* (Halbmonde), *Tanzaku* (dünne Rechtecke), *Hyoshigi* (dicke Rechtecke), *Sainome* (größere Würfel), *Arare* (kleine Würfel), *Sasagaki* (Späne) und *Hanagiri* (Blüten). Im Folgenden werden japanische Gemüsesorten aufgeführt, die man in Asienläden erhält.

Daikon ist ein weißer, langer Rettich. Das vielseitige Gemüse verwendet man für Suppen, gehackt in Salaten, in dünnen Streifen als Garnitur für *Sashimi* und vor allem gerieben als Würzzutat. Eingelegter leuchtend gelber *Daikon* heißt *Takuan*. Er wird in *Nuka*, trockener Reiskleie und Salz, eingelegt. Das Ergebnis ist ein zarter, doch knackiger, delikater gelber *Daikon*. Diese Spezialität soll der buddhistische Mönch Takuan im 17. Jahrhundert erfunden haben, daher auch der Name. Takuan schmeckt salzig, mit einer leichten Süße, und ist eine gute Beilage zu gekochtem heißem Reis. Außerdem verwendet man ihn gern für *Sushi*-Rollen und andere Reisgerichte.

Ein ganzer Bund des in Japan so geschätzten Daikon-*Rettichs.*

Ginnan (Ginkgonuss) ist der exquisite Samen des japanischen Ginkgobaumes. In Asienläden sind die Nüsse frisch in der Schale, ohne Schale abgepackt oder geschält und gegart in Dosen oder Gläsern erhältlich. Geröstete Ginkgonüsse werden, mit etwas Salz bestreut, oft als Snack serviert – eine japanische Delikatesse und ein guter Begleiter zu Sake. Man verwendet sie außerdem für geschmorte und gebratene Speisen und in Suppen.

Gobo ist die Klettenwurzel, die mit ihrem grauen, faserigen Fleisch Speisen eine besondere Konsistenz und Geschmack verleiht. Man verwendet sie für *Kinpira*, in Streifen geschnittene, pfannengerührte Möhren, und *Gobo* mit Chili und *Shoyu*. Mitunter bekommt man das Gemüse, das unseren Schwarzwurzeln ähnelt, frisch in Asienläden, wo es auch gegart in Dosen angeboten wird.

Hakusai (Chinakohl) bedeutet wörtlich „weißes Gemüse" und gehört zu den beliebtesten Gemüsesorten der Küche Japans. Eingesalzen serviert man Chinakohl zu gekochtem heißem Reis, er dient als Zutat für Eintopfgerichte sowie gedünstete und gedämpfte Speisen.

Kabocha-Kürbis ist gedämpft oder gekocht ein ebenso schmackhafter wie nahrhafter Snack. Man frittiert ihn außerdem in *Tempura* und gart ihn mit anderem Gemüse und Huhn. Immer häufiger bekommt man ihn in Asienläden.

Kanpyo sind getrocknete Kürbisstreifen aus dem Fleisch des Flaschenkürbisses. Die Verwendung in der japanischen Küche ist eher ungewöhnlich: Man bindet damit verschiedene Zutaten zusammen, auch in dekorativen Schleifen, oder gart die Streifen mit Gemüse und Fleisch. In süßer *Shoyu* gegart, werden sie für *Sushi* verwendet.

Renkon (Lotoswurzel) verleiht Speisen ein besonderes Aussehen, da die gesamte Wurzel von mehreren Löchern durchzogen ist. Geschätzt wird auch ihre knackige Konsistenz. Man verwendet sie für geköchelte Speisen und Salate mit Essig-Dressing sowie für *Tempura* und verschiedene *Sushi*. Frische Lotoswurzel ist im Winter in den meisten Asienläden erhältlich, in Dosen oder tiefgefroren das ganze Jahr über.

Sato-Imo (Taro oder Wasserbrotwurzel) hat ähnliche Eigenschaften wie die Kartoffel, das grauweiße Fleisch besitzt ein wunderbares Nussaroma. Unter der dunkel gestreiften, behaarten Schale sitzt das sehr glatte Fleisch, welches das Schälen vereinfacht. Gekochter oder gedämpfter *Sato-Imo,* in *Shoyu* gedippt, ist ein beliebter Snack und viel gesünder als Chips. Sehr gut eignet er sich für geköchelte Gerichte und Suppen.

Satsuma-Imo (Süßkartoffel) war früher der beliebteste Snack Japans, ehe Süßigkeiten und süße Kuchen ihm den Rang abliefen. Man verwendet sie für gebratene und gedämpfte Speisen sowie zum Grillen, aber auch als Zutat für Kuchen und Desserts. Pur gekocht oder gedämpft ist sie immer noch ein leckerer Snack.

Shungiku heißen die leicht bitteren Blätter der Salat-Chrysantheme, die man in Suppen und Eintöpfen verwendet.

Takenoko (Bambussprossen) sind ein delikates Saisongemüse – vom späten Frühjahr bis in den frühen Sommer. Gekochte frische Bambussprossen in *Dashi*-Sauce gehören zu den beliebtesten Gerichten Japans. Die jungen, zarten Sprossen werden auch mit Reis zubereitet, während man ältere Exemplare mit anderem Gemüse oder Huhn langsam gart oder pfannenrührt.

Somen *gehören – zusammen mit* Ramen *– zu den beliebtesten Nudeln der japanischen Küche.*

Kräuter und Gewürze

In der japanischen Küche werden Kräuter und Gewürze nur sparsam verwendet. Knoblauch gebraucht man im Grunde gar nicht.

Goma (Sesamsamen) kommt als schwarze und weiße Sesamsaat zum Einsatz. Meist sind die Samen geröstet (*Iri-* oder *Atari-Goma*) und abgepackt in Asienläden erhältlich. Vor der Verwendung sollte man sie für ein ausgeprägteres Aroma nochmals in einer trockenen Pfanne leicht rösten.

Sansho bedeutet Bergpfeffer, obwohl die Pflanze nicht mit dem Pfeffer verwandt ist. Ihr erfrischend dominanter Duft soll Geruch und Geschmack fettreicher Speisen überdecken. Die delikaten jungen Sprossen *(Kinome)* werden ebenso wie die winzigen grünlich gelben Blüten *(Hana-Zansho)* und die bitteren Beeren (*Mi-* oder *Tsubu-Zansho*) verwendet. Die reifen Samenkapseln werden getrocknet und zu *Sansho*-Pulver *(Kona-Zansho)* vermahlen, das als Würze für *Kabayaki* (gegrilltes Aalfilet) und andere Grillspeisen, etwa *Yakitori,* dient.

Shiso ist eine japanische Kräuterpflanze und mit der Minze verwandt. Es gibt grünes und rotes *Shiso*. Die gesamte Pflanze dient – von den Beeren bis zu den Blüten – zum Würzen oder Garnieren japanischer Speisen. Die grünen Blätter werden wegen ihres hervorragenden Geschmacks, die roten zum Färben und wegen ihres Aromas verwendet. Gewöhnlich werden mit grünem *Shiso* Gerichte wie *Sashimi, Tempura* und Salate mit Essig-Dressing gewürzt und garniert. Rotes *Shiso* dient zur Herstellung von *Umeboshi* (eingesalzenen, getrockneten Kakipflaumen) und anderen Pickles.

Shoga (Ingwerwurzel) wird meist gerieben und dann der Saft ausgedrückt. In Essig eingelegter Ingwer ist die beliebteste Beigabe zu *Sushi* und wird zum Neutralisieren des Geschmacks zwischen jedem Gang verzehrt.

Taka-no-Tsume (getrocknete rote Chilischote), wörtlich „Falkenkralle“, ist dreimal schärfer als die frische Schote. Es wird für *Momiji-Oroshi,* eine Dipsauce mit geriebenem *Daikon*-Rettich zu Eintopfgerichten, aber auch für pikante Marinaden und zum Einlegen von Gemüse gebraucht.

Hier wird eingelegtes Gemüse auf dem Markt verkauft, und einige regionale Spezialitäten sind auch dabei.

Shichimi-Togarashi (Sieben-Gewürze-Pulver mit Chili) besteht aus Chilipulver, gemahlenen Sesamsamen, Mohn, Rübsamen, Hanf, *Shiso, Sansho* oder auch *Nori* und wird über Suppen, gegrilltes Fleisch und Fisch gestreut.

Wasabi wird oft als japanische Entsprechung des europäischen Meerrettichs bezeichnet, die beiden Pflanzen sind jedoch nicht verwandt. Die geriebene frische *Wasabi*-Wurzel hat einen milderen Duft und ist weniger scharf als Meerrettich. Doch selbst in Japan verwendet man *Wasabi* selten frisch gerieben, sondern häufiger als Pulver oder Paste, die für zusätzliche Schärfe meist Meerrettich enthält. Die Paste wird für *Sashimi* und *Sushi* gebraucht sowie zum Einlegen von Gemüse und für Dressings.

Nudeln

Die Japaner lieben Nudeln und kennen viele unterschiedliche Nudelgerichte. Vor allem *Ramen* sind zu einer beliebten Nudelspezialität im Westen geworden.

Ramen (wörtlich „gestreckte Nudeln") stammen eigentlich aus China, doch haben die Japaner sie zu einer feineren Form weiterentwickelt. Der Weizenteig wird mit *Kansui,* alkalischem Wasser, bereitet. Dadurch wird er besonders geschmeidig und lässt sich zu sehr feinen Nudeln verarbeiten. Ihre Bissfestigkeit und die Serviermethode in gehaltvoller Brühe begeistert vor allem junge Leute auf der ganzen Welt. In Supermärkten oder Asienläden bekommt man sie frisch, getrocknet oder tiefgefroren. So genannte Instant-*Ramen,* ein Block getrockneter *Ramen,* abgepackt mit je einem Beutel Brühe und Gewürzen, gilt als eine der erfolgreichsten japanischen Erfindungen. Inzwischen werden Billionen solcher Pakete weltweit konsumiert.

Soba sind Buchweizennudeln, deren Teig für eine bessere Geschmeidigkeit mit einem Teil Weizenmehl (wegen des Klebers) versetzt wird. Je nachdem, wie fein der Buchweizen ausgemahlen wurde, variiert die Farbe der Nudeln zwischen dunkelbraunem Grau und hellem Beige. Außerdem gibt es grüne Soba, so genannte *Chasoba,* denen pulverisierter Tee beigemischt wurde. *Soba* dippt man in eine *Dashi*-Sauce oder isst sie in Suppe.

Udon (Weizennudeln) bekommt man abgepackt in getrockneter oder vorgegarter Form. Getrocknete *Udon* werden gewöhnlich zehn Minuten in kochendem Wasser gekocht. *Hiyamugi,* ebenfalls weiße Weizenmehlnudeln, werden nur noch dünner geschnitten. Auch die sehr feinen *Somen* bereitet man aus Weizenmehl, aber der Teig lässt sich mithilfe von Öl zu besonders dünnen Streifen verarbeiten und lufttrocknen. Sehr feine *Somen* sind in 30 Sekunden gar.

Pilze

Enoki-Dake, diese in Büscheln stehenden, langstieligen Pilze mit beerenförmigen Hüten, sind häufige Zutat für Eintopfgerichte wie *Shabu-Shabu* sowie für Salate und Suppen.

Matsutake gelten als Könige unter den japanischen Pilzen. Die relativ großen dunkelbraunen Wildpilze mit dickem, fleischigem Stiel wachsen am Fuß der japanischen Harzkiefer. Oft werden sie mit dem europäischen Steinpilz verglichen, doch sind sie noch delikater und vor allem seltener und damit sehr viel teurer. *Matsutake* werden leider nicht getrocknet und sind darum außerhalb Japans schwer zu bekommen. Man isst sie leicht gegrillt oder in klaren Suppen *(Dobin-Mushi).*

Nameko-Pilze – *Nameko* heißt wörtlich „rutschiger Pilz" – bekommt man nur in Gläsern oder Dosen, da sie frisch nur kurze Zeit haltbar sind. Am häufigsten verwendet man sie in *Miso*-Suppen, aber auch für Vorspeisen.

Shiitake zählen zu den beliebtesten und bekanntesten japanischen Pilzen. Entgegen mancher Behauptung stammen sie nicht aus China, sondern ursprünglich aus Japan. Es gibt viele Sorten, doch *Donko* (Winterpilz) mit kleiner, dicker dunkler Kappe gilt als König der *Shiitake.* Getrocknete *Shiitake* besitzen ein intensiveres Aroma, und das Einweichwasser kann anstelle von *Dashi* (Brühe) für vegetarische Gerichte verwendet werden.

Shimeji ist ein weiterer beliebter Pilz Japans, der seinen Weg in die westlichen Küchen gefunden hat. Das frische, milde Aroma passt hervorragend zur japanischen Küche, ob in klaren Suppen, zu gegrillten und gebratenen Speisen oder in Eintöpfen.

Reis

Reis ist das Hauptnahrungsmittel Japans, aber auch andere Getreidearten wie Klebreis und Gerste finden in der japanischen Küche Verwendung.

Japanischer Reis ist Rundkornreis – im Gegensatz zum Langkornreis der benachbarten südostasiatischen Länder. In Japan werden über 300 verschiedene Rundkornreissorten auf gut bewässerten Reisfeldern angebaut, zu den beliebtesten gehören *Koshihikari* und *Sasanisiki*. Der meiste japanische Reis, der im Westen verkauft wird, ist allerdings Trockenfeldreis aus Kalifornien, mitunter auch aus Spanien. Es gibt geringe Unterschiede in der Härte; zu den begehrtesten Sorten im Handel gehören *Kahomai* (am härtesten), *Nishiki, Maruyu, Kokuho* (alle aus Kalifornien) und *Minori* (aus Spanien, am weichsten). Andere Sorten sind *Genmai* (unpolierter brauner Reis) und *Mochigome* (Klebreis), der meist für *Mochi,* gedämpften Reis (zerstampft für Reiskuchen) verwendet wird.

Seafood und Seafood-Produkte

Die tägliche japanische Küche besteht vorwiegend aus Gemüse sowie Fischen, Meeresfrüchten und Seetang. Einige Fische kommen nur in den angrenzenden Meeren vor, aber eine wachsende Zahl bekommt man heute auch in den westlichen Ländern.

Hijiki, ein vielfach verzweigtes schwarzes Seegras, wird gewöhnlich abgepackt in getrockneter Form verkauft. *Hijiki* wird gern frittiert und dann mit anderem Gemüse in einer *Shoyu*-Sauce gegart. Dank seiner bizarren Form und schwarzen Farbe garniert man damit gern weißen Reis.

Ikura ist Lachsrogen (Kaviar). In Russland heißt jeglicher Fischrogen Kaviar, als *Ikura* wird jedoch nur Lachsrogen bezeichnet. Er gilt als große Delikatesse. Man verwendet ihn ausschließlich für *Sushi* und Vorspeisen und bekommt ihn in Asienläden und Supermärkten eingesalzen in Gläsern.

Kabayaki ist gegrillter Aal. Dabei handelt es sich um filetierten *Unagi* (Flussaal) oder *Anago* (Meeraal), gedämpft und dann gegrillt, begleitet von einer dicken, süßen *Shoyu*-Sauce. Dazu isst man Reis und eine mit *Shichimi* (Sieben-Gewürze-Pulver mit Chili) oder *Sancho* (japanischem grünem Pfeffer) bestreute Sauce. Man bekommt ihn als Fertigprodukt tiefgefroren oder vakuumverpackt.

Kanten (Agar-Agar) wird aus *Tengusa*-Algen gewonnen und ist eine gefriergetrocknete Substanz mit gelierenden Eigenschaften. *Kanten* wird vorwiegend für Desserts und Kuchen verwendet. Er wird bei erhöhter Raumtemperatur (45 °C) fest und ergibt ein leicht milchiges Gelee.

Katsuo (Echter Bonito) gehört zu den wichtigsten und vielseitigsten Fischen der japanischen Küche. Meist wird er einfach als Thunfisch bezeichnet, doch handelt es sich im Grunde um einen anderen Fisch: Das rote Fleisch des *Katsuo* ist etwas fester. Das beliebteste *Katsuo*-Gericht ist *Tataki* (angebraten und in Scheiben geschnitten); dazu serviert man *Shoyu,* vermischt mit Ingwer, Knoblauch und Frühlingszwiebeln.

Kazunoko ist eingesalzener und getrockneter Heringsrogen (der ganze Eierstock mit Rogen). Er muss über Nacht gewässert werden, damit er weich wird und das Salz abgibt. Meist isst man ihn mit etwas *Shoyu* und getrockneten Fischflocken als Vorspeise. Er gehört zu den Spezialitäten für den Neujahrs-Brunch und dient zum Garnieren von *Sushi.*

Kezuribushi oder ***Hanagatsuo*** sind getrocknete Fischflocken. Für diese Spezialität wird *Katsuo* (Echter Bonito) gegart, zu einem festen Block ge-

Verschiedene Fisch- und Tofu-Produkte für die heimische Küche.

Sembei-Läden in ganz Japan bieten stets eine große Auswahl dieser speziellen Reisplätzchen an.

trocknet *(Katsuobushi)* und dann in Flocken gehobelt. Sie dienen zur Herstellung von *Dashi* und als Streuwürze für Gemüse oder Fisch. Mit etwas *Shoyu* vermischt, sind sie eine gute Beigabe zu heißem gekochtem Reis.

Kombu ist Zuckerriementang und spielt zusammen mit *Kezuribushi* (getrockneten Bonitoflocken) vor allem bei der *Dashi*-Herstellung eine wichtige Rolle. Außerdem verleiht er *Sushi*-Reis ebenso zusätzliches Aroma wie Gemüse, Fisch und Fleisch in Eintopfgerichten.

Maguro ist Thunfisch. Der Rote Thunfisch mit seinem tiefroten Fleisch gilt als der beste der Thunfische und wird für *Sashimi* und *Sushi* verwendet. Es gibt zwei Arten von Thunfischfleisch: *Akami* (rotes Fleisch) und *Toro* (fettreiches Fleisch); *Toro* wird je nach Fettgehalt wiederum in *Chu-Toro* (mittelfett) und *O-Toro* (fett) eingeteilt. *Toro* wird allgemein als wertvoller betrachtet und ist deshalb auch teurer.

Tarako (Kabeljaueierstock mit Rogen) wird als gesalzene Version *(Mentaiko)* und mit Chili gewürzt *(Karashi Mentaiko)* verwendet. Sie werden gewöhnlich mit Pflanzenzusätzen rot gefärbt. Der Rogen wird gegrillt und mit gekochtem Reis gegessen oder für *Sushi* verwendet.

Uni (Seeigeleierstock). Roh ist *Uni* eine häufige Garnitur für *Sushi*. Andere Meeresfrüchte erhalten dadurch einen goldenen Überzug.

Wakame, „junges Blatt", ist eine Braunalgenart und meist getrocknet und eingesalzen erhältlich. Er gehört zu den beliebtesten Suppenzutaten und ergibt mit Essig-Dressing einen guten Salat. Abgepackter geschnittener *Wakame,* den man nur kurz einweichen muss, bekommt man in Asienläden.

Tofu und *Tofu*-Produkte

Tofu gelangte im 8. Jahrhundert aus China nach Japan und gehört seitdem zu den wichtigsten Lebensmitteln der japanischen Küche. Es gibt zahlreiche Produkte aus *Tofu,* hier eine Auswahl.

Abura-Age sind dünne, frittierte *Tofu*-Scheiben, die Vegetariern häufig als Fleischersatz dienen. Man kann sie zu Taschen aufschneiden und mit Gemüse oder *Sushi*-Reis füllen und sie außerdem in Suppen und Eintöpfe geben.

Koya-Dofu, gefriergetrockneter *Tofu,* ist auch als *Kogori-Dofu* bekannt. Er soll vor vielen Jahrhunderten von buddhistischen Mönchen auf dem Berg Koya erfunden worden sein, daher stammt auch sein Name. Er besitzt eine elastische Konsistenz und ein reiches Aroma, das auch nach dem Einweichen erhalten bleibt. Man kann ihn mit Gemüse in einer gehaltvollen Brühe garen. In der vegtarischen Küche buddhistischer Mönche findet er ebenfalls Verwendung.

Tofu (Sojabohnenquark) wird aus Sojabohnen hergestellt und gilt als besonders gesund. Es gibt weichen (Seiden-) und fest gepressten *Tofu.* In japanischen Spezialgeschäften bekommt man außerdem leicht gebratenen *Tofu (Yaki-Dofu),* den man in Eintöpfen isst. Nach dem Auspressen der Sojamilch wird auch die verbliebene Masse *(Okara)* für Gemüsezubereitungen verwendet. *Okara* ist manchmal in Asienläden erhältlich.

Yuba (*Tofu*-Haut) ist die dünne Haut, die beim Erhitzen von Sojamilch auf der Oberfläche entsteht. Man entfernt sie vorsichtig und lässt sie trocknen. Diese Kyotoer Spezialität gibt man oft in klare Suppen und verwendet sie für *Shojin-Ryori* (die vegetarische Küche) und das *Kaiseki*-Mahl Kyotoer Art. In Kyoto ist *Yuba* frisch erhältlich. Abgepackt bekommt man die Haut in flachen Scheiben, gerollt oder in dicken Streifen.

Würzmittel

Mirin (süßer Reiswein zum Kochen) wird aus *Shochu* (destilliertem Reisbranntwein) hergestellt, den man mit gedämpftem Klebreis und *Koji* (einem Gärungsmittel) vermischt. Die Mischung wird gebraut, gepresst und gefiltert. Durch *Mirin* erhalten Speisen milde Süße, Glanz und ein leicht alkoholisches Aroma. Meist verwendet man es für gegarte Gerichte und Saucen wie die *Teriyaki*-Sauce.

Miso bereitet man aus gekochten Sojabohnen, die zerdrückt und mit dem Gärungsmittel *Koji* (hergestellt aus Weizen und Reis, Gerste oder Bohnen) vermischt werden. Die fermentierte Mischung muss bis zu drei Jahre reifen. Es gibt drei Grundtypen von unterschiedlicher Würzkraft und Farbe: *Shiromiso* ist weiß und leicht, gewöhnliches *Miso* kakifarben und von mittlerer Würzkraft und *Akamiso* rot und kräftig. Das dunkle, kräftige *Kuromiso* stellt einen Spezialtyp dar. *Miso* ist eine vielfältige Würzzutat. Verdünnt mit *Dashi* ergibt es gute Brühen oder Suppen, es dient zum Würzen und auch als Marinade für Fleisch und Fisch.

Shoyu (Sojasauce) wird aus Sojabohnen, Weizen und Salz erzeugt. Zuerst stellt man aus der Sojabohnen-Weizen-Mischung mithilfe von Hefepilzen *Koji* her und vermischt alles mit Salz und Wasser. Diese Maische lässt man ein Jahr fermentieren. Dann wird die Flüssigkeit herausgepresst und raffiniert (bei *Shoyu* aus Massenproduktion wird diese Herstellung durch Chemikalien beschleunigt). In Fabriken erzeugte *Shoyu* ist stets pasteurisiert und mit Konservierungsstoffen versetzt. Sojasauce dient als Dip für *Sushi, Sashimi,* Pickles und viele andere Speisen. Als Dip sollte man sie sehr sparsam verwenden und nur wenig in die Saucenschale füllen.

Yonezu (Reisessig) ist eine weitere typische Würzzutat der japanischen Küche. Wenn *Yonezu* nicht als „Reiner Reisessig" ausgewiesen ist, enthält er in der Regel auch andere Getreidesorten. Der Säuregrad beträgt 4–4,5 Prozent, ist also wesentlich milder als die meisten westlichen Essigsorten. Wird Weißweinessig als Ersatz verwendet, sollte man ihn sparsamer bemessen oder mit Wasser verdünnen.

Miso *und andere japanische Würzzutaten in einem Laden in der Nähe von Ikebukero in Tokio.*

Weitere Produkte

Fu (getrocknete Glutenblöcke) wurden ursprünglich von Zen-Mönchen als Fleischersatz entwickelt, dienen heute jedoch vorwiegend als dekorative Garnitur. Hergestellt aus Weizenstärke, bekommt man *Fu* in vielen Farben, Größen und Formen.

Harusame („Frühlingsregen-Nudeln"). Diese feinen Glasnudeln werden aus Kartoffeln und Süßkartoffeln, aber auch aus grünen Bohnen hergestellt. Man verwendet sie in Salaten, Suppen, Eintöpfen oder als Belag für Frittiertes.

Konnyaku, auch als „Teufelszunge" bekannt, ist eine gelatineartige Masse (zu Blöcken geformt) aus der Wurzelstärke einer Yam-Art. Frisch wird es roh wie *Sashimi* verzehrt oder es wird mit Gemüse und Fleisch gekocht sowie für Suppen und Eintöpfe verwendet. Die „glitschige" Konsistenz mag außerhalb Japans wenig ansprechen, doch gilt die Spezialität als Schlankmacher, sie liefert keine Energie.

Shirataki (*Konnyaku*-Nudeln) bedeutet „weißer Wasserfall" und wird für *Nabe* (Eintopf) und Salatgerichte verwendet. Die dünnen weißlichen Nudeln werden vor der Verwendung nur überbrüht und – bei langen Nudeln – in Stücke geschnitten.

Alkoholische Getränke

Sake (Reiswein), das beliebteste alkoholische Getränk Japans, wird auch zum Kochen verwendet. Man erzeugt ihn aus gedämpftem Reis, *Koji* (einem Gärungsmittel aus Reis) und Wasser nach einem einfachen, aber arbeitsintensiven Verfahren. Im Gegensatz zu Wein ist *Sake* lange haltbar, doch eine geöffnete Flasche sollte bald getrunken werden. Man lagert ihn kühl und dunkel.

Shochu (destillierter Reisbranntwein), wörtlich „feurige Geister", wird aus Reis sowie anderen Getreidearten oder sogar Süßkartoffeln hergestellt. Der Alkoholgehalt beträgt 20–25, manchmal auch 45 Vol.-%. Darum wird *Shochu* meist mit heißem oder kaltem Wasser (je nach Jahreszeit) verdünnt. Man verwendet ihn außerdem zur Herstellung von *Umeshu,* japanischem Pflaumenwein.

Umeshu (japanischer Pflaumenwein) kommt zwar als Pflaumenwein in den Handel, wird jedoch aus Branntwein, Japanischen Aprikosen (Kaki) und Zucker hergestellt. Den süßen Likör trinkt man auf Eis oder verdünnt mit eisgekühltem Wasser.

Wichtige Küchengeräte

Wer eine gut bestückte Küche mit einer Auswahl scharfer Messer, Schneidbretter und sonstiger wichtiger Utensilien besitzt, braucht keine speziellen japanischen Küchengeräte zu kaufen. Dennoch werden einige nützliche Geräte vorgestellt, die das Zubereiten japanischer Gerichte vereinfachen.

Daikon-Oroshi oder ***Oroshi-Gane*** (*Daikon*-Reibe) ist ein geradezu unverzichtbares Gerät der japanischen Küche, in der viel geriebener *Daikon*-Rettich und Ingwer verwendet werden. Man kann damit nicht nur das Gemüse reiben, in einem geschwungenen Fach wird außerdem der ausgetretene Saft aufgefangen. Wer sich nur ein japanisches Küchengerät zulegen möchte, sollte sich für diese Reibe entscheiden.

Handai oder ***Hangiri*** ist ein Holzzuber, in dem man den gegarten Reis für die *Sushi*-Zubereitung mit der Essigmischung vermengt. Das Holz nimmt die überschüssige Flüssigkeit auf, sodass der Reis nicht zu flüssig wird.

Hashi, die japanischen Essstäbchen – höflicher ist der Ausdruck *Ohashi* –, sind das vielleicht eleganteste Essbesteck der Welt und ideal für die mundgerecht zerkleinerten Zutaten japanischer Speisen. Außerdem gibt es *Hashi* zum Kochen, die aus Holz und Metall bestehen. Ihre Größe variiert: Sie können nur etwas länger als Essstäbchen, aber auch bis zu 40 Zentimeter lang sein. Mit längeren *Hashi* hantiert man vor allem beim Frittieren in sicherem Abstand zum heißen Öl. *Hashi* zum Servieren sind dekorativer als jene zum Kochen.

Hocho (Küchenmesser). Das Kleinschneiden der Zutaten ist in Japan von solcher Bedeutung, dass ein japanischer Küchenchef ohne seinen eigenen Messersatz gar nicht auskommt. Zwar benötigen Sie keinen Satz japanischer Messer, aber ein gutes Schnitz- und ein Gemüsemesser sind unerlässlich.

Makisu ist eine Rollmatte aus Bambus von der Größe eines Tischsets. Sie dient zum Rollen von *Sushi,* Omeletts oder um aus *Tofu* und gegartem Gemüse überschüssiges Wasser herauszudrücken. Für *Sushi*-Liebhaber ist eine *Makisu* unerlässlich.

Otoshi-Buta ist ein Deckel aus Holz. Durch den leichten Druck dieses Deckels, der direkt auf die Speisen im Topf gelegt wird, steigen empfindlichere Zutaten wie Gemüse oder *Tofu* nicht nach oben.

Suribachi und ***Surikogi*** (japanischer Mörser und Stößel). Beim *Suribachi* handelt es sich um eine große Tonschale mit vielen scharfen Rillen im Inneren, damit unterschiedlichste Zutaten wie Sesamsamen oder Hackfleisch mit dem *Surikogi* (Stößel) aus Hartholz zu einer Paste verarbeitet werden können. Im Anschluss kann man den *Suribachi* als Mischschüssel verwenden.

Take-Gushi sind die in der Küche vielseitig verwendbaren Spieße aus Bambusholz. Man kann kleinere Zutaten einfach darauf stecken und problemlos grillen; sie eignen sich auch gut für die Garprobe, ohne die Speisen zu beschädigen.

Zaru ist das japanische Küchensieb oder der Durchschlag. Es besteht aus Bambus, das feine Netzsieb aus rostfreiem Stahl und ist sehr nützlich, da es sich sogar zum Abseihen kleinster Reiskörner oder sehr feiner Nudeln eignet. Je nach Verwendungszweck variieren Größe und Form.

1

Vorspeisen

Daikon-Lachs-Röllchen

Daikon kinuta-maki

Akihiro Kurita hat das Kochen im Blut: Sein Vater betreibt ein Restaurant in Kyoto, in dem er zwölf Jahre ausgebildet wurde, und viele seiner Verwandten besitzen ebenfalls ein Restaurant oder arbeiten dort. Inzwischen ist Kurita selbst Küchenchef eines kleinen Restaurants im Stadtzentrum mit typisch Kyotoer Küche. Seine Speisen basieren auf dem alten *Kaiseki* (dem traditionsreichen Mahl), sind jedoch moderner zubereitet und erschwinglicher. Der wichtigste Bereich des Restaurants ist die Theke. Hier haben etwa ein Dutzend Gäste Platz, und vor ihren Augen bereitet Kurita die Speisen zu. Aus diesem Grund hat er viele kleine Gerichte kreiert, die er vorbereiten und dann auf engstem Raum in kurzer Zeit anrichten kann – wie auch dieses delikate Gericht.

ERGIBT 8 RÖLLCHEN

300 g Lachsfilet
1 großer Daikon-Rettich, geschält
Salz

FÜR DIE SÜSSE ESSIGMARINADE:
8 EL japanischer Reisessig
½ TL Salz
4 EL Zucker
1 frische rote Chilischote, von den Samen befreit und fein gehackt

In Kyoto verwendet man für dieses Gericht Kabura, *eine große Rübenart von weicher Konsistenz, doch ist sie in anderen Regionen, ja selbst in Tokio, nur schwer erhältlich. Darum schlage ich als Ersatz Daikon vor. Wer keine Chilis mag, erhält durch* Yuzu- *oder Zitronenschale zusätzliches Aroma. Die Röllchen eignen sich gut als Vorspeise für Dinnerpartys, da man sie zwei bis drei Tage früher zubereiten kann.* AK

1 Den Lachs kräftig salzen und über Nacht in den Kühlschrank stellen. Mit einem feuchten Tuch oder Küchenpapier das Salz abwischen. Den Lachs in 8 Rechtecke (1 Zentimeter breit und 7–8 Zentimeter lang) schneiden.

2 Für die Marinade Essig, Salz und Zucker in einem Topf verrühren. Unter ständigem Rühren schwach erhitzen, bis sich Zucker und Salz gelöst haben. Vom Herd nehmen, die Chilischote hinzufügen und beiseite stellen.

3 Den Daikon quer in 7–8 Zentimeter lange Stücke schneiden (benötigt werden vermutlich 2–3 Stücke). Mit einem scharfen Messer von jedem Stück 3–4 dünne Scheiben von etwa 3 Millimeter Dicke und 20 Zentimeter Länge abschneiden, dabei die Klinge längs ansetzen, als ob Sie das Stück schälen wollten. Benötigt werden 8 Daikonscheiben, je 7–8 Zentimeter breit und 20 Zentimeter lang. Als Alternative (dies ist sehr viel einfacher) vom dicken Ende ein 20 Zentimeter langes Stück quer abschneiden und längs halbieren. An den Schnittseiten 3 Millimeter dicke Scheiben abschneiden, bis insgesamt 8 Scheiben von 7–8 Zentimeter Breite und 20 Zentimeter Länge vorhanden sind.

4 In einer großen Schüssel 1 Liter Wasser mit 2 Teelöffeln Salz verrühren. Die Daikonscheiben 5–10 Minuten darin ziehen lassen. Abgießen und mit Küchenpapier trockentupfen.

5 Eine Daikonscheibe auf ein Brett legen und von einer Schmalseite aus ein Stück Lachs fest darin einrollen. Mit den übrigen Scheiben ebenso verfahren. Die 8 Röllchen nebeneinander in eine Schüssel legen. Mit der süßen Essigmarinade beträufeln, mit einem umgedrehten flachen Teller bedecken und diesen mit einem Gewicht (einem Stein oder einer Konservendose) beschweren. Im Kühlschrank 3 Tage marinieren lassen. Je 2 Röllchen auf Tellern anrichten.

KENTARO KOBAYASHI

Sashimi-Salat

Sashimi de salada

Kentaro ist ein berühmter japanischer Fernsehkoch. Das Besondere an seiner Küche ist der leichte und unkomplizierte Stil, der vor allem die viel beschäftigte jüngere Generation anspricht. Seine Philosophie lautet: So einfach wie möglich, doch nicht an notwendiger Zeit und Zutaten sparen. Nach seiner Auffassung gibt es in der alten japanischen Küche zu viele mehrdeutige Anweisungen, die jüngere Menschen vom Kochen abschrecken. Darum hier nun eines seiner einfachsten Gerichte mit Fertigprodukten.

Es heißt, man müsse zumindest in der Lage sein, Fisch zu filetieren, ehe man sich an die japanische Küche wagen könne. Ich halte das für Unsinn. Wer ein sehr gutes Gericht mit fertigem Fischfilet zubereitet hat und es beim nächsten Mal mit frisch filetiertem Fisch noch besser machen möchte, kann dann immer noch lernen, wie man Fisch selbst filetiert; aber das ist keinesfalls nötig. Es ist viel schöner, ein Essen zügig und mit Freude zuzubereiten, als stundenlang angestrengt zu arbeiten, auch wenn das Ergebnis noch so authentisch ist. Meiner Meinung nach sollte man so kochen, wie man es für richtig hält. Für diesen Salat kann man jedes fertig vorbereitete Sashimi *aus einem japanischen Lebensmittelgeschäft verwenden, oder man filetiert sehr frischen Fisch, etwa Lachs, Thunfisch, Marlin, Steinbutt oder Seezunge. Tintenfisch oder Jakobsmuscheln eignen sich ebenfalls.* KK

FÜR 4 PERSONEN

4 Portionen fertig vorbereitetes Sashimi aus einem japanischen Lebensmittelgeschäft oder 4–6 sehr frische Fischfilets (je nach Größe), etwa Lachs, Thunfisch, Marlin oder Seezunge
1 Kopfsalat, gewaschen und trockengeschwenkt
10 cm Daikon-Rettich, geschält
4 Frühlingszwiebeln

FÜR DAS DRESSING:

½ Gemüsezwiebel, gerieben
1–2 frische Knoblauchzehen, gerieben
2 EL Shoyu (japanische Sojasauce)
2 EL Sesamöl
1–2 TL schwarze und weiße Sesamsamen, leicht geröstet

1 Falls nötig, die Fischfilets enthäuten. Dafür die Filets mit der Haut nach unten auf ein Brett legen, das Messer am Schwanzende zwischen Fleisch und Haut ansetzen. Das Schwanzende mit einer Hand nach unten drücken und mit dem Messer das Fleisch zum Kopf hin von der Haut lösen. Die enthäuteten Fischfilets mit der Außenseite auf das Brett legen und für das Sashimi jeweils diagonal in dünne Scheiben von 0,5–1 Zentimeter schneiden.
2 Den Kopfsalat in mundgerechte Stücke zerpflücken. Den Daikon halbieren, quer in 2,5 Zentimeter lange Stücke und diese längs in 5 Millimeter dicke Scheiben schneiden. Die Scheiben längs in dünne Streifen und die Frühlingszwiebeln in 3 Zentimeter lange Stücke schneiden.
3 Die Zutaten für das Dressing in einer Schüssel verrühren.
4 Das Sashimi, den Salat und die Daikon-Streifen in einer großen Schüssel vermischen und auf 4 einzelnen Tellern oder in einer Salatschüssel anrichten. Mit Sesamsamen bestreuen und kurz vor dem Servieren mit dem Dressing beträufeln.

Foie gras mit aromatischem Daikon

Foie gras daikon-ni

Minoru Odajima war früher ein begeisterter Bergsteiger und suchte sich deshalb in den späten 1960er-Jahren eine Stelle in Paris, um in den Alpen klettern zu können. Hier lernte er viel über Weine und die Zubereitung von Fleisch. Als er in den 70ern nach Japan zurückkehrte und ein eigenes Restaurant eröffnete, passte er die in seinem Land weniger populären Fleischgerichte der japanischen Küche an und suchte geeignete Weine aus. Dieses Gericht mit *foie gras* gehört zu den beliebtesten Spezialitäten in seinem Restaurant Odajima in Sangen-Jaya, einem Vorort von Tokio.

FÜR 4 PERSONEN

12 cm Daikon-Rettich (vom dicken Ende)
4 Stangen weißer Spargel, geschält
Salz
1 EL Pflanzenöl
4 Stücke Foie gras (Stopfleber) von je 30 g

FÜR DIE SAUCE:
225 ml Dashi
2 EL Shoyu (japanische Sojasauce)
1 EL Zucker
Salz

Mein Motto beim Kochen lautet: „Das Einfache ist stets das Beste", und darum sind alle meine Rezepte so einfach wie möglich. Einfach zu kochen ist jedoch gar nicht so leicht, da man ganz frische Zutaten benötigt, die mit größter Sorgfalt vorbereitet werden müssen und dann nur gerade so lange gegart werden dürfen, dass sie die richtige Konsistenz haben. Bei diesem Gericht kommt es vor allem darauf an, den Daikon richtig zu garen. Daikon-Rettich gehört zu den vielseitigsten und beliebtesten Gemüsesorten der japanischen Küche, doch bei falscher Zubereitung ist er schnell verdorben. MO

1 Den Daikon schälen und in 4 Scheiben von etwa 3 Zentimeter Dicke schneiden. Mit einem scharfen Messer den unregelmäßigen Rand jeder Scheibe etwa 2 Millimeter breit schräg abschneiden, damit die Daikon-Scheiben sich beim Garen nicht verformen. Den Daikon mit reichlich Wasser in einen Topf geben, das Wasser zum Kochen bringen und die Daikon-Scheiben bei mittlerer Hitze weich garen. Die Garzeit beträgt je nach Qualität des Daikon 40–50 Minuten. Vom Herd nehmen, abgießen und unter fließendem Wasser abspülen. Dies nimmt dem Daikon den bitteren Geschmack.

2 Die Zutaten für die Sauce in einem Topf zum Kochen bringen und dabei so lange rühren, bis sich der Zucker gelöst hat. Den Daikon einlegen und die Sauce bei schwacher Hitze 15 Minuten köcheln lassen, bis der Daikon das Aroma aufgenommen hat.

3 In der Zwischenzeit den Spargel in leicht gesalzenem Wasser 2–3 Minuten blanchieren, bis er schon weich, aber noch bissfest ist. Den Spargel abgießen und in 3 Zentimeter lange Stücke schneiden.

4 Eine Pfanne erhitzen, das Öl hineingießen und die Foie gras bei starker Hitze von beiden Seiten in 1–2 Minuten goldbraun braten. Vom Herd nehmen und mit einer Prise Salz bestreuen.

5 Die aromatisierten Daikon-Scheiben auf 4 tiefere Teller verteilen und je ein Stück Foie gras darauf legen. Etwas Sauce darüber gießen, mit dem Spargel garnieren und heiß servieren.

Chrysanthemen-Sushi mit Garnelen und Persimonen-Sushi mit Räucherlachs

Kiku mitate ebi-zushi to kaki mitate salmon-sushi

Masahiro Kurusu, der Chefkoch des Tankuma, präsentiert hier eine seiner wunderbaren Sushi-Spezialitäten, die sich als Vorspeise und Hauptgericht eignet. Die meisten Kyotoer *Kaiseki*-Restaurants werden noch immer von den Nachfahren einer langen Reihe von *Kaiseki*-Köchen geleitet. So auch das 1928 eröffnete Tankuma. Aus dem bescheidenen ersten Restaurant mit acht Räumen entwickelten sich Filialen in Kyoto, Osaka, Tokio und Hakata, Kyushu.

ERGIBT JE 4 SUSHI

FÜR DIE TOSA-ZU:
110 ml Wasser
3 EL Reisessig
1½ EL helle Shoyu (japanische Sojasauce)
1 TL Zucker
2–3 cm getrockneter Kombu
1–2 EL Kezuribushi (getrocknete Fischflocken)

FÜR DIE CHRYSANTHEMEN-SUSHI:
4 Riesengarnelen mit Schale
Salz
1 Ei, hart gekocht (nur das Eigelb)
450 g Sumeshi (gekochter Sushi-Reis mit Essig, siehe Seite 152)
Shungiku (Salat-Chrysanthemenblätter) zum Garnieren (nach Belieben)

FÜR DIE PERSIMONEN-SUSHI:
4 Scheiben Räucherlachs, je 5×5 cm
8 cm getrockneter Kombu
450 g Sumeshi (gekochter Sushi-Reis mit Essig, siehe Seite 152)

Das Wort mitate *(„abbilden, darstellen") ist der wohl häufigste Begriff in der* Kaiseki-*Küche, die traditionell die Jahreszeiten visualisieren soll, indem die Natur in den Gerichten sichtbar gemacht wird. Oft stellen die Speisen auf dem Teller Vögel und Blumen dar. Dieses Gericht mit Chrysanthemen und Japanischen Persimonen (Kaki) ist eine typische Vorspeise für den Herbst.* Tosa-zu *besteht aus Reisessig sowie* Kezuribushi *(getrockneten Fischflocken) und wird hier zum Aromatisieren des Fischs verwendet. Tosa ist ein Gebiet auf der Insel Shikoku mit großem Fischvorkommen – daher der Name.* MK

1 Die Zutaten für die Tosa-zu mit Ausnahme der Kezuribushi in einem kleinen Topf verrühren und bei mittlerer Hitze aufkochen. Die Kezuribushi hinzufügen und die Mischung vom Herd nehmen, sobald sie wieder zu kochen beginnt. Die Kezuribushi auf den Topfboden absinken lassen, anschließend durch ein feines Mulltuch oder ein feinmaschiges, mit Küchenpapier ausgelegtes Sieb abseihen. Abkühlen lassen.

2 Für die Chrysanthemen-Sushi die Garnelenköpfe abtrennen, die Därme entfernen, die Schalen jedoch daran belassen. Jede Garnele fest zusammenrollen und mit einem Cocktailspieß fixieren. In leicht gesalzenem kochendem Wasser 2 Minuten garen, bis sie leuchtend rot sind. Abgießen. Die Spieße entfernen, die Garnelen schälen und horizontal halbieren.

3 Das Eigelb durch ein feines Sieb in einen kleinen Topf streichen, etwas Salz dazugeben. Unter kräftigem Rühren 1–2 Minuten schwach erhitzen, um das Eigelb fein zu zerkrümeln. Beiseite stellen.

4 Einen Garnelenring in die Tosa-zu tauchen und mit der Außenseite auf ein Stück Klarsichtfolie (20×20 Zentimeter) legen. Einen gehäuften Esslöffel Sushi-Reis darauf geben und so in die Klarsichtfolie einwickeln, dass eine abgeflachte Kugel entsteht. Vorsichtig zu einer Chrysanthemenblüte formen. Mit den übrigen Garnelenringen ebenso verfahren.

5 Eine kleine Menge zerkrümeltes Eigelb jeweils in die Mitte der Chrysanthemen-Sushi geben. Für ein natürliches Aussehen nach Belieben rundum mit echten Chrysanthemenblättern garnieren.

6 Für die Persimonen-Sushi die Lachsscheiben 3 Minuten in Tosa-zu einweichen, abtropfen lassen. Küchenpapier mit Essig beträufeln, den Kombu damit abwischen und in Form eines Persimonen-Blütenkelchs schneiden.

7 Eine Lachsscheibe auf ein Stück Klarsichtfolie (20×20 Zentimeter) legen und einen gehäuften Esslöffel Sushi-Reis darauf geben. Den Lachs mithilfe der Klarsichtfolie so um den Reis wickeln, dass eine Kugel entsteht, und diese wie eine Persimone formen. Einen Kombu-Blütenkelch darauf setzen. Mit einem Holzspieß von oben bis zur Mitte ein Loch stechen. Ein schmales Stück Kombu hineinstecken, das wie ein Persimonenstiel aussieht.
Mit den restlichen Zutaten 3 weitere Persimonen-Sushi herstellen.

Chinakohlröllchen mit Spinat

Horenso no hakusai-maki [V]

In der japanischen Küche gibt es viele Methoden, Gemüse einzulegen, ob sie einfach eingesalzen oder in Reiskleie gelegt werden. Hakusai, *bei uns als Chinakohl bekannt, wird am besten eingesalzen: Die Verwandlung vom etwas faden, spröden Blatt in ein hocharomatisches weiches Gemüse ist dabei wirklich bemerkenswert. Die Blätter in mundgerechte Stücke hacken und im Wechsel mit etwas Salz in einen großen Gefrierbeutel schichten. Für 3–4 Tage in den Kühlschrank legen, ab und zu durchmischen. Abgießen und das überschüssige Wasser mit den Händen ausdrücken, ehe man das Gemüse ohne Beigaben isst, in Shoyu dippt oder unter einen Salat mischt. Auch für dieses Gericht benötigt man eingesalzene* Hakusai. *Doch wird das Gemüse hier nicht geschnittten, man verwendet die wunderbar großen, dehnbaren und glänzend weißen Blätter vielmehr zum Einrollen des tiefgrünen Spinats.*

FÜR 4 PERSONEN

4 große Blätter Hakusai (Chinakohl)
Salz
150–200 g frischer Spinat, gründlich gewaschen
1 EL Shoyu (japanische Sojasauce)
1 EL Sake
1 EL Einweichwasser von getrockneten Shiitake, ersatzweise Gemüsebrühe oder Wasser
½ TL Senf oder Wasabi-Paste (nach Belieben)
1 TL weiße Sesamsamen

1 Die Hakusai-Blätter von beiden Seiten mit Salz bestreuen und 10–15 Minuten Wasser ziehen lassen, die Blätter werden dabei schlaff. Das Wasser mit den Händen ausdrücken, die Blätter mit Küchenpapier trockentupfen.

2 Den Spinat in leicht gesalzenem kochendem Wasser 30–60 Sekunden blanchieren, abgießen und mit den Händen ausdrücken. Shoyu, Sake, Pilzwasser (ersatzweise Gemüsebrühe oder Wasser) sowie Senf oder Wasabi-Paste (nach Belieben) vermischen. Den Spinat auf einem großen Teller verteilen, mit der Mischung beträufeln und 5 Minuten marinieren lassen. Abgießen und die überschüssige Sauce vorsichtig ausdrücken.

3 Ein vorbereitetes Hakusai-Blatt mit der Innenseite nach oben auf ein Brett legen. Ein Viertel des Spinats quer am dicken Ende des Blattes verteilen und zum spitzen Ende hin einrollen. Mit den restlichen Blättern und dem Spinat weitere 3 Hakusai-Rollen herstellen.

4 Jede Rolle quer in 4 zylindrische Stücke schneiden und jeweils auf 4 Tellern anrichten. Einen Topf auf dem Herd erhitzen und die Sesamsamen ohne Fett darin rösten. Dabei ständig den Topf schwenken, bis die Samen zu springen beginnen. Vom Herd nehmen, in einem Mörser leicht zerstoßen und über die Hakusai-Röllchen streuen. Als Vorspeise oder Beigabe zu Reis servieren.

Schwertfisch-*Tataki* mit Daikon-Limetten-Sauce

Kajiki no tataki oroshi-jyoyu ae

Für Tataki*, was wörtlich „klopfen" bedeutet, wird roher Fisch mit einem Messer in winzige Stücke „geklopft" und dann mit Kräutern und Gewürzen vermischt. Doch auch angebratene oder vorgegarte rohe Fischscheiben heißen* Tataki. *Und die beliebteste Variante davon ist* Katsuo *(Echter Bonito), die auf Seite 42 präsentiert wird* (Katsuo no tataki salada shitate).

FÜR 4 PERSONEN

Salz
450 g Schwertfischsteak, enthäutet
Kresse zum Garnieren

FÜR DIE OROSHI-JYOYU (DAIKON-LIMETTEN-SAUCE):
4 EL fein geriebener Daikon-Rettich mit Saft
1 EL helle Shoyu (japanische Sojasauce)
1 EL Sake, 1 TL Zucker
1 EL frisch gepresster Limettensaft
½ EL Ingwersaft
¼ TL fein geriebener Knoblauch

1 Leicht gesalzenes Wasser in einem Topf bei starker Hitze zum Kochen bringen. Das Schwertfischsteak einlegen und 30 Sekunden kochen, bis es sich außen weiß verfärbt, im Innern aber noch roh ist. Herausnehmen und sofort in Eiswasser legen, um den Garprozess abrupt zu beenden. Abtropfen lassen und mit Küchenpapier trockentupfen. Den Fisch in 5 Millimeter dicke und 5 Zentimeter lange Scheiben schneiden.

2 Die Zutaten für die Daikon-Limetten-Sauce vermischen und gleichmäßig auf 4 Teller verteilen. Je ein Viertel der Fischscheiben dekorativ darauf anrichten, mit Kresse bestreuen und servieren.

Gekochte grüne Sojabohnen in der Hülse

Edamame [V]

Vom zeitigen Frühjahr bis zum Spätsommer sind Edamame *(grüne Sojabohnen in der Hülse) in Japan in großer Fülle erhältlich. Oft bekommt man sie sogar noch mit den Stängeln. Auch außerhalb Japans wird dieses einfache Gericht immer populärer und sogar häufig in Restaurants angeboten. Im Handel ist diese Spezialität zur Zeit nur in Asienläden zu finden, und zwar als Tiefkühlprodukt. Doch wird erwartet, dass man die Bohnen auch bei uns bald anbaut und beim Gemüsehändler frisch anbietet.* Edamame *sind ein guter Sommer-Snack zu einem kühlen Bier.*

FÜR 4–8 PERSONEN

900 g Edamame
Salz
Meersalz zum Bestreuen

1 Sitzen die Sojabohnenhülsen noch an den Stängeln, diese ablösen und wegwerfen. Großzügig Salz über die Hülsen streuen und mit den Händen einreiben. 10–15 Minuten einwirken lassen. Die Hülsen in reichlich kochendem Wasser 6–7 Minuten kochen, bis sie fast gar, die Bohnen im Innern aber noch knackig sind.

2 Abgießen und kurz unter fließendem kaltem Wasser abschrecken (dies unterbricht den Garprozess und intensiviert die grüne Farbe). Auf eine große Servierplatte häufen und mit Meersalz bestreuen. Warm oder kalt servieren. Zum Verzehr werden die grünen Sojabohnen mit den Händen direkt aus den Hülsen gegessen.

Gegrillte Tintenfisch-Nori-Rollen

Ika to nori no goma-maki

Tintenfisch ist manchen ein wenig zu zäh, doch eignet er sich für dieses Gericht besonders gut. Tintenfisch, quer in feine Streifen geschnitten, heißt in Japan Ika Somen *(Tintenfischnudeln) und wird roh mit etwas Shoyu und Wasabi gegessen. Da Tintenfisch beim Erhitzen an der Hautseite zusammenschrumpft und sich einrollt, muss man ihn zuvor kreuzweise einritzen, wenn, wie hier, eine flache Scheibe benötigt wird. Für die korrekte Zubereitung braucht man außerdem eine Sushi-Rollmatte aus Bambus* (Makisu).

FÜR 4 PERSONEN

1 mittelgroßer Tintenfisch (Kalmar), küchenfertig vorbereitet
Sesamöl zum Bestreichen
2 EL weiße Sesamsamen
Meersalz
1 Nori-Blatt, halbiert
Öl für die Metallspieße

1 Den Körperbeutel des Tintenfischs horizontal in zwei flache Hälften schneiden. Eine Hälfte mit der Hautseite nach oben auf ein Brett legen und kreuzweise fein einritzen. Mit der zweiten Hälfte ebenso verfahren.

2 Ein Stück Klarsichtfolie (etwas größer als der Tintenfisch) auf ein Brett legen und mit Sesamöl bestreichen. 1 Esslöffel Sesamsamen und eine Prise Meersalz gleichmäßig auf die Ölfläche streuen. Eine Tintenfischhälfte mit der Hautseite nach unten darauf legen und mit einem halben Nori-Blatt bedecken. Am Kopfende beginnend, den Tintenfisch mithilfe der Folie fest einrollen und mit einem eingeölten Metallspieß fixieren. Mit der anderen Hälfte ebenso verfahren.

3 Die Klarsichtfolie entfernen. Die Tintenfisch-Nori-Rollen unter dem Backofengrill bei mittlerer Hitze 2–3 Minuten von beiden Seiten grillen, bis der Tintenfisch leicht gegart ist und der Sesam sich gleichmäßig goldbraun verfärbt. Herausnehmen, abkühlen lassen und die Spieße entfernen.

4 Die Tintenfisch-Nori-Rollen quer in 4–6 Scheiben schneiden. Jeweils 2–3 Scheiben als Teil einer Vorspeisen-Auswahl auf Tellern anrichten.

Bernsteinmakrelen-Carpaccio mit Kanzuri-Yuzu-Vinaigrette

Kanpachi carpaccio, kanzuri to yuzu no vinegrette

Ken Tominaga, Chefkoch des Hana-Restaurants in der Bay Area San Franciscos, kam bereits als Junge mit seiner Familie nach Kalifornien, ließ sich aber auch in Tokio als Chefkoch ausbilden. Deshalb ist seine Küche sehr innovativ, basiert jedoch auf traditionellen Techniken und kulinarischem Grundverständnis, denen sein Restaurant den guten Ruf verdankt. Er präsentiert einen einfachen Sashimi-Salat mit einem interessanten Dressing.

FÜR 4 PERSONEN

300 g Bernsteinmakrele oder ein anderer Sashimi-Fisch, in dünnen Scheiben
Salz und frisch gemahlener Pfeffer
1 aromatische Tomate, gewürfelt
5 cm Salatgurke, gewürfelt
4–6 Shiso-Blätter, zerpflückt
1½ EL Tonburi oder Fischrogen (nach Blieben)

FÜR DAS HANA-DRESSING:

3 EL Weißweinessig
1 EL natives Olivenöl extra
2 EL Shoyu (japanische Sojasauce)
½ weiße Zwiebel, fein gerieben
½ Knoblauchzehe, fein gerieben
1 EL frisch gepresster Zitronensaft
Salz und frisch gemahlener Pfeffer

FÜR DIE KANZURI-YUZU-VINAIGRETTE:

1 EL Yuzu- oder Limettensaft
1 EL Shoyu (japanische Sojasauce)
3 EL natives Olivenöl extra
1 EL Weißweinessig
1 TL Kanzuri oder Chili-Öl
1 TL Ingwersaft
Salz und frisch gemahlener Pfeffer

Die Bernsteinmakrele hat rotes Fleisch und gilt als einer der besten Sashimi-*Fische. Für diesen Salat eignet sich aber auch jeder andere* Sashimi-*Fisch, selbst mit weißem Fleisch, etwa Seezunge, Steinbutt oder Heilbutt. In meinem Restaurant verwenden wir für die Vinaigrette* Kanzuri, *eine fermentierte Chili-Essenz, doch zu Hause kann man auch Chili-Öl hineingeben. Bei* Tonburi *handelt es sich um die Beeren einer Zypressenart, die man als „Kaviar des Feldes“ betrachtet. Diese seltene Zutat ist eine Spezialität aus Akita im Nordosten Japans; sie kann weggelassen oder durch Fischrogen ersetzt werden.* KT

1 Den Fisch mit Salz und Pfeffer bestreuen und auf 4 Teller verteilen.
2 Die Zutaten für das Hana-Dressing verrühren, über das Gemüse geben und mit den Tomaten- und Gurkenwürfeln leicht vermischen. Je ein Viertel der Mischung auf den Fischportionen verteilen und mit Shiso-Blättern und Tonburi oder Fischrogen garnieren.
3 Die Zutaten für die Vinaigrette verrühren und über die Gemüsewürfel träufeln. Sofort servieren.

Seeteufelleber, mit Sake gedämpft

Ankimo no sake shio mushi

Hisashi Taoka ist Fischhändler und besitzt zusammen mit seiner Frau Mariko das Restaurant Mayfair in London. Während der Thunfischsaison bereist er den Mittelmeerraum auf der Suche nach gutem Thunfisch, und Mariko hält allein die Stellung in London. Früher selbst Großhändler auf dem Billingsgate Market, besucht er ihn heute jedes Mal, wenn er in London ist, frühmorgens als Kunde. Hier präsentiert er eine winterliche Spezialität aus Japan.

FÜR 4 PERSONEN

300 g Seeteufelleber, 1 Stunde gewässert, um das Blut herauszuspülen
½ TL Salz
3 EL Sake
1–2 Frühlingszwiebeln, fein gehackt, zum Garnieren
5 EL Momiji-Oroshi (siehe Seite 124), zum Garnieren

FÜR DIE PONZU-SAUCE:

3 EL frisch gepresster Zitronensaft
2 EL Shoyu (japanische Sojasauce)
3 EL Dashi

Seeteufelleber ist solch eine Delikatesse, dass sie als foie gras *des Meeres gilt. Nach meiner Ansicht ist sie sogar noch viel besser als* foie gras *und auf alle Fälle gesünder und preisgünstiger. Im Handel bekommt man sie zwar nur schwer, doch ein guter Fischhändler wird sie Ihnen sicher besorgen können. Probieren Sie dieses Rezept einmal aus, Sie werden überrascht sein, wie gut das Gericht schmeckt.* HT

1 Die Seeteufelleber abgießen. Unter fließendem Wasser abspülen und dabei die dünne Haut und etwaigen Schmutz entfernen. Mit Küchenpapier trockentupfen. Mit dem Salz bestreuen und etwa 1 Stunde im Kühlschrank einwirken lassen, damit das überschüssige Wasser austritt.

2 Die Leber in eine flache Schale legen, mit Sake beträufeln und im Dämpftopf 20 Minuten dämpfen. Vom Herd nehmen und abkühlen lassen.

3 Die Leber in quadratische Stücke mit 1,5 Zentimeter Kantenlänge schneiden und in 4 kleine Servierschalen verteilen. Die Zutaten für die Ponzu-Sauce in einem kleinen Gefäß verrühren und über die Leberportionen gießen. Mit gehackten Frühlingszwiebeln und Momiji-Oroshi garniert servieren.

Herbstliche Vorspeise

Aki no hors d'œuvre san-ten mori [V]

Mit einer Vorspeisenplatte kann man besonders gut auf die Spezialitäten einer Jahreszeit eingehen, und ein Kaiseki-*Gang beginnt oft mit einer Zusammenstellung aus drei verschiedenen Speisen, die die Berge, das Land und das Meer repräsentieren. Im Frühjahr findet man auf dem Teller zum Beispiel das Thema Kirschblüten zusammen mit* Fuki *(ein nur in Japan erhältliches langstieliges Gemüse), jungen Bambussprossen und vielleicht einigen Venusmuscheln. Im Sommer bereitet man für die Gäste etwas Kühles und Erfrischendes vor, etwa* Sashimi *mit einer Auswahl an Algen auf zerstoßenem Eis sowie Farnkraut und Melone. Der Herbst bietet eine reiche Palette an Nüssen und Wildpilzen, auch Früchte gibt es jetzt in großer Fülle, und* Katsuo, *Lachs und viele andere Fischarten kehren aus dem Norden zurück. Ich habe einen herbstlichen Vorspeisenteller gewählt, den Sie mit Ihren regionalen Produkten abwandeln können.*

FÜR 4 PERSONEN

Etwa 100 g Salatgurke
½ TL Salz
2–3 g getrockneter geschnittener Wakame, 10 Minuten in Wasser eingeweicht
8–12 Maronen (Esskastanien), fertig gekocht in Sirup
4–8 frische Shiitake
Shoyu (japanische Sojasauce) und Mirin zum Bestreichen
4 kleine, reife Persimonen (Kaki) oder Sharonfrüchte
1 Prise Salz oder Zucker (nach Belieben)
1–2 cm frische Ingwerwurzel, geschält und fein gerieben
1–2 TL Senf

FÜR DIE KAKI-SANBAIZU:

1 EL passiertes Persimonen- oder Sharonfruchtfleisch
1 EL Reisessig
½ EL Shoyu (japanische Sojasauce)
½ EL Mirin, 1 TL Sesamöl

1 Die Gurke längs halbieren und in sehr dünne, beinahe durchsichtige Halbkreise schneiden. In eine Schüssel geben, mit Salz bestreuen und mit den Händen vermischen, dabei das Salz gleichmäßig in die Gurkenscheiben reiben. 15 Minuten einwirken lassen. Abgießen und das überschüssige Wasser mit den Händen ausdrücken.

2 Den eingeweichten Wakame abgießen und das überschüssige Wasser ebenfalls mit den Händen ausdrücken. Größere Stücke auf die Größe der Gurkenscheiben zurechtschneiden.

3 2–3 Maronen auf einen Metalspieß stecken und bei starker Hitze dicht unter dem Backofengrill (etwa 10 Zentimeter) grillen, bis sie goldbraun sind. Mit den restlichen Maronen ebenso verfahren.

4 Die Shiitake auf dem Hut kreuzweise einschneiden und wie die Maronen leicht grillen. Die Hüte mit einer Mischung aus gleichen Mengen Shoyu und Mirin bestreichen, beiseite stellen.

5 Am Stielansatz je ein Drittel der Persimonen oder Sharonfrüchte abschneiden. Das Fruchtfleisch aus den verbliebenen Früchten herauskratzen, sodass 4 „Becher" entstehen. Das abgeschnittene Drittel dient jeweils als Deckel.

6 Das ausgelöste Fruchtfleisch durch ein feines Sieb passieren. 1 Esslöffel davon mit den restlichen Zutaten für die Kaki-Sanbaizu vermischen.

7 Die Gurkenscheiben und Wakame in eine Schüssel füllen und mit der Kaki-Sanbaizu locker vermischen. Nach Belieben mit 1 Prise Salz oder Zucker abschmecken. Den Gurkensalat in die ausgehöhlten Fruchtbecher verteilen und mit fein geriebenem Ingwer garnieren.

8 Die Becher auf Teller setzen und an der Seite je 2–3 Maronen, 1–2 Shiitake und etwas Senf anrichten. Nach Belieben warmen Sake dazu servieren.

Thunfisch, in Avocadohälften gefüllt

Yaki-toro to avocado no wasabi-joyu ae

Toshi Sugiura, Chefkoch des Sushi-Restaurants Hama in Los Angeles, gilt als einer der besten Sushi-Köche in dieser Metropole. Seine Jugend verbrachte er jedoch nicht in der Enge eines Sushi-Restaurants, sondern er bereiste die Welt, ehe er sich Ende der 1970er-Jahre in Los Angeles niederließ. Seine Karriere begann in einem exklusiven Fischrestaurant. Bald erlernte er die Kunst des Sushi-Formens und entwickelte sich noch unter dem alten Besitzer zum Chefkoch des Hama. Hier präsentiert er eine seiner liebsten Vorspeisen, für die er zwei in Kalifornien sehr geschätzte Zutaten verwendet: Thunfisch und Avocado.

FÜR 4 PERSONEN

450 g Thunfisch oder 4 Thunfischsteaks (je 120 g)
Salz und frisch gemahlener schwarzer Pfeffer
Etwas Pflanzenöl zum Braten
2 reife Avocados, längs halbiert und entsteint
2 TL Wasabi-Paste
3 EL Shoyu (japanische Sojasauce)
1 EL Sake
1 EL Mayonnaise
Frischer Schnittlauch, in feine Röllchen geschnitten, zum Garnieren
4 mittelgroße Tomaten, in dünne Spalten geschnitten, zum Garnieren

Da es in Kalifornien bekanntlich keine wechselnden Jahreszeiten gibt, ist das Konzept der saisontypischen Spezialitäten, das in der japanischen Küche eine so große Bedeutung hat, hier wenig sinnvoll. Auf der anderen Seite kann man in Kalifornien das ganze Jahr hindurch frische regionale Produkte verwenden, so etwa die Avocado. Thunfisch, die beliebteste Zutat in der japanischen Küche, harmoniert in seiner Konsistenz und im Geschmack sehr gut mit Avocado, und darum gehört dieses Gericht auch zu unseren bevorzugten Vorspeisen. Der Fisch wird mit Wasabi leicht gebraten; diese Zubereitung spricht auch all jene an, die rohen Fisch weniger mögen. Die Tomaten liefern zusätzlich einen farbenfrohen Kontrast zu den grünen Avocados. TSu

1 Den Thunfisch in 2–3 Zentimeter große Würfel schneiden und mit Salz und Pfeffer bestreuen. In einer Pfanne etwas Öl stark erhitzen und die Thunfischwürfel von allen Seiten kurz anbraten, sodass sie im Innern nahezu roh bleiben.

2 Das Fruchtfleisch der Avocados ein paar Mal einritzen, damit es sich beim Verzehr besser herauslösen lässt. Je ein Viertel des Thunfischs (4–5 Stücke) in die Avocadohälften setzen. Wasabi-Paste, Shoyu, Sake und Mayonnaise vermischen und gleichmäßig über den Fisch verteilen. Mit Schnittlauch bestreuen und mit den Tomatenspalten rund um die Avocados garnieren. Servieren.

Fisch in Gelee

Nikogori

Takeshi Yasuge ist ein *Fugu*-Koch und Besitzer des *Fugu*-Restaurants Asakusa Fukuji in Ginza, Tokio. In den Eierstöcken und der Leber des *Fugu*, der nur in Japan gegessen wird, sitzt ein äußerst gefährliches Gift, und darum benötigen *Fugu*-Köche eine besondere Lizenz für die Zubereitung. Dennoch gehört *Fugu* zu den beliebtesten Fischen in Japan: Laut Herrn Yasuge gibt es allein in Tokio über 1 000 *Fugu*-Restaurants und vielleicht zehnmal so viele in Osaka. Außerhalb Japans ist *Fugu* leider (für manche auch zum Glück) nicht erhältlich. Herr Yasuge präsentiert hier eine seiner beliebtesten Vorspeisen mit Rochen oder Seeteufel als Ersatz.

FÜR 4 PERSONEN

60–90 g Fischhäute von Rochen oder Seeteufel
1–2 Mittelgräten von Rochen oder Seeteufel mit etwas Fleisch daran
1 EL Shoyu (japanische Sojasauce)
1 Limette, in Spalten geschnitten, zum Garnieren

Fugu *ist zweifellos der delikateste – und darum auch teuerste – Fisch der Welt. Es gibt zahllose Arten und Größen, doch der beste und größte ist* Tora-Fugu, *der etwa 70 Zentimeter lang wird. Dieser Fisch ist solch eine Köstlichkeit, dass man alle Teile verwendet – mit Ausnahme der Eierstöcke und der Leber, die sofort nach dem Fang entfernt und weggeworfen werden. In meinem Restaurant servieren wir* Nikogori, *zubereitet aus Haut und Gräten, als Vorspeise. Jeder Fisch kann dafür verwendet werden, doch darf man natürlich nicht erwarten, dass er ebenso gut schmeckt wie* Fugu. TY

1 In einem Topf reichlich Wasser zum Kochen bringen, die Fischhäute einlegen und erneut aufkochen. Vom Herd nehmen und die Häute sofort in kaltes Wasser mit Eiswürfeln geben, damit sie schnell abkühlen. Für 30 Minuten in den Kühlschrank stellen; dies erleichtert das Schneiden der Häute. Die Fischhäute in mundgerechte Stücke schneiden.

2 In einem Topf 1½ Liter kaltes Wasser mit den Hautstücken und Gräten zum Kochen bringen. Bei mittlerer Hitze 30–45 Minuten köcheln lassen, bis die Flüssigkeit auf ein Drittel eingekocht ist. Auf schwächste Hitze reduzieren und die Gräten herausnehmen. Das Fleisch in Stücken von den Gräten lösen und zurück in den Topf füllen, die Gräten wegwerfen. Die Garflüssigkeit mit Shoyu würzen, bei Bedarf mehr Shoyu hinzugeben. Auf Raumtemperatur abkühlen lassen.

3 Eine 15 × 13 × 4 Zentimeter große Form oder einen ähnlich großen Kunststoffbehälter mit kaltem Wasser ausspülen. Die Mischung hineingießen, Haut- und Fischstücke gleichmäßig darin verteilen. Zum Festwerden am besten über Nacht in den Kühlschrank stellen.

4 Die Form oder den Behälter auf ein Brett stürzen und das Fischgelee in 8 gleich große Stücke schneiden. Auf 4 Tellern je 2 Stücke anrichten, mit Limettenspalten garnieren und servieren.

TAKAYUKI HISHINUMA

Bonito-*Tataki*-Salat

Katsuo no tataki salada shitate

Takayuki Hishinuma ist der junge Chefkoch des gefeierten Hishinuma in Tokio. Er gehört zu den Begründern der neuen japanischen Küche, die sich heute in ganz Japan durchgesetzt hat, und eröffnete sein Restaurant mit nur 30 Jahren. Seine Verarbeitung der Zutaten gründet sich auf die traditionelle, authentische Ausbildung, doch die Zusammenstellung verrät sein zeitgemäßes Können.

FÜR 4 PERSONEN

½ Fischfilet Katsuo (Echter Bonito) mit Haut, etwa 30 cm lang und 7–8 cm breit, ersatzweise 225 g Thunfisch oder Schwertfisch (ein dickes, längliches Stück)
Salz
3 EL Shoyu (japanische Sojasauce)
2–3 cm frische Ingwerwurzel, geschält und fein gerieben
5 cm Möhre, geschält
½ Salatgurke
5 cm Daikon-Rettich, geschält
4–5 Myoga (Knospen des Japan-Ingwers), nach Belieben
1 Hand voll Kaiware-Daikon (junge Daikon-Blätter), ersatzweise Kresse
2–3 Frühlingszwiebeln
Weiße Sesamsamen, leicht geröstet, zum Garnieren

FÜR DIE SENFSAUCE:

1 Eigelb
1 TL Senfpulver
½ TL Salz
½ TL Zucker
1 EL frisch gemahlener schwarzer Pfeffer
200 ml natives Olivenöl extra
4 EL frisch gepresster Zitronensaft

Die „ersten Katsuo*" (Echte Bonitos) schwimmen im Frühjahr auf ihrem Weg nach Norden in der Nähe der japanischen Küste. Die* Katsuo*, die im Spätsommer zurückkehren, schmecken intensiver. Sie eignen sich beide, ebenso wie Thunfisch oder Schwertfisch.* Tataki *ist eine aromatische Marinade.* TH

1 Wird ein ganzer Katsuo verwendet, diesen vorsichtig schuppen, filetieren und jedes Filet längs halbieren. Blutiges Fleisch im Innern der Filets wegschneiden. Von den 4 Filethälften benötigt man nur 1 für eine Vorspeise oder 2 für ein Hauptgericht für 4 Personen. Übrige Hälften einfrieren.

2 Die Filethälfte mit der Haut nach unten, bei Thunfisch das ganze Stück auf ein Brett legen. Dicht unter der Haut 4 Metallspieße quer durch das Fleisch stechen, sodass die Spieße mit einer Hand gehalten werden können. Den Fisch salzen.

3 Einen tiefen Topf mit Wasser und Eiswürfeln bereitstellen. Einen Grill mit Metallrost sehr heiß werden lassen und den Fisch auf der Hautseite 30 Sekunden grillen, bis sich erste dunkle Stellen zeigen. Schnell wenden und das Fleisch nur 10 Sekunden grillen, sodass es gerade weiß wird. Sofort in das Eiswasser tauchen, um den Garprozess zu stoppen.

4 Den Fisch mit Küchenpapier trockentupfen und mit dem Fleisch nach unten auf ein Brett legen. Mit einem sehr scharfen Messer quer in etwa 1 Zentimeter breite Scheiben schneiden.

5 Shoyu und Ingwer in einer flachen Schale vermischen. Den Fisch zum Aromatisieren in der Mischung wenden.

6 Für das Gemüse die Möhre längs in dünne Scheiben und dann in dünne Streifen schneiden. Mit der Gurke und dem Daikon ebenso verfahren. Die Myoga, falls verwendet, vom „Herz" befreien und in dünne Scheiben schneiden. Kaiware-Daikon in etwa 3 Zentimeter lange Stücke schneiden. Die weißen Enden der Frühlingszwiebeln fein hacken, das Grün in 3 Zentimeter lange Streifen schneiden. Das gesamte in Streifen geschnittene Gemüse in eine Schüssel mit Wasser und Eiswürfeln legen. Abtropfen lassen und mit Küchenpapier trockentupfen.

7 Alle Zutaten für die Senfsauce verrühren. Je ein Viertel des Fischs auf Tellern anrichten, mit etwas Senfsauce begießen und ein wenig Gemüse darüber verteilen. Mit Frühlingszwiebeln und Sesam bestreuen und servieren.

2

Brühen und Suppen

Dicke Eiersuppe

Chawan-mushi

Nobuo Iwaseya ist der leitende Chefkoch aller Suntory-Restaurants im Ausland. Suntory, eine führende Getränkefirma, die sich auf Whisky, Likör und Bier spezialisiert hat, begann in den 1970er-Jahren auch Restaurants zu betreiben. Das erste öffnete 1970 in Mexico City seine Pforten, und schnell expandierte man nach Acapulco, São Paulo, Honululu, London, Madrid, Taipeh, Kuala Lumpur, Shanghai und Singapur – und ein zweites Restaurant in Mexico City wurde eröffnet. Überall auf der Welt schätzt man die authentischen Speisen von bester Qualität. Herr Iwaseya zeigt hier eines seiner traditionellen Gerichte mit besonderem Pfiff.

FÜR 4 PERSONEN

4 Garnelen, geschält, Darm entfernt
2 EL Sake
Salz
1 Bund Shimeji-Pilze, geputzt
4 Okraschoten, geputzt und von den Samen befreit
Unbehandelte Yuzu- oder Limettenschale zum Garnieren

FÜR DIE EIERSUPPE:

3 große Eier, verquirlt
550 ml Dashi
⅔ EL Sake
½ TL Salz
⅔ EL Shoyu (japanische Sojasauce)

FÜR DIE KUZU-SUPPE:

225 ml Dashi
¼ TL Salz
¼ EL Shoyu (japanische Sojasauce)
1 EL Kuzu (Bindemittel) oder Pfeilwurzelmehl, in 1 EL Wasser aufgelöst

Gewöhnlich handelt es sich bei Chawan-mushi *(„eine Schüssel gedämpfter Reis") um eine dicke Eiersuppe, die zusammen mit anderen Zutaten gedämpft wird. Hier werden jedoch separat zubereitete Zutaten darauf gegeben und mit einer Suppe übergossen. Wer die andere Methode bevorzugt, dämpft die Zutaten in einer gewürzten Eiersuppe. Bei beiden Zubereitungsarten wird die Eiermischung vor dem Dämpfen allerdings abgeseiht, damit sich auf der Oberfläche der Suppe kein Schaum bildet. Statt Dashi kann auch Hühner-, Muschel- oder Shiitake-Brühe verwendet werden. Traditionelle Zutaten sind Garnelen, Huhn, Ente, Ginkgonüsse, Shiitake, gegrillter* Anago *(Meeraal), grünes Gemüse, Lilienzwiebeln und junge Bambussprossen.* NI

1 Die Garnelen fein hacken und zusammen mit dem Sake und 1 Prise Salz in einen kleinen Topf füllen. Die Mischung stark erhitzen und so lange kochen, bis die Garnelen gar sind und eine leuchtend rote Farbe bekommen. Dabei mit einer Gabel ununterbrochen kräftig rühren. Vom Herd nehmen und beiseite stellen.

2 Leicht gesalzenes Wasser kräftig aufkochen und die Shimeji-Pilze 2–3 Minuten darin kochen, bis sie gerade gar sind. Abgießen und beiseite stellen. Die Okraschoten in etwa 1 Zentimeter dicke Ringe schneiden und in leicht gesalzenem Wasser bei starker Hitze nur 1–2 Minuten kochen, sodass sie noch Biss haben. Abgießen und ebenfalls beiseite stellen.

3 Die Zutaten für die Eiersuppe so lange vorsichtig verrühren, bis sich das Salz gelöst hat. Es sollte sich kein Schaum bilden. Die Eiermischung durch ein feines Baumwolltuch abseihen. In 4 Suppenschalen verteilen und diese mit einem Deckel oder Alufolie verschließen. In einem Dämpftopf bei mittlerer Hitze etwa 15 Minuten dämpfen, bis die Eiersuppe gerade fest geworden ist. Vom Herd nehmen und im Dämpftopf warm halten.

4 Für die Kuzu-Suppe die Dashi in einem Topf erhitzen, mit Salz und Shoyu würzen. Kuzu (oder Pfeilwurzelmehl) unterrühren und so lange rühren, bis die Suppe bindet. Vom Herd nehmen.

5 Je ein Viertel der Garnelen, Shimeji-Pilze und Okraschoten auf die Eiersuppe in den Schalen verteilen und alle Zutaten mit der Kuzu-Suppe bedecken. Mit einem kleinen Stück Yuzu- oder Limettenschale garnieren, heiß servieren.

Senba-Makrelen-Suppe

Senba-jiru

Yuichi Oyama, Chefkoch und Generaldirektor des 160 Jahre alten Sushi-Restaurants Yoshino Sushi in Osaka, zeigt uns eine moderne und gehaltvollere Variante von *Senba-jiru*. Fisch mit rotem Fleisch als Suppeneinlage mag eher ungewöhnlich erscheinen, die Herkunft ist jedoch höchst bescheidener Art: Daikon-Rettich, in einer Suppe aus gesalzenen Makrelenköpfen gegart. Im 19. Jahrhundert war dies ein sehr verbreitetes Gericht, das man Lehrjungen und Dienern vorsetzte, die bei reichen Kaufleuten im Senba-Gebiet von Osaka arbeiteten. Darum heißt die Suppe auch *Senba-jiru* (Senba-Suppe).

FÜR 4 PERSONEN

1 Makrelenfilet, für 15 Minuten stark eingesalzen
10 cm Daikon-Rettich
675 ml Dashi
1 TL Meersalz
1 EL helle Shoyu (japanische Sojasauce)
Unbehandelte Yuzu- oder Limettenschale zum Garnieren

Yoshino Sushi wurde 1841 gegründet und wird immer noch von derselben Familie betrieben. Die dritte Generation dieser Familie kreierte den legendären Hako-Zushi *(eine Spezialität aus Osaka, siehe Seite 154), und* Senba-jiru *wurde von der fünften Generation wiederentdeckt. Ich bin sehr stolz, nun das Restaurant zu leiten und zu den Hütern der alten traditionellen Spezialitäten von Osaka zu gehören. Die* Senba-*Suppe, die wir servieren, ist natürlich eine Variante für das Restaurant. Ich erinnere mich noch, wie ein Gast vor einigen Jahren murmelte, die* Senba-*Suppe, die er früher zu essen bekommen habe, sei nicht so raffiniert gewesen. Vielleicht lebt er inzwischen gar nicht mehr, aber die Tradition besteht immer weiter …* YO

1 Das Salz vom Makrelenfilet abwaschen und den Fisch in mundgerechte Quadrate mit etwa 2,5 Zentimeter Kantenlänge schneiden. Die Stücke in kochendem Wasser bei starker Hitze 30 Sekunden garen und sofort für 5 Minuten in kaltes Wasser legen, um den Fischgeruch abzuschwächen. Abgießen und beiseite stellen.

2 Den Daikon in 3 Millimeter dicke, rechteckige Stücke schneiden (etwa 1,5 × 4 Zentimeter). In der Dashi bei mittlerer Hitze in 5–10 Minuten weich garen, bis die Stücke beinahe transparent sind. Die Suppe mit Meersalz und Shoyu würzen, bei Bedarf weiteres Salz und Shoyu hinzugeben.

3 Je ein Viertel der Makrelenstücke in Suppenschalen verteilen. Jeweils 4–5 Daikonstücke dazugeben und die Suppe darüber gießen. Mit einem kleinen Stück Yuzu- oder Limettenschale garnieren und heiß servieren.

Kalte Spargel-Ingwer-Suppe

Shoga-fumi asuparagasu supu [V]

Linda Rodriguez ist seit seiner Eröffnung im Jahr 1998 Chefköchin des gefeierten Bond-Street-Restaurants in New York. Geboren wurde sie in Manila auf den Philippinen, wuchs jedoch in den USA auf. Als sie noch ein kleines Kind war, wurde ihre Familie auf dem Luftwaffenstützpunkt Yokota in Japan stationiert, und damals lernte sie bereits die japanische Küche kennen. Diese wunderbare grüne Suppe schmeckt besonders raffiniert, denn sie enthält neben Ingwer auch *Yamaimo* (Yamswurzel) und gerösteten Knoblauch.

FÜR 4 PERSONEN

3 Bund grüner Spargel
350 g Spinat
Salz
4 Schalotten, gehackt
2 Knoblauchzehen, gehackt
Etwas Pflanzenöl zum Braten
100 ml Weißwein
450 ml Gemüsebrühe
225 ml Wasser
225 ml Joghurt
7 EL frisch gepresster Ingwersaft
Frisch gemahlener schwarzer Pfeffer
Yamswurzel zum Garnieren (nach Belieben)
Knoblauch, gehackt und geröstet, zum Garnieren

Bei dieser Suppe handelt es sich um eine vegetarische Spezialität. Das sommerliche Gericht ist besonders erfrischend und sehr gesund. Für die Zubereitung benötigen Sie einen mittelgroßen Wasserbadtopf oder eine Schüssel aus rostfreiem Edelstahl, um die Suppe darin kalt zu stellen. LR

1 Spargel und Spinat getrennt in leicht gesalzenem kochendem Wasser kurz blanchieren. Abgießen und sofort in kaltes Wasser mit Eiswürfeln geben, um den Garprozess zu stoppen. Wiederum abgießen. Überschüssiges Wasser mit den Händen aus dem Spinat drücken, beide Gemüse in den Kühlschrank stellen.

2 Schalotten und Knoblauch in etwas Öl in einem Topf anbraten. Weißwein, Gemüsebrühe und Wasser hinzugießen und zum Kochen bringen. Die Hitze reduzieren und die Suppe 15 Minuten schwach köcheln lassen. Vom Herd nehmen, abkühlen lassen und ebenfalls in den Kühlschrank stellen.

3 Sind Gemüse und Suppe gut gekühlt, 4 Spargelspitzen abschneiden und zum Garnieren beiseite legen. Den übrigen Spargel, den Spinat und die Suppe in einen Mixer füllen und 3–5 Minuten pürieren. Durch ein feines Sieb passieren.

4 Joghurt und frischen Ingwersaft unter die Suppe rühren. Mit Salz und Pfeffer abschmecken. Sehr kalt servieren, mit Spargelspitzen, dünnen Scheiben Yamswurzel (wenn verwendet) und geröstetem Knoblauch garniert.

Suppe aus der Teekanne

Dobin-mushi

*Teekannen verwendet man nicht nur wegen des hübschen Aussehens zum Kochen. Bereitet man eine Suppe in einem kleinen, geschlossenen Gefäß mit wenig Flüssigkeit, werden die Zutaten nur schonend gedämpft (*mushi *bedeutet dämpfen).*

FÜR 4 PERSONEN

250 g Hühnerfilet
2 mittelgroße Matsutake (japanische Wildpilze), ersatzweise Steinpilze
4 Riesengarnelen in der Schale
8 Zuckerschoten, Salz
12 Ginkgonüsse, von der Schale befreit
1 Limette, in Spalten, zum Garnieren

FÜR DIE SUPPE:

550 ml Dashi oder Hühnerbrühe
½ TL Meersalz
1 EL helle Shoyu (japanische Sojasauce)

1 Das Hühnerfleisch in dünne, runde Stücke (4 Zentimeter Durchmesser) schneiden, in kochendem Wasser 1–2 Minuten garen. Abgießen und kalt abspülen.
2 Das Stielende der Matsutake wie einen Bleistift anspitzen, feucht abreiben und trockentupfen. Die Pilze jeweils 5 Zentimeter unter der Spitze der Kappe abschneiden, längs in dünne Scheiben schneiden. Sind die restlichen Stücke länger als 5 Zentimeter, diese halbieren und ebenfalls längs in dünne Scheiben schneiden.
3 Die Garnelen von den Köpfen und Därmen befreien. In kochendes Wasser einlegen, herausnehmen und trockentupfen. Die Schale bis auf den Schwanzfächer entfernen.
4 Die Zuckerschoten in leicht gesalzenem kochendem Wasser 1–2 Minuten blanchieren, sodass sie noch Biss haben. Abgießen und sofort unter fließendes kaltes Wasser stellen. Trockentupfen. Große Zuckerschoten diagonal halbieren.
5 Dashi oder Hühnerbrühe bei mittlerer Temperatur langsam erhitzen, salzen, aufkochen. Mit Shoyu abschmecken, vom Herd nehmen.
6 Je ein Viertel des Fleischs, der Pilze, Garnelen, Ginkgonüsse und Zuckerschoten in kleine Teekannen (Dobin) füllen, die Suppe darüber gießen. Bei mittlerer Temperatur aufkochen. Vom Herd nehmen. Mit je 1 Limettenspalte auf dem Deckel servieren.

Klare Suppe mit Venusmuscheln

Hamaguri no ushio-jiru

Die beliebte Hamaguri, *eine schwere Venusmuschel, hat im Winter und zeitigen Frühjahr Saison. Mit ihrem intensiven Aroma* (umami) *und der hübschen Form bereichert sie auch eine* Kaiseki-*Platte. Aufgrund des Aromas eignet sich eine einfache Zubereitung am besten.*

FÜR 4 PERSONEN

1 quadratisches Stück (5 cm Kantenlänge) getrockneter Kombu
600 ml Wasser, 2 EL Sake
4 große Venusmuscheln, gesäubert
1 TL Meersalz
125 g Tofu, in 12 Würfel geschnitten
1 Kästchen Kresse

1 Den Kombu mit feuchtem Küchenpapier abreiben und 20 Minuten in einem Topf in dem Wasser und Sake einweichen.
2 Die Venusmuscheln hinzufügen und zum Kochen bringen. Den Kombu herausfischen, die Hitze reduzieren und bei mittlerer Hitze weiterkochen, bis sich die Muscheln öffnen. Gelegentlich den entstehenden Schaum entfernen. Mit ½ Teelöffel Salz würzen, bei Bedarf das restliche Salz dazugeben.
3 Tofuwürfel und Kresse hinzufügen und 2–3 Minuten mitköcheln lassen, bis der Tofu gleichmäßig durchgewärmt ist. Vom Herd nehmen. Je 1 Muschel, 3 Tofuwürfel und etwas Kresse in 4 Suppentassen verteilen. Die Suppe darüber gießen und sofort servieren.

Miso-Suppe mit Tofu und Wakame

Tofu to wakame no miso-shiru

Eine traditionelle Miso-Suppe, die es in vielen japanischen Familien zum Fühstück gibt. Früher fuhren Verkäufer am Morgen mit dem Fahrrad herum und verkauften Tofu oder Venusmuscheln. Auch Daikon, Spinat, Pilze, Zuckerschoten, sogar Kartoffeln sind geeignet.

FÜR 4 PERSONEN

5 g getrockneter geschnittener Wakame, 5–10 Minuten in Wasser eingeweicht
3 EL weißes Miso, 450 ml Dashi
125 g Tofu, klein gewürfelt
1–2 Frühlingszwiebeln oder 5–6 Stängel Schnittlauch, klein geschnitten
Gemahlener Sansho-Pfeffer (nach Belieben)

1 Den Wakame abtropfen lassen und große Blätter in kleine Stücke schneiden.

2 Miso in 3–4 Esslöffeln Dashi verrühren. Die restliche Dashi bei mittlerer Temperatur heiß werden lassen (nicht zum Kochen bringen) und das Miso einrühren. Den Wakame und Tofu dazugeben und die Temperatur erhöhen. Kurz bevor die Brühe zu kochen beginnt, vom Herd nehmen und die fein zerkleinerten Frühlingszwiebeln oder den Schnittlauch hinzufügen. Die Suppe sollte zu keinem Zeitpunkt kochen.

3 In 4 Suppentassen verteilen, nach Belieben mit etwas Sansho-Pfeffer bestreuen und heiß servieren.

Ishikari-Suppentopf

Ishikari-nabe

Ishikari, ein Fluss auf Hokkaido, der Nordinsel Japans, ist allgemein für seinen Lachsreichtum bekannt – daher der Name der Suppe, deren wichtigste Zutat Lachs ist. Große Lachsstücke, mit verschiedenen Gemüsesorten und Tofu in einer Miso-Brühe gegart, ergeben einen kräftigen Eintopf, der als Hauptgericht verzehrt wird. Konnyaku *besteht aus der Wurzelstärke einer Yam-Art.*

FÜR 4 PERSONEN

2–3 Lachssteaks (je 250 g)
Salz
250 g Konnyaku (nach Belieben)
2 Kartoffeln, geschält
1 Möhre, geschält
10 cm getrockneter Kombu (nach Belieben)
3–4 EL Miso
1 Zwiebel, geschält, halbiert und in Scheiben geschnitten
4 frische Shiitake oder kleine Austernpilze, geputzt
250 g fester Tofu, gewürfelt
8 Zuckerschoten
2 Frühlingszwiebeln, gehackt, zum Garnieren

1 Die Lachssteaks in grobe Stücke schneiden, mit Salz bestreuen und 5–10 Minuten einwirken lassen. Konnyaku (falls verwendet) mit Salz einreiben und unter fließendem kaltem Wasser wieder abspülen. Mit einem Esslöffel in grobe, mundgerechte Stücke zerteilen.

2 Die Kartoffeln und die Möhre ebenso in grobe Stücke schneiden. Die Kartoffeln kurz in Wasser legen und abgießen. Kartoffel- und Möhrenstücke separat in kaltem Wasser aufsetzen und halb gar kochen. Abgießen, beiseite stellen.

3 Einen großen Topf zur Hälfte mit Wasser füllen, den Kombu (falls verwendet) einlegen und das Wasser aufkochen. Den Kombu wieder herausnehmen, die Hitze reduzieren. Das Miso mit etwas heißer Flüssigkeit verrühren und in das Wasser einrühren. Zwiebel, Kartoffeln, Möhre, Pilze, Konnyaku und Lachs dazugeben und zugedeckt bei mittlerer Hitze 7–8 Minuten garen. Den Tofu und die Zuckerschoten hinzufügen und 3–4 Minuten köcheln lassen.

4 Von jeder Zutat 2 Stücke in 4 Suppenschalen verteilen und die Suppe darüber gießen. Mit Frühlingszwiebeln bestreuen und heiß servieren. Die angegebene Menge reicht sicher für eine zweite Portion.

Tofu-Vichyssoise

Tofu no surinagashi [V]

Dies ist eine Variante der stets beliebten Vichyssoise, hier mit Tofu; sie lässt sich ganz einfach zubereiten. Wichtig ist, dem Tofu reichlich Wasser zu entziehen, damit er sich leichter zu einer weichen Masse verarbeiten lässt, ehe man ihn mit der Brühe vermischt.

FÜR 4 PERSONEN

250 g fester Tofu
½ TL Meersalz
1 EL helle Shoyu (japanische Sojasauce)
1 EL Sake
2 TL Mirin
Japanischer Reisessig
275 ml Gemüsebrühe
Schnittlauchröllchen zum Garnieren

1 Den Tofu in ein sauberes Küchentuch wickeln und in eine Sushi-Matte aus Bambus (Makisu) rollen. Mit einem Gewicht (einem Stein oder einer Konservendose) beschweren und 1 Stunde stehen lassen, um das Wasser herauszupressen. Den Tofu in einen japanischen Mörser (Suribachi) oder in die Küchenmaschine geben und zu einer weichen, glänzenden Masse verarbeiten.

2 Salz, Shoyu, Sake, Mirin und einen Spritzer japanischen Reisessig hinzufügen und alles gut vermischen. Die Brühe portionsweise zu der Tofumischung gießen und zu einer cremigen Suppe verrühren. Bei Bedarf nachsalzen. Im Kühlschrank kalt stellen. In 4 Suppentassen verteilen, mit Schnittlauch garnieren und servieren.

Schweinelebersuppe aus Okinawa

Okinawa no buta leva sinji

Sinji *ist ein Begriff aus Okinawa für langsam gegarte Speisen, abgeleitet von der Zubereitungsmethode für Kräuterarzneien. In Okinawa werden viele nahrhafte Speisen wie Leber,* Koi Carp *(eine Karpfenart) und* Funa *(Karausche) lange mit Kräutern und Gemüse gegart.*

FÜR 4 PERSONEN

250 g Schweineleber, in mundgerechte Stücke geschnitten
225 ml Milch
250 g Schweinefleisch, in Stücke geschnitten
2–3 EL Sake, 800 ml Dashi
2 × 2 cm frische Ingwerwurzel, in dünne Scheiben geschnitten
3 Knoblauchzehen, geschält, in dünne Scheiben geschnitten
1 mittelgroße Kartoffel, geschält, gewürfelt
2 mittelgroße Möhren, geschält, gewürfelt
¼ TL Meersalz
1 EL Mirin, 4–5 EL Miso
Grünes Gemüse (nach Belieben)

1 Die Schweineleber in Milch legen und mit den Händen das Blut entfernen. Abgießen und unter fließendem kaltem Wasser abspülen. Mit Küchenpapier trockentupfen. Leber und Schweinefleisch zusammen in eine Schüssel füllen, den Sake darüber träufeln und mit den Händen einarbeiten. Beiseite stellen.

2 Die Dashi in einen großen Topf füllen, die Leber-Fleisch-Mischung, Ingwer und Knoblauch hinzufügen und zugedeckt bei mittlerer Hitze 30–35 Minuten garen. Mit einem Esslöffel oder einer Kelle ab und zu den aufsteigenden Schaum abschöpfen. Die Kartoffel und die Möhren dazugeben und zum Kochen bringen. Die Hitze reduzieren und weitere 15–20 Minuten köcheln lassen. Mit Salz, Mirin und Miso würzen, bei Bedarf nachwürzen. Grünes Gemüse (falls verwendet) einige Minuten vor Ende der Garzeit hinzufügen. In einzelnen Suppenschalen servieren, dazu heißen Reis, ebenfalls in Schalen angerichtet, reichen.

Rote Miso-Suppe mit Pilzen und Daikon-Rettich

Nameko to shiitake daikon no akadashi [V]

Auch außerhalb Japans bekommt man heute zahlreiche Arten von Miso im Handel, doch unterscheidet man drei Haupttypen: Akamiso *(rotes Miso), gewöhnliches Miso (kakifarben) und* Shiromiso *(weißes Miso). Je dunkler die Farbe, desto stärker ist der Geschmack.* Akamiso *verwendet man meist für sehr aromatische Suppen und geköchelte Speisen,* Shiromiso, *auch als* Saikyo Miso *(nach der westlichen Hauptstadt Kyoto) bezeichnet, wird häufig zum Marinieren und für* Kaiseki-*Gerichte gebraucht. Wenn im Rezept nur „Miso" angegeben ist, sollten Sie gewöhnliches Miso verwenden.* Akadashi *hat einen intensiven Bohnengeschmack, da es hauptsächlich aus Sojabohnen hergestellt wird.*

FÜR 4 PERSONEN

4–6 frische Shiitake
5 cm Daikon-Rettich
2 EL rotes Miso
1 Dose Nameko-Pilze (Einfüllgewicht 85 g), nach Belieben
Mitsuba oder Brunnenkresse zum Garnieren

1 Die Stiele der Shiitake abschneiden und die Hüte diagonal in dünne Scheiben schneiden. Den Daikon schälen. Zuerst längs in dünne Scheiben, dann quer in 5 Zentimeter lange Stifte schneiden.

2 Den Daikon mit 600 Milliliter Wasser in einen Topf füllen und bei mittlerer Hitze 3 Minuten kochen, bis die Stifte halb gar sind. Die Shiitake hinzufügen und alles weitere 2 Minuten garen. In der Zwischenzeit das Miso mit etwas von der Garflüssigkeit aus dem Topf verrühren und vorsichtig wieder einrühren. Sofort die Hitze reduzieren. Miso-Suppe sollte niemals kochen, da sonst ein Großteil des Aromas verloren geht.

3 Die Nameko-Pilze (falls verwendet) dazugeben und nach etwa 1 Minute, wenn die Pilze erwärmt sind, den Topf vom Herd nehmen. Die Suppe in 4 Suppentassen verteilen, mit einem Zweig Mitsuba oder Brunnenkresse garnieren und sofort servieren. Dazu eine Schale mit heißem Reis reichen.

KAZUNARI YANAGIHARA

Klare Brühe mit gedämpftem Ei und Garnelen

Ebi-iri sukui-tamago no sumashi-jiru

Kazunari Yanagihara, ein Experte für die japanische Küche, ist ein Nachkomme der alten *Cha-Kaiseki-* (Mahl zur Teezeremonie) Sekte *Kinsa-Ryu*. Seine Tokioter Kochschule gehört zu den hochangesehenen Ausbildungsstätten für Töchter und Ehefrauen vornehmer Familien, die das kulinarische Erbe Japans bewahren. Er zeigt hier, wie man Dashi zubereitet, eine der wichtigsten Zutaten der japanischen Küche.

FÜR 4 PERSONEN

FÜR DIE DASHI:

10 cm getrockneter Kombu
900 ml Wasser
30 g getrocknete Bonitoflocken (Kezuribushi)

4 Garnelen mit Schale
2 EL Sake
½ TL Salz
1 Matsutake oder 4 kleine, frische Shiitake
100 g Salat-Chrysanthemenblätter (Shungiku) oder frischer Spinat
Unbehandelte Yuzu- oder Limettenschale, zum Garnieren

FÜR DAS GEDÄMPFTE EI:

2 große Eier, verquirlt
150 ml Dashi
½ TL Salz
½ TL helle Shoyu (japanische Sojasauce)
1 TL Mirin

FÜR DIE SUPPE:

600 ml Dashi
¾ TL Salz
1 TL helle Shoyu (japanische Sojasauce)

Sukui-tamago *(„Eier löffeln") heißt so, weil man die fest gewordenen Eier mit dem Löffel in die klare Suppe gibt. In diesem Rezept demonstriere ich, wie in meiner Yanagihara-Kochschule in Akasaka, Tokio, auf schnelle Weise Dashi zubereitet wird.* KY

1 Für die Dashi den Kombu unter fließendem kaltem Wasser kurz abspülen. Mit dem frischen Wasser in einen Topf füllen und bei mittlerer Hitze zum Kochen bringen. Kurz vor Erreichen des Siedepunktes die Bonitoflocken hinzufügen und den Topf vom Herd nehmen. Kurze Zeit stehen lassen, bis die Bonitoflocken zum Topfboden zu sinken beginnen. Durch ein Sieb, ausgelegt mit Küchenpapier, abseihen.

2 Von den Garnelen den Kopf abdrehen und den Darm entfernen. Sake und Salz in einem Topf verrühren und die Garnelen darin unter Rühren garen, bis sie leuchtend rot sind. Die Schalen entfernen, die Garnelen hacken.

3 Die Zutaten für das gedämpfte Ei vermischen und durch ein feines Sieb in eine Schale abseihen. Eine Schöpfkelle der Eiermischung in eine Tasse geben und beiseite stellen.

4 Die Schale mit der übrigen Eiermischung in einen Dämpftopf einsetzen und bei schwacher Hitze 30–35 Minuten dämpfen, bis sie gerade fest ist. Herausnehmen, die Garnelen hinzufügen und die rohe Eiermischung darüber gießen. Weitere 15–20 Minuten dämpfen, bis die Oberfläche fest ist.

5 Die Dashi für die Suppe erhitzen und mit Salz und Shoyu abschmecken. Vom Herd nehmen und zugedeckt warm halten.

6 Die Matsutake unter fließendem kaltem Wasser säubern und mit Küchenpapier trockentupfen. Die Stiele einkürzen, die Pilze längs in dünne Scheiben schneiden. Werden Shiitake verwendet, die Stiele entfernen und die Kappen auf der Oberseite blütenförmig einritzen. Chrysanthemenblätter (oder Spinat) in leicht gesalzenem kochendem Wasser kurz blanchieren, abgießen und in 4 Zentimeter lange Stücke schneiden.

7 In 100 Milliliter Dashi-Suppe die Pilze blanchieren. Sobald die Dashi zu kochen beginnt, den Topf vom Herd nehmen und die Chrysanthemenblätter einlegen.

8 Das gedämpfte Ei in 4 Suppentassen verteilen, einige Pilze und Chrysanthemenblätter darauf geben. In jede Tasse 2 Kellen Dashi schöpfen, mit Yuzu- oder Limettenschale garnieren.

3

Gemüse

und Salate

Gemüse-Tempura

Yasai no tempura [V]

Tetsuya Saotome, ein vielseitig begabter *Tempura*-Koch und Künstler, behauptet, das Frittieren von *Tempura* sei eine Wissenschaft für sich. Der Teig müsse die richtige Konsistenz, das Öl die korrekte Temperatur haben, und auch die Zeit müsse richtig bemessen sein. Darüber hinaus sollte man *Tempura* sofort essen – darum sitzen die Gäste in Herrn Saotomes Restaurant Mikawa in Tokio an der Theke.

FÜR 4 PERSONEN

FÜR DEN TEIG:
150 g Mehl
1 Ei, verquirlt
225 ml Wasser, gekühlt

FÜR DIE VEGETARISCHE TEN-TSUYU-SAUCE:
2–3 getrocknete Shiitake, über Nacht in 350 ml Wasser eingeweicht
5 EL helle Shoyu
5 EL Mirin

½ große Aubergine (quer halbiert)
½ Süßkartoffel oder 1 mittelgroße Kartoffel
Pflanzenöl zum Frittieren
Unraffiniertes Sesamöl zum Frittieren (nach Belieben)
8 grüne Spargelspitzen
½ kleine Möhre, geschält, fein geraspelt
1 kleine Pastinake, geschält, fein geraspelt
70 g Zuckerschoten oder Prinzessbohnen, klein geschnitten
Mehl, gesiebt, zum Bestreuen
10 cm Daikon-Rettich, geschält, fein gerieben, zum Garnieren
2,5 cm frische Ingwerwurzel, geschält und gerieben (nach Belieben), zum Garnieren

Beim Frittieren wird der Wassergehalt reduziert, darum sollte man nur jene Zutaten frittieren, deren Geschmack sich dadurch verbessert. Angeblich orientieren sich Tempura-*Köche beim Frittierten an dem, was sie hören, das heißt, sie achten genau auf das Geräusch des verdampfenden Wassers.* Tempura *wird nur leicht frittiert, wobei der Teig die Zutat nicht ganz umschließen sollte, damit das Wasser entweichen kann.* TSa

1 Das Mehl für den Teig zweimal sieben und über Nacht in den Kühlschrank stellen.

2 Für die Ten-Tsuyu-Sauce die Shiitake aus dem Wasser nehmen und so viel Flüssigkeit wie möglich ausdrücken; die Pilze für ein anderes Gericht verwenden. Das Einweichwasser mit Shoyu und Mirin in einem Topf verrühren. Zum Kochen bringen und vom Herd nehmen.

3 Die Aubergine längs vierteln. Das meiste weiße Fleisch wegschneiden, sodass 4 dünne Stücke Schale mit wenig Fleisch übrig bleiben. Die Stücke sollten etwa 5 cm lang sein. Auf beiden Seiten 4- bis 5-mal einritzen, damit sie leicht garen. Die Süßkartoffel oder gewöhnliche Kartoffel in vier 8 Millimeter dicke Scheiben schneiden und diese auf jeder Seite kreuzweise einschneiden.

4 Das Öl in der Fritteuse auf etwa 170 °C erhitzen. Wird zusätzlich Sesamöl verwendet, dieses zu gleichen Teilen mit dem Pflanzenöl vermischen.

5 In der Zwischenzeit den Teig vorbereiten. Dafür das Ei durch ein feines Sieb streichen und nach und nach unter das gekühlte Wasser rühren. Das gekühlte Mehl hineinsieben und ganz leicht mit der Gabel oder den Hashi (Stäbchen) unterziehen (nur 5–6 Bewegungen). Nicht rühren, der Teig sollte locker vermischt, aber klumpig sein.

6 Die Auberginenstücke nacheinander in den Teig tauchen und im heißen Öl 2–3 Minuten frittieren, bis kaum noch Bläschen aufsteigen und der Teig hellgolden und knusprig ist. Auf einem Gitter abtropfen lassen. Mit den Kartoffelscheiben ebenso verfahren, jedoch bei 165 °C in 5–6 Minuten goldbraun frittieren. Den Spargel mit den Spitzen nach unten mithilfe der Hashi (Stäbchen) in den Teig tauchen, überschüssigen Teig abschütteln. Wie die Aubergine frittieren. Ab und zu im Öl schwimmenden Teig entfernen. Die Temperatur konstant auf 170 °C halten.

7 Zuletzt die geraspelte Möhre und Pastinake mit den Zuckerschotenstücken in einer Schüssel mit etwas Mehl bestreuen und vermischen. Den übrigen Teig untermischen. Eine kleine Schöpfkelle der Gemüse-Teig-Mischung vorsichtig ins Öl gleiten lassen. In 2–3 Minuten knusprig und goldbraun frittieren, dabei ein- oder zweimal wenden. Auf einem Gitter abtropfen lassen. Mit der restlichen Mischung ebenso verfahren.

8 Je ein Viertel der verschiedenen Tempura auf Tellern anrichten, mit etwas Daikon und Ingwer (nach Belieben) garnieren und heiß servieren. Dazu einzelne Schälchen mit erwärmter Ten-Tsuyu-Sauce reichen. Beim Essen vermischt man die Sauce mit Daikon und Ingwer und taucht die Tempura hinein.

Ahi-Poki-Salat Hawaii

Hawai no ahi poki salada

Ken Tominaga, Chefkoch des Hana-Restaurants in der Bay von San Francisco, präsentiert ein Gericht, zu dem ihn Hawaii inspirierte, das genau zwischen den zwei so unterschiedlichen kulinarischen Kulturen Japans und der USA liegt.

Meine ganze Familie, auch Tanten und Onkel, lieben das Golfspiel, und alle waren schon viele Male zusammen auf Hawaii. Auf meiner Hochzeitsreise sah ich dort zum ersten Mal Poki *(auf Hawaii* Poke*) – ein Gericht aus marinierten Meeresfrüchten, das mich zu dieser Kreation inspirierte. Ich habe allerdings die im Original sehr salzige Speise zu einem frischen Salat ohne Salz abgewandelt.* KT

FÜR 4 PERSONEN

100 g Thunfisch, in 5 mm große Würfel geschnitten
1 TL Tobiko (Seehasenkaviar)
½ Frühlingszwiebel, fein gehackt
1 TL weiße Sesamsamen
Verschiedene grüne Salate, geputzt

FÜR DIE POKI-SAUCE:

1 EL Shoyu (japanische Sojasauce)
½ EL Thai-Chili-Sauce
½ Knoblauchzehe, fein gerieben
1 TL Sesamöl, 1 TL Olivenöl

FÜR DAS DRESSING:

3 EL Reisessig, ersatzweise verdünnter Weißweinessig
1 EL natives Olivenöl extra
2 EL Shoyu (japanische Sojasauce)
½ Zwiebel, fein gerieben
½ Knoblauchzehe, fein gerieben
1 EL frisch gepresster Zitronensaft
Salz und frisch gemahlener Pfeffer

FÜR DIE GARNITUR:

1–2 EL in Essig eingelegte Ingwerscheiben, fein gehackt (siehe Seite 70)
1 Hand voll frischer Schnittlauch
12 Won-tan-Blätter, frittiert

1 Thunfischwürfel, Tobiko, Frühlingszwiebel und Sesamsamen in einer Schüssel vermischen. Die Zutaten für die Poki-Sauce ebenfalls vermischen, über die Thunfischmischung gießen und unterheben. Marinieren lassen.

2 Inzwischen die Zutaten für das Dressing in einer Schüssel verrühren und die Salatblätter locker untermischen.

3 Den grünen Salat auf 4 Teller verteilen und daneben je ein Viertel der Thunfischmischung anrichten. Zwischen den nebeneinander gehäuften Salaten sollte sich ein kleiner Zwischenraum befinden. Den Thunfischsalat mit dem eingelegten Ingwer (siehe Seite 70) und Schnittlauch garnieren und mit je 3 frittierten Won-tan-Blättern servieren.

Gegrillte Auberginen mit Miso-Sauce

Shigi-yaki nasu [V]

Kazunari Yanagihara, *Cha-Kaiseki*-Experte und Rundfunkmann aus Tokio, zeigt hier die beste Zubereitung für dieses Gericht. Die japanische Aubergine, *Nasu*, ist wesentlich kleiner, schlanker und intensiver im Aroma als ihre Verwandte aus dem Westen. Obwohl man Auberginen inzwischen das ganze Jahr hindurch erhält, schmecken sie im Herbst am besten. Dieses wunderbare Gemüse lässt sich auf viele Arten zubereiten, der delikate Geschmack entfaltet sich beim Grillen jedoch am besten. Außerdem werden mit dieser Garmethode das zarte Fleisch und die knackige Haut nicht ausgelaugt.

FÜR 4 PERSONEN

4 Auberginen
Pflanzenöl zum Bestreichen
2 EL weiße Sesamsamen zum Garnieren

FÜR DIE MISO-SAUCE:

2 EL Sendai oder gewöhnliches (kakifarbenes) Miso
2 EL Zucker
2 TL Sake

Die japanische Aubergine ist eine nur etwa zehn Zentimeter lange, schlanke Frucht mit langem Stiel. Ihre Form erinnert an eine Schnepfe (Shigi), *darum lautet der japanische Name des Gerichts auch* Shigi-yaki nasu. *Es lässt sich leicht zubereiten und schmeckt hervorragend.* KY

1 Die Stiele der Auberginen abschneiden, die Kelchblätter jedoch an den Früchten belassen. Die Auberginen längs halbieren und je 2 Hälften quer auf 2 Metallspieße stecken. Die Auberginenhälften von beiden Seiten mit Öl bestreichen und auf einem Metallgitter von beiden Seiten jeweils etwa 3 Minuten bei mittlerer Hitze grillen, bis sie weich, aber nicht verbrannt sind. (Oder auf ein Backblech legen und im Ofen entsprechend braten.)

2 Die Sesamsamen in einem Topf bei mittlerer Hitze ohne Fett rösten, bis die ersten Samen zu springen beginnen.

3 In einem kleinen Topf die Zutaten für die Miso-Sauce 5 Minuten schwach erhitzen und dabei ständig rühren, bis eine glänzende Sauce entstanden ist.

4 Auf 4 Tellern je 2 Auberginenhälften anrichten und mit dem Löffel etwas Miso-Sauce darüber träufeln. Mit den Sesamsamen garnieren und servieren.

Geschmorte Auberginen

Nasu no nimono

Das Fruchtfleisch der Aubergine nimmt verschiedenste Aromen so gut auf, dass man es oft mit Fleisch, Huhn, Fisch und auch in Suppen gart. Leider zerfällt es sehr schnell, da es schon nach kurzer Garzeit weich ist. Um dies zu vermeiden, wird die Aubergine hier im Ganzen gegart. Damit sie das Aroma der Dashi trotzdem aufnimmt, wird die Schale mehrfach eingeschnitten.

FÜR 4–6 PERSONEN

4 mittelgroße Auberginen, von den Stielenden befreit
1 EL Pflanzenöl
450 ml Dashi, ersatzweise Gemüsebrühe oder Shiitake-Einweichwasser
4 EL Shoyu (japanische Sojasauce)
4 EL Mirin
Frische Ingwerwurzel, geschält und fein geraspelt, zum Garnieren

1 Die Auberginen rundum im Abstand von 5 Millimetern längs einschneiden.
2 Einen flachen Topf, in dem die Auberginen nebeneinander Platz haben, erhitzen. Das Öl hineingießen und den Topf schwenken, sodass der Boden gleichmäßig bedeckt ist. Die Auberginen darin bei mittlerer Hitze rundum anbraten, bis die Haut sich leicht zusammenzieht.
3 Die Dashi und je 2 Esslöffel Shoyu und Mirin hinzufügen. Bei starker Hitze zum Kochen bringen. Die Hitze reduzieren und die Auberginen zugedeckt etwa 10 Minuten schmoren. Restliche Shoyu und Mirin dazugeben und in weiteren 5 Minuten weich schmoren. Vom Herd nehmen, abkühlen lassen und in der Flüssigkeit über Nacht im Kühlschrank kalt stellen.
4 Die Auberginen in je 3–4 Stücke schneiden, auf einer Servierplatte oder einzelnen Tellern anrichten, mit dem Ingwer garnieren und servieren.

Gurken-Krake-Salat mit Essig-Dressing

Kyuri to tako no sunomono

Sunomono, *„Gerichte mit Essig", sind ein wichtiges Element der japanischen Küche und fester Bestandteil des* Kaiseki-*Mahls. Das Gemüse wird zuerst gesalzen, damit es Wasser zieht, und dann mit einem Essig-Dressing vermischt.*

FÜR 4 PERSONEN

FÜR DAS SANBAI-ZU-DRESSING:
5 EL helle Shoyu (japanische Sojasauce)
5 EL japanischer Reisessig
3 EL Zucker

1 kleiner Fangarm eines Kraken
Salz
1 unbehandelte Zitrone, halbiert
½ Salatgurke
1,5 cm frische Ingwerwurzel zum Garnieren

1 Die Zutaten für das Dressing vermischen und so lange rühren, bis sich der Zucker gelöst hat.
2 Das Krakenfleisch zum Reinigen gründlich mit Salz einreiben, unter fließendem kaltem Wasser abspülen. Wasser in einem Topf aufkochen. Das Krakenfleisch mit der Zitrone einlegen und bei mittlerer Hitze in 10 Minuten weich garen. Abgießen, die Zitrone wegwerfen. Den abgekühlten Krakenfangarm leicht schräg in 5 Millimeter dicke Scheiben schneiden. In einer Schüssel mit 1–2 Esslöffeln Dressing vermischen und beiseite stellen.
3 Die Gurke längs halbieren und in sehr dünne, fast durchscheinende Scheiben schneiden. 5–10 Minuten in gesalzenes Wasser (1 TL Salz auf 125 ml Wasser) legen. Abgießen, mit Küchenpapier trockentupfen. Mit 1–2 Esslöffeln Dressing vermischen, beiseite stellen.
4 Den Ingwer schälen, fein raspeln und in kaltes Wasser legen, um den bitteren Geschmack zu mildern. Auf Küchenpapier abtropfen lassen.
5 Krakenfleisch und Gurke in 4 kleine Schalen verteilen, das übrige Dressing darüber träufeln. Mit Ingwer garnieren.

Wakame-Pilz-Salat mit Miso-Dressing

Wakame to kinoko su-miso ae [V]

Ein Beispiel für Sunomono, *»Gerichte mit Essig«, hier mit Miso-Dressing.* Su-Miso *wird außerdem sehr gern für* Sashimi, *Krake oder Schaltiere verwendet. Frühlingszwiebeln mit Venusmuscheln oder anderen Schaltieren, vermischt mit* Su-Miso, *heißen* Nuta.

FÜR 4 PERSONEN

5 g getrockneter geschnittener Wakame
1 Büschel Shimeji-Pilze oder 8–12 Champignons
Weiße Sesamsamen, leicht geröstet

FÜR DAS SU-MISO-DRESSING:

2 EL weißes Miso
2 EL japanischer Reisessig
1½ EL Zucker, ½ TL Senf
1 TL helle Shoyu (japanische Sojasauce)

1 Wakame 5 Minuten in kaltem Wasser einweichen. Abgießen, in kochendes Wasser tauchen und abtropfen lassen. Mit Küchenpapier trockentupfen.

2 Die erdigen Stielenden der Pilze wegschneiden, Stiele und Kappen der Shimeji voneinander trennen. Die Pilze je nach Größe 30–60 Sekunden in kochendem Wasser blanchieren, jedoch nicht garen. Abgießen und sofort unter fließendes kaltes Wasser halten. Mit Küchenpapier trockentupfen.

3 In einer Schale die Zutaten für das Dressing mit einem kleinen Schneebesen gleichmäßig verrühren.

4 Wakame und Pilze in einer Schüssel vermischen und mit dem Dressing beträufeln. Den Salat in 4 Schälchen oder auf Teller verteilen, mit den gerösteten Sesamsamen garnieren und servieren.

Hijiki mit frittiertem Tofu und Shiitake

Hijiki no nimono [V]

Hijiki, *ein schwarzes Seegras, gilt als eines der gesündesten Lebensmittel, das reich an Kalzium, Eisen und Vitaminen ist. Er wird getrocknet im Asienladen angeboten. Vor dem Garen muss eingeweichter* Hijiki *kurz blanchiert werden.*

FÜR 4 PERSONEN

60 g Hijiki (ein Seegras)
½ mittelgroße Möhre, geschält und geraspelt
2 Abura-Age (frittierte Tofuscheiben, je 15 x 7,5 cm)
3–4 getrocknete Shiitake, über Nacht in 450 ml Wasser eingeweicht

FÜR DIE SUPPE:

400 ml Einweichwasser der Shiitake
6 EL Zucker
5 EL Shoyu (japanische Sojasauce)
2 EL Sake, 1 EL Mirin

1 Hijiki 20–30 Minuten in warmem Wasser einweichen. Abgießen und mehrmals in frischem kaltem Wasser waschen. In kochendes Wasser geben und dieses erneut aufkochen. Abgießen und beiseite stellen.

2 Die Möhre bei starker Hitze 1–2 Minuten blanchieren und abgießen.

3 Kochendes Wasser über die Tofuscheiben gießen, um das Frittieröl zu entfernen. Die Scheiben horizontal halbieren und quer in dünne Streifen schneiden.

4 Die Shiitake abgießen, das Wasser auffangen und die Pilze mit den Händen ausdrücken. Quer in dünne Streifen schneiden.

5 Die Zutaten für die Suppe in einem Topf vermischen, Hijiki hinzufügen und bei mittlerer Hitze 7–8 Minuten garen. Gelegentlich umrühren. Tofu und Shiitake dazugeben und alles weitere 7–8 Minuten garen. Zuletzt die Möhre dazugeben und die Suppe nochmals 5 Minuten köcheln lassen, bis sie fast ganz eingekocht ist. Nach der Zugabe von Tofu und Pilzen nur noch wenig und vorsichtig umrühren. Vom Herd nehmen.

6 Das Gericht in eine Servierschüssel füllen und auf den Tisch stellen. Heißer Reis passt gut dazu.

NAOYUKI SATO

Kürbistopf mit Aal

Togan to unagi no tamago-jime nabe

Naoyuki Sato ist der Chefkoch des Nadaman im Changrilla-Hotel in Hongkong. Er hat eines seiner vielen *Nabe*-Gerichte mit *Togan* herausgesucht, der in Hongkong sehr beliebt ist. Sobald sich im Herbst die Blätter der Bäume leuchtend rot und gelb verfärben, beginnt in Japan die Saison des *Nabe* (Tontopf). Das Garen im *Nabe* ist sozusagen der Inbegriff der japanischen Küche: Frische Zutaten werden vor dem Gast ganz leicht gegart und sofort gegessen.

FÜR 4 PERSONEN

¼ Togan (Wachskürbis oder Chinesische Wintermelone), ersatzweise ½ Markkürbis oder 2 Zucchini
450–800 ml Hühnerbrühe
1 Kabayaki (küchenfertig gegrillter Aal), quer in etwa 20 Stücke geschnitten
3 Eier, verquirlt
Etwas Mitsuba oder Kresse zum Garnieren
Sansho-Pfeffer zum Servieren

FÜR DIE BRÜHE:
550 ml Dashi
6 EL Sake
2½ EL helle Shoyu (japanische Sojasauce)
2 EL Mirin

Yanagawa Nabe, *das mit dem Süßwasserfisch* Dojo *zubereitet wird, gehört zu Japans traditionellen* Nabe-*Gerichten, doch leider ist* Dojo *außeralb Japans nur schwer zu bekommen. Japanische Köche im Ausland sehen sich jeden Tag mit diesem Problem konfrontiert. Statt* Dojo *verwende ich* Kabayaki *(gegrillten Aal, Fertigprodukt aus dem Asienladen), den ich mit* Togan *(Wachskürbis, auch Chinesische Wintermelone genannt) gare. Die gegensätzlichen Aromen und die Konsistenzen des gehaltvollen Fischs und der leichten, wassrigen Melone ergänzen sich wunderbar. Gekrönt wird die schmackhafte Suppe mit verquirltem Ei.* NS

1 Den Wachskürbis (die ausgewachsenen Früchte sind mit einer Wachsschicht überzogen, daher der Name) oder Markkürbis in 5 Zentimeter dicke Spalten schneiden und schälen. In der Hühnerbrühe bissfest garen. Abgießen und quer in 1,5 Zentimeter dicke Stücke schneiden. Werden Zucchini verwendet, diese in 1,5 Zentimeter dicke Scheiben schneiden.

2 Die Kürbisstücke nebeneinander in einem flachen Topf oder einer Pfanne verteilen und die Kabayaki-Stücke darüber geben. Alle Zutaten für die Brühe hinzugießen, sodass Kürbis- und Fischstücke gerade bedeckt sind. Zum Kochen bringen und die Hitze reduzieren. Das verquirlte Ei gleichmäßig darüber gießen, mit Mitsuba oder Kresse garnieren und heiß mit Sansho-Pfeffer servieren. Oder das Gericht auf einem Stövchen oder Rechaud zu Tisch bringen, sodass sich jeder selbst bedienen kann.

Gedämpfter Kabocha-Kürbis auf Azukibohnen

Mushi kabocha to azuki [V]

Kabocha-*Kürbis ist zweifellos die beste aller Kürbisarten, sowohl was den Geschmack als auch die Konsistenz betrifft. Der Kürbis besitzt festes Fleisch und ein süßes Nussaroma, darum sollte er nur schonend gegart werden – wie in diesem Gericht.*

FÜR 4 PERSONEN

½ Kabocha-Kürbis, Samen entfernt
100 g Azukibohnen, 4 Stunden in reichlich Wasser eingeweicht
125 ml Garflüssigkeit der Azukibohnen
3 EL Mirin
1 EL Zucker
Frisch gemahlenes Meersalz

1 Den halben Kürbis mit der Schnittfläche nach unten auf ein Brett legen und die Kelchblätter sowie schmutzige Stellen in der Schale wegschneiden. Die meiste Schale jedoch am Kürbis belassen. Die Kürbishälfte in 4–6 Spalten und diese in mundgerechte Stücke schneiden.
2 Die Azukibonen mit dem Einweichwasser in einen Topf füllen. Bei starker Hitze zum Kochen bringen. Die Hitze reduzieren und die Bohnen 20 Minuten schwach köcheln lassen. Abgießen, die Garflüssigkeit auffangen und die Bohnen mit 125 Milliliter der Flüsigkeit wieder in den Topf füllen. Mirin und Zucker hinzufügen und alles etwa 10 Minuten köcheln lassen. Vom Herd nehmen und warm halten.
3 Die Kürbisstücke in eine große Schale oder in einen Dämpfkorb legen und 10–15 Minuten bei mittlerer Hitze dämpfen, bis der Kürbis weich, aber noch bissfest ist. Die Konsistenz mit einem Cocktailspieß prüfen. Vom Herd nehmen und zugedeckt 5 Minuten stehen lassen.
4 Die abgetropften Azukibohnen in die Mitte einer Servierschüssel oder einzelner Teller häufen. Den Kürbis gleichmäßig darüber verteilen, mit Meersalz bestreuen und das Gericht heiß servieren.

Sato-Imo in Hackfleischsuppe

Sato-imo no soboro-ni

Sato-Imo *oder Taro (Wasserbrotwurzel) besitzt festes Fleisch mit einer glatten Oberfläche. Sie wird ungeschält gegart, die Haut mit den Händen entfernt (sie löst sich leicht) und mit etwas Shoyu verzehrt. Vor allem für Kinder ist* Sato-Imo *ein guter Snack – eine gesunde Alternative zu Chips. Das Gemüse wird auch gern für Eintöpfe verwendet, da es nicht so schnell zerfällt. Hier wird gezeigt, wie man das ungewöhnliche Gemüse und dazu die beliebte Fleischsuppe* Soboro *zubereitet.*

FÜR 4 PERSONEN

8 Sato-Imo (Taro), etwa 450 g, Salz
200 g gehacktes Hühnerfleisch
1,5 cm frische Ingwerwurzel, geschält und geraspelt
2 TL Kartoffelstärke (Katakuriko) oder Pfeilwurzelmehl (Arrowroot)
Unbehandelte Limettenschale, fein geraspelt, zum Garnieren

FÜR DIE SUPPE:

2 EL Zucker
1 EL Sake, 1 TL Mirin
4 EL Shoyu (japanische Sojasauce)

1 Die Sato-Imo unter fließendem kaltem Wasser abbürsten und schälen. Mit Salz einreiben, um den Schleim zu entfernen. Unter fließendem kaltem Wasser abspülen und in einem Topf mit Wasser bedecken. Aufkochen, die Hitze reduzieren und bei mittlerer Temperatur 2–3 Minuten köcheln lassen. Abgießen, nochmals abspülen und zum Abtropfen beiseite stellen.

2 Hühnerfleisch, Ingwer und sämtliche Zutaten für die Suppe in einem Topf vermischen, dabei das Fleisch zerteilen. Stark erhitzen und so lange garen, bis das Fleisch krümelig zerfällt. Vom Herd nehmen, beiseite stellen.

3 Sato-Imo mit der Fleischsuppe in einen sauberen Topf füllen. 400 Milliliter Wasser dazugießen und zugedeckt zum Kochen bringen. Bei mittlerer Hitze etwa 15 Minuten köcheln lassen, bis die Sato-Imo gar sind. Für die Garprobe einen Cocktailspieß verwenden.

4 Kartoffelstärke oder Pfeilwurzelmehl in 1–2 Esslöffeln Wasser verrühren und nach und nach in die Suppe gießen. Dabei den Topf schwenken, damit es sich gleichmäßig verteilt. Sobald die Suppe bindet, vom Herd nehmen und in 4 Suppenschalen verteilen. Mit Limettenschale garnieren und heiß servieren.

In Essig eingelegte Ingwerscheiben

Gari

Gari, *ein Jargonausdruck aus den Sushi-Läden für in Essig eingelete Ingwerscheiben, wird stets zu* Sushi *und* Sashimi *gereicht. Zwischen verschiedenen Geschmacksrichtungen erfrischen sie den Gaumen. Man bekommt sie vielerorts in Supermärkten, doch lassen sie sich ganz leicht selbst zubereiten. Auch größere Mengen im Einmachglas sind im Kühlschrank fast unbegrenzt haltbar.*

ERGIBT 550 MILLILITER

250–300 g frische Ingwerwurzel
2 TL Salz
225 ml Reisessig
100 ml Wasser
3 EL Zucker

1 Die Ingwerwurzel zerteilen und schälen. Die Stücke mit Salz einreiben und über Nacht stehen lassen.

2 Essig, Wasser und Zucker in einem sterilisierten Glas verrühren, bis sich der Zucker gelöst hat.

3 Die eizelnen Ingwerstücke langs so dünn wie möglich in Scheiben schneiden (falls vorhanden, einen Gemüsehobel verwenden). Die Scheiben 30 Sekunden in kochendem Wasser blanchieren, abtropfen lassen und in der Essigmischung marinieren lassen. Sie verfärben sich dabei leicht rosa. Nach 2–3 Tagen kann der Ingwer verzehrt werden, im Kühlschrank ist er beinahe unbegrenzt haltbar.

Brokkoli mit Sesam-Tofu-Dressing

Broccoli no shiro-ae [V]

Japanische Salate sind »feuchte Salate«, da das Gemüse zuerst gesalzen oder blanchiert wird, ehe man es mit einem Dressing vermischt. Sunomono, *„Gerichte mit Essig", heißen jene Salate mit Essig- oder Zitrus-Dressing. Beliebte Zutaten für die Dressings sind gemahlene Sesamsamen, Miso, Tofu, Eigelb, vermischt mit Essig, oder sogar Seeigel.* Shiro-Ae, *weißes Dressing, lässt sich leicht zubereiten, schmeckt köstlich und sieht auch noch hübsch aus. Um einen schönen Farbkontrast zu erzielen, sollte man mindesten eine grüne Gemüsesorte verwenden.*

FÜR 4 PERSONEN

FÜR DAS SHIRO-AE-DRESSING:
250 g fester Tofu
3 EL weiße Sesamsamen, leicht geröstet
2 EL Zucker
¼ TL Meersalz
2 TL helle Shoyu (japanische Sojasauce)

300 g Brokkoli, in kleine Röschen zerteilt
Salz
2 mittelgroße Möhren, geschält, in mundgerechte Stücke geschnitten
Unbehandelte Zitronenschale zum Garnieren

1 Für das Dressing den Tofu mit den Händen in grobe Stücke brechen, in kochendes Wasser geben und wieder aufkochen lassen. In ein Sieb, mit einem sauberen Küchentuch ausgelegt, abgießen. Den ausgekühlten Tofu in das Tuch wickeln und so viel Wasser wie möglich ausdrücken. Aus dem Tuch nehmen und beiseite stellen.

2 Den gerösteten Sesam in einem japanischen Mörser (Suribachi) oder einem gewöhnlichen Mörser zu einer glatten Paste zerreiben. Den zerkrümelten Tofu, Zucker, Salz und Shoyu dazugeben und wiederum zu einer glatten Paste verarbeiten. In kleinen Portionen so viel Wasser hinzugießen, dass ein leicht flüssiges Dressing entsteht. Nach Belieben mit zusätzlichem Salz abschmecken.

3 Brokkoli und Möhren separat in leicht gesalzenem kochendem Wasser bissfest garen. Abgießen, mit Küchenpapier trockentupfen. Das Gemüse in eine große Schüssel füllen, das Dressing darüber gießen und leicht untermischen.

4 Den Salat gleichmäßig auf 4 Teller häufen, mit Zitronenschale garnieren und servieren.

Süßsauer eingelegte junge Ingwertriebe

Hajikami shoga

Im Frühjahr werden in asiatischen Supermärkten junge Ingwertriebe mit langen grünen Stängeln angeboten. In einer süßen Essigmischung mariniert, ergeben sie eine schmackhafte und hübsche Garnitur. Dieser Ingwer dient meist zum Garnieren von gegrilltem Fisch.

ERGIBT 550 MILLILITER

10 frische junge Ingwertriebe mit Stängeln
150 ml Reisessig
5 EL Wasser
2 EL Zucker

1 Die Ingwertriebe voneinander trennen (sie erinnern an lange Federn oder Pinsel) und säubern. Kochend heißes Wasser darüber gießen. Abtropfen lassen.

2 Reisessig, Wasser und Zucker in einem Topf bei mittlerer Temperatur bis zum Siedepunkt erhitzen. Dabei ständig rühren, bis sich der Zucker gelöst hat. Die Mischung in ein hohes sterilisiertes Glas füllen und die Ingwertriebe zum Marinieren hineinstellen. Die grünen Stängel sollten über die Marinade hinausragen, da sich der Ingwer beim Marinieren rosa verfärbt. Die Triebe können nach 2–3 Stunden verzehrt werden. Im Kühlschrank halten sie sich in der Marinade mehrere Wochen. Die Marinade, fast unbegrenzt haltbar, kann wieder verwendet werden.

Ebi-(Sato-)Imo in weißem Miso

Ebi-imo no shiromiso-ni

Akihiro Kurita ist der Küchenchef eines so genannten *Kappoh*-Restaurants in Kyoto mit Namen Kurita. *Kappoh* ist eine alte Bezeichnung für die unkomplizierte japanische Küche, die manche Restaurants immer noch als Hinweis darauf in ihrem Namen führen, dass sie frische Speisen auf Bestellung individuell zubereiten. Meist handelt es sich um kleine Retsaurants mit einer Theke, hinter der der Koch die Speisen zubereitet und serviert.

FÜR 4 PERSONEN

4–8 mittelgroße Sato-Imo (Taro)
2–3 EL Reiskleie (nach Belieben)
900 ml Dashi
400 g weißes Miso, ersatzweise gewöhnliches Miso mit etwas Zucker
10 cm Möhre, geschält, Salz
100 g Spinat
½ Yurine (Lilienzwiebel) oder 1–2 Weiße Rüben
4 Fu (getrocknete Glutenblöcke) zum Garnieren
Etwas Senf zum Garnieren

Dies ist ein typisches Gericht aus Kyoto mit Ebi-Imo *(Tannia), weißem Miso und Lilienzwiebeln – allesamt Kyotoer Spezialitäten.* Ebi-Imo *bedeutet „Garnelenkartoffel" und spielt auf die Form an. Es hat im Winter Saison, der beste Herkunftsort soll Tanba sein. Außerhalb Kyotos empfehle ich die Verwendung von* Sato-Imo *(Taro) mit etwas gröberem Fleisch.* AK

1 Sato-Imo so schälen, dass sie eine sechseckige Form bekommen. Mit der Reiskleie (falls verwendet) in einen Topf füllen und mit Wasser bedecken. (Durch die Reiskleie verlieren die Sato-Imo ihren leicht bitteren Geschmack.) Bei starker Hitze unter Rühren aufkochen und bei mittlerer Hitze in etwa 20 Minuten bissfest garen. Vom Herd nehmen und sofort unter fließendem kaltem Wasser abschrecken. Abtropfen lassen und warm halten.
2 In einem Topf 700 Milliliter Dashi bei mittlerer Temperatur erhitzen (nicht aufkochen). Miso hinzufügen und unter Rühren auflösen. Vom Herd nehmen.
3 Etwa 200 Milliliter Miso-Suppe in einen anderen Topf füllen, die übrige Dashi dazugießen und langsam fast zum Kochen bringen. Die Sato-Imo hinzufügen und bei schwacher Hitze 10 Minuten zugedeckt köcheln lassen. Den Topf vorsichtig schwenken, um die Stücke zu wenden. Vom Herd nehmen, im Topf warm halten.
4 Inzwischen die Möhre quer halbieren und jeweils längs vierteln, um 8 rechteckige Stücke von 5 Zentimeter Länge zu erhalten. In leicht gesalzenem kochendem Wasser weich blanchieren. Abgießen. Den Spinat ebenfalls in leicht gesalzenem Wasser 1–2 Minuten blanchieren, abgießen und sofort kalt abschrecken. Überschüssiges Wasser mit den Händen ausdrücken, Spinat in 4 Portionen teilen und beiseite stellen. Yurine mit Salz bestreuen, 10 Minuten dämpfen und zerteilen. (Weiße Rüben vierteln und in leicht gesalzenem Wasser in 5 Minuten weich kochen.) Fu 5 Minuten in Wasser einweichen.
5 Die Sato-Imo mit dem übrigen Gemüse (mit Ausnahme des Spinats) bei mittlerer Temperatur erwärmen. Je 2 Stücke Gemüse und ein wenig Spinat in tiefen Tellern anrichten. Mit einem Stück Fu und etwas Senf garnieren, die Teller zur Hälfte mit Miso-Suppe auffüllen. Heiß servieren.

4

Fisch und Meeresfrüchte

Roter Schnapper in Sake-Brühe mit Tofu

Wakasa guji saka-mushi

Masahiro Kurusu, Chefkoch des Tankuma, eines der ältesten *Kaiseki*-Restaurants in Kyoto, übernahm diese Aufgabe mit nur 31 Jahren von seinem Vater und gehört immer noch zu den jüngsten Besitzern eines derart etablierten Restaurants. Hier präsentiert er ein typisches Kyotoer Gericht.

FÜR 4 PERSONEN

1 Roter Schnapper (etwa 550 g), geschuppt und filetiert
4 frische Shiitake
100 g Mizuna oder junger Spinat
Yuba (getrocknete Tofu-Haut), nach Belieben
1 Stück Kombu, 20×20 cm
250 g Seidentofu (weicher Tofu), in 4 Würfel geschnitten
2 Limetten, halbiert, zum Garnieren

FÜR DIE BRÜHE:

450 ml Dashi
7 EL Sake
½ TL Meersalz
2 EL Shoyu (japanische Sojasauce)

Die Wakasa-Bucht liegt im Norden Kyotos und gehört zu den berühmten Fischgründen Japans. Dieses Gericht wird gewöhnlich mit Guji *zubereitet; da die Fischart jedoch nur in dieser Region vorkommt, können Sie als Ersatz Roten Schnapper (Red Snapper) verwenden. Doch wie bei jedem guten Fisch mit feinem Fleisch sollte er nur schonend gegart und kaum gewürzt werden.* MK

1 Die Schnapperfilets vorsichtig von allen Gräten befreien und jeweils halbieren. Die Filetstücke in ein Sieb legen und mit kochendem Wasser übergießen. Sofort unter fließendes kaltes Wasser halten und dabei noch verbliebene Schuppen abspülen. Abtropfen lassen und mit Küchenpapier trockentupfen.

2 Die Stiele der Shiitake wegschneiden und die Hüte wie eine Blüte kreuzweise einschneiden. Mizuna oder jungen Spinat ganz kurz in kochendem Wasser blanchieren, herausnehmen, abtropfen lassen und überschüssiges Wasser mit den Händen ausdrücken. Die Blätter in 5 Zentimeter lange Stücke schneiden.

3 Yuba (falls verwendet) zu 4 Zylindern von etwa 4 Zentimeter Länge schneiden.

4 Die Zutaten für die Brühe in einem Topf verrühren, zum Kochen bringen und so lange weiterrühren, bis sich das Salz gelöst hat. Vom Herd nehmen.

5 Den Kombu in eine große, hitzebeständige Schüssel legen. Darauf zuerst den Fisch, dann die Shiitake und den Tofu verteilen. Mit der Brühe übergießen, sodass die Zutaten gerade bedeckt sind. Die Schüssel mit einer Makisu (Sushi-Rollmatte aus Bambus) abdecken, ein Küchentuch darüber legen, in einen Dämpftopf einsetzen und alles etwa 15 Minuten dämpfen.

6 Yuba und Mizuna oder jungen Spinat hinzufügen und das Gericht weitere 3 Minuten dämpfen.

7 Je 1 Stück Fisch, Shiitake, Yuba, Tofu und Mizuna oder Spinat in 4 Schalen verteilen und diese jeweils zur Hälfte mit Brühe auffüllen. Mit einer halben Limette garnieren und servieren.

Meerbrassen mit Rüben und Zuckerschoten

Tai kabura

Masahiro Kurusu, der in der dritten Generation eines der erfolgreichsten *Kaiseki*-Restaurants von Kyoto, das Tankuma, leitet, unterrichtet auch an mehreren Kochschulen und erscheint außerdem häufig im Fernsehen. Meerbrassen, insbesondere der Rotbrassen, wird häufig in der *Kaiseki*-Küche verwendet, was vermutlich mit der Farbe zu tun hat sowie mit der Tatsache, dass es sich um ein teures Feinkostprodukt handelt.

FÜR 4 PERSONEN

1 großer Meerbrassen (etwa 900 g), filetiert
Salz
2 große Weiße Rüben oder
½ großer Daikon-Rettich, geschält
8 Zuckerschoten, Enden entfernt
450 ml Dashi
½ EL Shoyu (japanische Sojasauce), zusätzlich helle Shoyu zum Würzen
225 ml Sake
3 EL Mirin
Schale von ½ unbehandelter Yuzu oder Zitrone, fein geraspelt, zum Garnieren

In Japan verwendet man alle Teile vom Fisch, und kein anderer ist so beliebt wie der Meerbrassen. Im Ganzen gegrillt, heißt er Okashira-Tsuki *(„mit Kopf") und ist ein populäres Festessen. Für dieses Gericht verwenden wir gewöhnlich nur den Kopf, aber hier werden die Filets in Sake gegart und nach* Kaiseki-*Art serviert.* MK

1 Die Fischfilets längs halbieren und dann quer in 3 Stücke schneiden. Rundum mit Salz bestreuen, beiseite stellen.
2 Die Weißen Rüben in je 8 Spalten schneiden und die scharfen Kanten wegschneiden, sodass die Spalten eine abgerundete Form bekommen. In kochendem Wasser in 5–6 Minuten bissfest garen. (Verwendet man das Wasser, in dem zuvor Reis gewaschen wurde, zum Garen, verlieren die Rüben ihren bitteren Geschmack.)
3 Die Zuckerschoten in leicht gesalzenem kochendem Wasser 1 Minute blanchieren und abgießen. In einer Schüssel 3 Esslöffel Dashi, die Shoyu und 1 Prise Salz verrühren, die Zuckerschoten darin marinieren.
4 Die Fischstücke in kochendem Wasser blanchieren. Mit 200 Milliliter Sake und dem Mirin in einen Topf füllen und bei starker Hitze zum Kochen bringen. Entstehenden Schaum abschöpfen. Die restliche Dashi und die Rüben hinzufügen, mit Salz und heller Shoyu würzen und alles etwa 10 Minuten garen. Gegen Ende der Garzeit die Zuckerschoten dazugeben und 1 Minute mitgaren. Vom Herd nehmen.
5 In 4 Schalen oder tiefen Tellern je ein Viertel des Fischs, der Rüben und der Zuckerschoten anrichten und mit einem Teil der Brühe übergießen. Mit Yuzu- oder Zitronenschale garnieren.

Gegrillter Lachs mit Koji

Sake no koji-yaki

Hideaki Morita ist der Chefkoch des Matsumi-Restaurants in Hamburg. Inzwischen gibt es in Düsseldorf zwar weit mehr japanische Unternehmen, doch war es Hamburg, das den Einstieg für japanische Exportgeschäfte in Europa ermöglichte, und die Niederlassungen aller größeren japanischen Firmen befanden sich hier. Herr Morita arbeitete in den 1980er-Jahren in der Hamburger Filiale des elterlichen Restaurants in Tokio. Er blieb in dieser Stadt und übernahm schließlich das Matsumi, als der frühere Besitzer 1987 in Rente ging. Dieses einfache, aber delikate Gericht, raffiniert mit *Koji* (einer Art Hefe) verfeinert, gehört zu seinen liebsten Spezialitäten.

FÜR 4 PERSONEN

100 g japanischer Rundkornreis
75 g Koji aus Reis
110 ml Sake oder 60 ml Shochu, auf etwa 35 °C erwärmt
4 Lachssteaks, ersatzweise andere Fischsteaks (je 125 g)
Salz
Mirin
4–8 fertige Hajikami Shoga (süßsauer eingelegte junge Ingwertriebe, siehe Seite 71), zum Garnieren (nach Belieben)

Koji *ist ein wichtiges Gärungsmittel, das zur Erzeugung unverzichtbarer japanischer Würzmittel wie Miso und Shoyu und zum Brauen von Sake dient. Man benötigt einige Tage, um Reis-*Koji*-Maische herzustellen, und nochmals einige Tage, um den Fisch darin zu marinieren, doch der Aufwand lohnt sich. Diese Zubereitungsart ist viele Jahrhunderte alt und, wie ich von meinen alten Lehrern erfuhr, man nahm Reis-*Koji *nachts sogar mit ins Bett; denn der Gärungsprozess sorgte für zusätzliche Wärme. Wer das Produkt im Handel nicht erhält, kann stattdessen einfach* Sake Kasu *(Sake Trester) verwenden. Es handelt sich dann allerdings um ein anderes Gericht, das man* Kasu-Zuke *nennt.* HM

1 Den Reis kochen, wie auf Seite 152 beschrieben (Sushi-Rollen, Arbeitsschritt 1).

2 Mit einem Fächer oder Fön (kalte Luft) den Reis auf 30–35 °C abkühlen. Koji und Sake oder Shochu hinzufügen. Die Mischung zügig in einen Ohitsu (japanischen Reiszuber aus Holz) oder einen großen Kunststoffbehälter füllen und mit einem Deckel fest verschließen. Ein Handtuch oder eine Decke darumwickeln und den Behälter 2 Tage an einem warmen Ort stehen lassen. (Der Reis kann auch im elektrischen Reiskocher gegart werden und darin verbleiben, jedoch kann man den Kocher dann 4–5 Tage nicht anderweitig verwenden.) Den Deckel am dritten Tag entfernen und den Reis mit einem Holzlöffel gründlich durchrühren, um die Gärung zu fördern. Bei gut fortgeschrittener Gärung ist der Reis warm. Den Behälter wieder verschließen und erneut an einen warmen Ort stellen. Dieses Durchrühren zweimal täglich über 2–3 Tage wiederholen. Danach kann die Reis-Koji-Maische zum Marinieren von Fisch verwendet werden.

3 Die Lachssteaks großzügig mit Salz bestreuen und für 2–3 Stunden in den Kühlschrank stellen. Die Steaks mit Küchenpapier trockentupfen, in den Reis betten und vollständig damit bedecken. Zum Marinieren für 3–4 Tage in den Kühlschrank stellen. (In Reis-Koji hält sich der Fisch bis zu 7 Tage.)

4 Die Lachssteaks aus dem Reis nehmen, daran haftenden Reis entfernen und die Steaks bei mittlerer Hitze mit der Hautseite nach oben unter dem Backofengrill in 7–8 Minuten goldbraun grillen. Herausnehmen und mit etwas Mirin bestreichen, damit sie glänzen. Je 1 Lachssteak auf einem Teller anrichten, nach Belieben mit eingelegten Ingwertrieben garnieren und servieren.

Thunfischsteak mit zweierlei Weinsaucen

Tuna steki wasabi shadonei sosu

Ken Tominaga, Küchenchef des Hana-Restaurants in der Bay im Norden San Franciscos, präsentiert hier seine Variante von gegrilltem Thunfischsteak mit zweierlei Saucen. Japanische Küchenchefs im Ausland verwenden mit Vorliebe Thunfisch. Mit Ausnahme der klassischen *Sushi* und *Sashimi* haben sie viele innovative Thunfischgerichte kreiert, etwa gegrillte Steaks, gebraten auf Salat, und Thunfischtatar.

FÜR 4 PERSONEN

4 Thunfischsteaks (je 125 g)
Salz und frisch gemahlener Pfeffer
1–2 EL Pflanzenöl
4 frische Shiitake, geputzt und in feine Streifen geschnitten
Je ½ rote, grüne und gelbe Paprikaschote, von Samen und Scheidewänden befreit, in feine Streifen geschnitten
1 TL Sake
1 TL Shoyu (japanische Sojasauce)
½ TL frisch gepresster Ingwersaft
200 g frisches Kartoffelpüree
Frische glatte Petersilie zum Garnieren

FÜR DIE WASABI-CHARDONNAY-SAUCE:

125 ml Chardonnay oder ein anderer Weißwein
1 EL fein gehackte Schalotten
1 TL Wasabi-Paste
2 TL Sahne, ½ TL Butter
Salz und frisch gemahlener Pfeffer

FÜR DIE CABERNET-SAUCE:

225 ml roter Cabernet oder ein anderer Rotwein
1 TL Mirin, 1 TL Butter

Ein solch delikater Fisch wie der Thunfisch sollte am besten roh oder nur leicht gegart verzehrt werden. Dieses Grillgericht ist recht einfach, doch durch ein ausgefallenes Dressing und Beilagensalate erhält es den nötigen Pfiff. Darum habe ich mich für zwei Saucen und verschiedene Gemüse als Beilagen entschieden. Das Ergebnis ist eine wunderbare Speise, die in meinem Restaurant immer wieder serviert wird. KT

1 Die Thunfischsteaks mit Salz und Pfeffer würzen. Je 1–2 Minuten von beiden Seiten unter dem Backofengrill grillen, sodass das Fleisch nur außen gegart, im Innern aber noch roh ist. Die Steaks wie für Sashimi mit schräg gestellter Messerklinge in 1 Zentimeter dicke Stücke schneiden.

2 Eine Pfanne erhitzen, das Öl hineingeben und die Shiitake sowie die Paprikastreifen darin braten. Mit Sake, Shoyu, Ingwersaft sowie Salz und Pfeffer nach Geschmack würzen.

3 Für die Wasabi-Chardonnay-Sauce den Weißwein und die Schalotten in einem Topf verrühren. Bei mittlerer Hitze 20–25 Minuten köcheln lassen, bis der Wein um zwei Drittel eingekocht ist. Wasabi, Sahne und Butter unterrühren und die Sauce mit Salz und Pfeffer abschmecken. Abkühlen lassen.

4 Für die Cabernet-Sauce den Rotwein ebenfalls um zwei Drittel einkochen lassen. Mirin und Butter unterrühren. Abkühlen lassen.

5 Je ein Viertel des Kartoffelpürees in der Mitte von 4 Tellern anrichten und darum herum fächerartig je 1 Portion Thunfischstücke legen. Je ein Viertel der gebratenen Shiitake und Paprikaschoten auf dem Püree verteilen. Die Wasabi-Chardonnay- sowie Cabernet-Sauce dekorativ darüber träufeln. Mit Petersilie garnieren und servieren.

Schwertfisch-Teriyaki

Kajiki no teriyaki

Dank des süßen Geschmacks gehört Teriyaki *(wörtlich »glühender Grill«) inzwischen zu jenen japanischen Gerichten, die in westlichen Ländern wesentlich beliebter sind als in Japan selbst. Die* Teriyaki-*Sauce ist eine Mischung aus Shoyu, Sake, Mirin und Zucker, wobei der Zucker der gegrillten Speise Glanz verleiht. Fisch, Huhn und Rind eignen sich gleichermaßen gut für* Teriyaki. *Hier wird Schwertfisch verwendet, und die Sauce harmoniert wunderbar mit dem ansonsten eher trockenen Fisch.*

FÜR 4 PERSONEN

4 Schwertfischsteaks (je 150 g)
Meersalz
1 Salatgurke
2 EL Pflanzenöl
4 fertige Hajikami Shoga (süßsauer eingelegte junge Ingwertriebe, siehe Seite 71) zum Garnieren (nach Belieben)

FÜR DIE TERIYAKI-SAUCE:

3 EL Shoyu (japanische Sojasauce)
3 EL Sake
3 EL Mirin
1 TL Zucker

1 Die Schwertfischsteaks gleichmäßig mit Meersalz bestreuen und beiseite stellen.

2 Die Salatgurke längs vierteln und die Samen entfernen. Dafür mit dem Messer zwischen Gurkenfleisch und Samenstrang entlangschneiden. Die Gurkenviertel in dünne Streifen schneiden und in kaltes Wasser legen, sie bleiben dadurch frisch und knackig. Abtropfen lassen und auf 4 Teller verteilen.

3 Die Zutaten für die Teriyaki-Sauce in einem kleinen Topf verrühren, zum Kochen bringen und bei mittlerer Hitze köcheln lassen, bis sich der Zucker vollständig gelöst hat. Vom Herd nehmen und beiseite stellen.

4 Das Öl in einer Pfanne erhitzen und die Schwertfischsteaks darin von jeder Seite 1–2 Minuten braten. Die Pfanne dabei ununterbrochen rütteln, damit die Fischsteaks nicht anhängen. Sie sollten im Innern noch fast roh sein. Vom Herd nehmen, den Fisch in ein Sieb legen und kochend heißes Wasser darüber gießen, um überschüssiges Öl zu entfernen.

5 Die Fischsteaks wieder in die Pfanne mit dem Bratensaft einlegen, auf mittlere Temperatur erhitzen und die Teriyaki-Sauce darüber gießen. 2–3 Minuten erhitzen, bis die Sauce zu köcheln beginnt. Den Fisch wenden und weitere 1–2 Minuten garen. Die Pfanne dabei ab und zu schwenken, um den Fisch gleichmäßig mit Sauce zu bedecken. Die Fischsteaks aus der Pfanne nehmen und jeweils auf den Gurkenstreifen anrichten. Die Sauce eine weitere Minute unter ständigem Rühren erhitzen, damit sie noch etwas eindickt. Vom Herd nehmen und mit einem Löffel über die einzelnen Fischsteaks träufeln. Mit eingelegten Ingwertrieben (falls verwendet) garnieren und servieren.

Gedämpfter Lachs mit Zitrussauce

Sake no ponzu-mushi

Wie alle anderen Fischarten schmeckt auch der Lachs schonend gegart am besten. Vor allem beim Dämpfen bleibt das Fleisch, das ansonsten schnell trocken und blättrig wird, schön saftig. Dieses unkomplizierte Gericht ist schnell zubereitet.

FÜR 4 PERSONEN

4 Frühlingszwiebeln
1 cm frische Ingwerwurzel, geschält
4 frische Lachssteaks (500 g)

FÜR DIE ZITRUSSAUCE:

2 EL Shoyu (japanische Sojasauce)
2 EL frisch gepresster Zitronen- oder Limettensaft
½ EL japanischer Reisessig, 1 EL Sake

1 Die Frühlingszwiebeln diagonal in 1,5 Zentimeter breite Stücke schneiden. Den Ingwer fein raspeln und in kaltes Wasser legen. Abtropfen lassen.

2 Die Zutaten für die Zitrussauce verrühren. Die Lachssteaks nebeneinander auf einen großen Teller legen und gleichmäßig mit der Sauce beträufeln. Darüber die Frühlingszwiebeln verteilen und alles bei starker Hitze 10–12 Minuten dämpfen, bis der Fisch leicht gegart ist. Oder abgedeckt für 8 Minuten in die Mikrowelle stellen (500 Watt). 2–3 Minuten im Dämpftopf oder in der Mikrowelle ruhen lassen. Herausnehmen, mit etwas Ingwer bestreuen und heiß servieren.

Gebratene Sardinen auf Salat

Iwashi no sote salada

Sardinen sind reich an Nährstoffen, Eiweiß und Fett. Manche Restaurants in Tokio haben sich nur auf Sardinen spezialisiert: gegrillt, mit Gemüse geköchelt, frittiert und in Nanban-*Sauce mariniert oder, wie hier, gebraten.*

FÜR 4 PERSONEN

12 große Sardinen, filetiert
Salz und frisch gemahlener Pfeffer
2 EL Currypulver, 6 EL Mehl
2 EL Pflanzenöl
4–5 Blätter Eissalat, 2–3 Frühlingszwiebeln und ½ Salatgurke, jeweils in feine Streifen geschnitten
3–4 Shiso-Blätter, in Streifen geschnitten

FÜR DIE SAUCE:

4 EL japanischer Reisessig
3 EL frisch gepresster Zitronensaft
Wenig Salz und 1 Prise Pfeffer

1 Die Sardinenfilets zurechtschneiden, mit Küchenpapier trockentupfen und mit Salz und Pfeffer bestreuen.

2 Currypulver und Mehl in einer flachen Schale vermischen. Die Sardinenfilets nacheinander in der Mehlmischung wenden, überschüssiges Mehl abschütteln. Das Öl in einer Pfanne erhitzen und die Sardinenfilets mit der Hautseite nach unten bei mittlerer Hitze 1–2 Minuten braten, bis die Haut knusprig ist. Wenden und von der anderen Seite in 1–2 Minuten ebenfalls knusprig braten. Auf einem Rost oder Küchenpapier abtropfen lassen.

3 Die Zutaten für die Sauce verrühren. Alle Gemüsestreifen vermischen und auf 4 Teller verteilen. Jeweils 6 gebratene Sardinenfilets auf dem Salat anrichten und mit der Sauce beträufeln. Mit Shiso-Blättern garnieren und servieren.

Thunfisch auf Salat mit Limetten-Dressing

Maguro no tataki pon-zu ae

Tataki *ist eine Form von* Sashimi *– hier mit Thunfisch, der dann zu* Sashimi *geschnitten wird. Man gart den Fisch jedoch nicht, sondern brät ihn nur kurz an, sodass er im Innern roh bleibt. Dadurch bekommt der relativ neutral schmeckende Thunfisch von außen eine festere Konsistenz und einen leicht rauchigen Geschmack. Auch Echter Bonito wird oft auf diese Weise zubereitet (siehe Seite 42, Bonito-*Tataki*-Salat). Als Dressing dient* Ponzu*, eine beliebte japanische Zitrussauce.*

FÜR 4–8 PERSONEN

300 g Thunfisch
Pflanzenöl zum Braten
1 EL weiße Sesamsamen
Verschiedene Salatblätter, etwa roter und grüner Eichblattsalat, Rucola, junger Spinat, Rotstieliger Mangold, Feldsalat, glatte Petersilie, gewaschen und trockengeschwenkt

FÜR DAS DRESSING:

Frisch gepresster Saft von 1 Limette
1½ EL Shoyu (japanische Sojasauce)
1 EL Reisessig
2 TL Zucker
1 EL Sesamöl

1 Den Thunfisch in wenig Öl bei starker Hitze von beiden Seiten kurz in der Pfanne anbraten, sodass er im Innern noch roh ist. Den Fisch in eisgekühltes Wasser legen, abtropfen lassen und mit Küchenpapier trockentupfen. In sehr dünne, kleine Scheiben von maximal 5 Zentimeter Durchmesser schneiden.

2 Die Zutaten für das Dressing so lange verrühren, bis sich der Zucker gelöst hat.

3 Einen kleinen Topf erhitzen. Die Sesamsamen einstreuen und leicht rösten. Den Topf dabei ständig schwenken, bis die ersten Samen zu springen beginnen. Vom Herd nehmen und die Samen in einen Mörser geben. Mit dem Stößel etwa ein Drittel der Samen vorsichtig zerstoßen.

4 Die Salatblätter in einer großen Schüssel vermischen. Den Thunfisch hinzufügen und das Dressing darüber gießen. Nochmals kurz vermischen und nach Belieben auf 4–8 Teller verteilen. Mit Sesam bestreuen und servieren.

TETSUYA SAOTOME

Garnelen-Tempura

Ebi tempura

Für Tetsuya Saotome, den Küchenchef des *Tempura*-Restaurants Mikawa in Tokio, ist das Kochen von *Tempura* Wissenschaft und Kunstform zugleich. Er ist selbst ein Künstler und pflegt häufigen Kontakt zu Künstlern und Architekten. Darüber hinaus sammelt er Antiquitäten, die sogar in seinem Restaurant Verwendung finden. Hier zeigt Herr Saotome die beste Zubereitungsart für Garnelen-*Tempura*.

FÜR 4 PERSONEN

FÜR DIE DIPSAUCE:

2 getrocknete Shiitake, über Nacht in 450 ml Dashi eingeweicht
7 EL helle Shoyu (japanische Sojasauce)
7 EL Mirin

8 rohe Tigergarnelen in der Schale
Pflanzenöl zum Frittieren
Kalt gepresstes Sesamöl (nach Belieben)
1 große weiße Zwiebel, in 4 dicke Scheiben geschnitten
4 große frische Shiitake, Stiele entfernt
4 Shiso-Blätter (nach Belieben)
8 Okraschoten, Stielenden angespitzt
5 cm Daikon-Rettich, geschält und gerieben
2,5 cm frische Ingwerwurzel, geschält und gerieben

FÜR DEN TEIG:

225 ml Wasser, eisgekühlt
1 Ei, verquirlt und durch ein Sieb gestrichen
150 g Mehl, zweimal gesiebt und für 1 Nacht in den Kühlschrank gestellt

*Garnelen enthalten viel Wasser, das reich an „*Umami*" ist. Dies bewirkt den typischen Geschmack sowie den intensiven Geruch nach Fisch und Eisen. Durch das richtige Frittieren wird dieser Geruch reduziert, der Geschmack jedoch intensiviert, und darum ist die Dauer des Frittierens bei* Tempura *auch das Wichtigste: Die Garnelen müssen innen roh bleiben. Damit sie von außen sehr knusprig, im Innern aber nicht heißer als 40–50 °C werden, frittieren wir sie in meinem Restaurant sehr schnell bei hoher Temperatur. Dazu verwenden wir meist eine Mischung aus Pflanzenöl und kalt gepresstem Sesamöl und bereiten den Teig erst kurz vor dem Frittieren zu.* TSa

1 Für die Dipsauce die Shiitake aus der Dashi nehmen und die überschüssige Flüssigkeit in die Dashi ausdrücken. (Shiitake für ein anderes Gericht verwenden.) Dashi, Shoyu und Mirin in einem Topf bei mittlerer Hitze aufkochen. Vom Herd nehmen und beiseite stellen.

2 Die Garnelen schälen, das letzte Glied mit dem Schwanzfächer jedoch daran belassen, den Darm entfernen. Die Schwanzspitzen jeweils diagonal wegschneiden, sodass das enthaltene Wasser entweicht und beim Frittieren nicht spritzt. Die Garnelen jeweils mehrmals quer einschneiden, damit sie sich beim Erhitzen nicht zusammenrollen.

3 Für den Teig das Wasser unter das Ei rühren, das Mehl in die Mischung sieben und mit ein paar Hashi-Stäbchen oder einer Gabel leicht unterheben. Nicht rühren: Der Teig sollte leicht klumpig bleiben.

4 Das Pflanzenöl (oder zu gleichen Teilen Pflanzen- und Sesamöl) in einem Frittiertopf oder Wok erhitzen. Kurz vor dem Frittieren die Temperatur auf 170 °C erhöhen; sie ist erreicht, wenn ein Tropfen Teig zur Oberfläche steigt, ohne zuvor den Topfboden zu beruhren.

5 Zuerst das Gemüse frittieren. Dafür die Zwiebelscheiben in den Teig tauchen und einzeln vorsichtig ins heiße Öl gleiten lassen. In jeweils 2–3 Minuten goldbraun frittieren, dabei ein- oder zweimal wenden. Auf einem Rost abtropfen lassen. Mit dem übrigen Gemüse ebenso verfahren. Die Frittierzeit je nach Konsistenz und Dicke der Zutaten variieren. Shiitake und Shiso-Blätter werden nur mit der Unterseite in den Teig getaucht, damit die dunkelbraune Farbe der Pilzkappen und das leuchtende Grün der Blätter erhalten bleiben. Die Shiitake 2–3 Minuten frittieren und mehrmals wenden, die Shiso-Blätter nur von der Teigseite in 5–10 Minuten goldgelb frittieren.

6 Die Garnelen am Schwanz fassen, in den Teig tauchen und im heißen Fett in 2–3 Minuten goldbraun frittieren, jeweils 3–4 Garnelen gleichzeitig. Auf einem Rost abtropfen lassen.

7 Auf 4 Tellern je 2 Garnelen, 1 Zwiebelscheibe, 1 Shiitake, 2 Okraschoten und 1 Shiso-Blatt sowie etwas Daikon und Ingwer anrichten. (Meist wird ein Blatt Japanpapier unter die Tempura gelegt, um das Öl aufzusaugen.) Heiß servieren, dazu die Dipsauce reichen.

Seeteufel aus dem Tontopf

Ankou nabe

Takeshi Yasuge, ein Experte in der *Fugu*-Zubereitung, serviert in seinem *Fugu*-Restaurant Asakusa Fukuji in Tokio *Fugu-Chiri* (*Fugu*-Topf). Für uns hat er einen anderen beliebten Fischtopf mit Seeteufel ausgewählt. Das Kochen im *Nabe* (Tontopf) ist ganz einfach und erfordert keine besondere Technik. Man muss nur die Zutaten vorbereiten und auf den Tisch bringen, den Rest erledigen die Gäste. Vorschriften bezüglich geeigneter Zutaten gibt es keine, solange ein Eiweißlieferant und Gemüse darunter sind. Die berühmten *Sukiyaki* und *Shabu-Shabu* sind ebenfalls *Nabe*-Gerichte, beide mit dünn geschnittenem Rindfleisch.

FÜR 4 PERSONEN

FÜR DIE PONZU-SAUCE:

110 ml Saft der Daidai (saure japanische Zitrusfrucht), ersatzweise Zitronen- und Limettensaft
170 ml Shoyu (Sojasauce), 2 EL Mirin
2 EL Dashi, 1 EL Sake
10 g Kezuribushi (Bonitoflocken)
5 g getrockneter Kombu, etwa 5 × 10 cm groß

1 Seeteufel, etwa 675 g, von den Gräten befreit und in dünne Scheiben geschnitten (Gräten aufbewahren)
8–12 Blätter Chinakohl, grob gehackt
250 g Shungiku (Salat-Chrysantheme) oder Spinat, geputzt
250 g fester Tofu, in 8 Würfel geschnitten
12 frische Shiitake, Stiele entfernt
20 cm getrockneter Kombu
Salz, Shoyu (japanische Sojasauce)
450 g gekochter Reis
2 Eier, verquirlt (nach Belieben)
1 Frühlingszwiebel, fein gehackt

In diesem Rezept wird die Zubereitung der echten Ponzu-Sauce *beschrieben, die allerdings zwei Wochen dauert. Einfacher ist es natürlich, die fertige Sauce in einem Asienladen zu kaufen.* Fugu *wird überall auf der Welt in tropischen und subtropischen Gewässern gefangen, die reichsten Fischgründe liegen jedoch zwischen Japan und Korea im Japanischen Meer sowie im Ostchinesischen und Gelben Meer. Die Saison reicht vom Herbst bis zur Tagundnachtgleiche im Frühling –* Fugu *ist also ein echter Winterfisch. Und im Winter gibt es kein besseres Gericht als heißen* Nabe, *darum servieren alle* Fugu-Restaurants *mit Vorliebe* Fugu-Chiri *als Hauptgang nach* Nikogori *(siehe Seite 41) und* Sashimi. Ankou *(Seeteufel) ist ebenfalls ein Winterfisch, und obwohl meiner Meinung nach nichts an* Fugu, *den delikatesten Fisch der Welt, heranreicht, ist Seeteufel die vielleicht beste Alternative. Auch der Reis, der in der aromatisch-gehaltvollen Brühe gekocht wird, schmeckt unvergleichlich gut.* TY

1 Für die Ponzu-Sauce alle Zutaten in einer Schüssel verrühren und für 2 Wochen in den Kühlschrank stellen. Ein Sieb mit feinem Baumwollstoff oder Küchenpapier auskleiden und die Sauce in eine saubere Schüssel abseihen. Bonitoflocken und Kombu wegwerfen.

2 Seeteufel, Chinakohl, Chrysanthemenblätter oder Spinat, Tofu und Shiitake auf 1–2 großen Servierplatten anrichten.

3 Den Kombu mit reichlich Wasser und den Gräten vom Seeteufel in einem großen

Topf (Tontopf) zum Kochen bringen. Den Kombu herausnehmen und wegwerfen, das Wasser bei mittlerer Hitze 5 Minuten köcheln lassen. Die Gräten entfernen und den Topf auf einem Rechaud auf den Tisch stellen. Die Ponzu-Sauce in Schälchen verteilen. Eine Charge der Zutaten in die kochende Brühe geben. Aufsteigenden Schaum abschopfen und die Hitze beim Kochen regulieren. Die Gäste bedienen sich selbst und dippen die gegarten Zutaten in die Ponzu-Sauce. Während des Essens weiteren Fisch und Gemüse in der Brühe garen.

4 Wurden alle Zutaten verzehrt, in der Brühe verbliebene Stücke mit einem Schaumlöffel herausnehmen und die Brühe mit Salz, Shoyu und Ponzu-Sauce nach Geschmack würzen. Den gekochten Reis hinzufügen und bei mittlerer Hitze köcheln lassen. Nach Belieben die verquirlten Eier dazugießen. Sobald sie fest werden, den Topf vom Herd oder Rechaud nehmen. Den Inhalt in 4 Reisschalen verteilen, mit Frühlingszwiebel bestreuen und servieren.

Gebratener Makrelenhecht, mariniert in Nanban-Sauce

Sanma no nanban-zuke

Sanma *(Makrelenhecht) ist in Japan ein Synonym für den Herbst. Zu dieser Jahreszeit zieht der Duft von gegrilltem* Sanma *täglich durch die Nachbarschaft. Der Fisch ist nicht sehr teuer, jedoch von delikatem Geschmack und sehr nahrhaft. Gebratener, in* Nanban-*Sauce marinierter* Sanma *kann mit den Gräten verzehrt werden. Wörtlich übersetzt bedeutet* Nanban *„südliche Grausamkeiten" und bezeichnet Importwaren, aber auch Speisen, Gemälde und Möbelstücke, die einen fremden Einfluss auf die japanische Küche oder das japanische Design haben. Die pikante Zitrussauce dient zum Marinieren von Fisch und Gemüse.*

FÜR 4 PERSONEN

4 Makrelenhechte, ersatzweise 8 Sardinen, gesäubert und von den Schuppen befreit
1 TL frisch gepresster Ingwersaft
1 EL Shoyu (japanische Sojasauce)
1 EL Sake
2 Frühlingszwiebeln, mit dem Grün gehackt
1 getrocknete Chilischote, von den Samen befreit und in dünne Ringe geschnitten
Kartoffelstärke (Katakuriko) oder Maisstärke
2 EL Pflanzenöl
2,5 cm frische Ingwerwurzel, geschält und geraspelt, zum Garnieren

FÜR DIE MARINADE:

4 EL Shoyu (japanische Sojasauce)
3 EL Reisessig
1 EL Zucker
½ EL Sesamöl
125 ml Wasser

1 Die Köpfe und Schwänze der Makrelenhechte abtrennen und die Fische quer in 1 Zentimeter dicke Stücke schneiden. Ingwersaft, Shoyu und Sake verrühren und die Fischstücke für 10–15 Minuten in die Mischung legen. Werden Sardinen verwendet, diese ohne weitere Vorbereitung ganz belassen.

2 Die Zutaten für die Marinade in einer großen Schüssel verrühren, die gehackten Frühlingszwiebeln und Chiliringe hinzufügen. Beiseite stellen.

3 Makrelenhechte oder Sardinen abtropfen lassen, mit Küchenpapier trockentupfen und rundum mit Kartoffel- oder Maisstärke bestreuen. Das Öl in einer Pfanne heiß werden lassen und den Fisch bei mittlerer Hitze in 2–3 Minuten von einer Seite goldbraun braten. Wenden, die Hitze reduzieren und weitere 4–5 Minuten braten. Auf einem Rost oder Küchenpapier abtropfen lassen.

4 Den gebratenen, noch heißen Fisch in die Marinade legen und 5 Minuten einwirken lassen. In 4 flachen Schalen jeweils ein Viertel der Makrelenstücke oder je 2 Sardinen anrichten. Etwas Marinade darüber träufeln und mit Ingwerstreifen garnieren. Mit frisch gekochtem Reis und Miso-Sauce servieren.

Garnelen-Krabben-Bällchen

Ebi to kani no shinjo

Shinjo *ist ein alter Küchenterminus für Fisch- oder Schaltierteig, mit pürierten Kartoffeln zum Binden vermischt und zu Bällchen oder einer Terrine verarbeitet.* Yuan-ji *geht auf den Teezeremonie-Experten Yuan im 19. Jahrhundert zurück, daher der Name der Sauce.*

FÜR 4 PERSONEN

150 g geschälte Garnelen
150 g Krabbenfleisch, zerpflückt
1 Eiweiß, 1 Prise Salz
Kartoffelstärke (Katakuriko) oder Maisstärke
2 EL Pflanzenöl
2 Limetten, halbiert, zum Garnieren

FÜR DIE YUAN-JI:
5 EL Mirin
3 EL Shoyu (japanische Sojasauce)
2 EL Sake

1 Die Garnelen in einem Suribachi (japanischen Mörser) oder einem herkömmlichen Mörser fein zermahlen oder in der Küchenmaschine glatt verarbeiten. Krabbenfleisch, Eiweiß und Salz hinzufügen und wiederum glatt zermahlen.
2 Von der Garnelen-Krabben-Masse mit angefeuchteten Händen 1 Esslöffel zu einem Bällchen formen. Den Vorgang für insgesamt 16 Bällchen wiederholen. Die Zutaten für die Yuan-ji-Sauce verrühren.
3 Die Bällchen in der Kartoffel- oder Maisstärke wälzen, überschüssige Stärke entfernen. Das Öl in einer Pfanne erhitzen und je 8 Bällchen bei mittlerer Temperatur in 5–6 Minuten rundum goldgelb braten. Für ein gleichmäßiges Ergebnis ununterbrochen die Pfanne schwenken. Die Hälfte der Yuan-ji-Sauce hinzugießen und fast ganz einkochen lassen. Mit den restlichen Bällchen und der übrigen Sauce ebenso verfahren. Vom Herd nehmen und je 2 Bällchen auf Bambusspieße stecken. Alles auf einer Servierplatte oder je 2 Spieße auf 4 Tellern anrichten. Mit Limettenhälften garniert servieren.

In Ingwer marinierte und frittierte Makrele

Saba no Tatsuta-age

Tatsuta-age *bezeichnet ein Gericht aus in Ingwer mariniertem und dann frittiertem Fisch oder Fleisch (oft Makrelen oder Huhn) – ein einfaches Gericht für zu Hause. Auch wenn die Makrele nicht taufrisch ist, verleiht ihr der Ingwer ein wunderbares Aroma.*

FÜR 4 PERSONEN

1 große Makrele (675 g), filetiert
Kartoffelstärke (Katakuriko) oder Maisstärke
Pflanzenöl zum Frittieren
Zitronenspalten zum Garnieren

FÜR DIE MARINADE:
4 EL Sake
3 EL Shoyu (japanische Sojasauce)
2,5 cm frische Ingwerwurzel, geschält und fein gerieben

1 Die Makrelenfilets von den großen Gräten befreien und quer in 1 Zentimeter dicke Stücke schneiden. Das Messer dabei im 45-Grad-Winkel ansetzen. Die Stücke nebeneinander auf einem flachen Teller verteilen.
2 Die Zutaten für die Marinade vermischen und gleichmäßig über die Fischstücke träufeln. 10–15 Minuten einwirken lassen.
3 Abgießen, etwas Ingwer sollte jedoch am Fisch haften bleiben. Die Stücke gleichmäßig mit Kartoffel- oder Maisstärke bestreuen.
4 Das Öl in einem Frittiertopf oder Wok auf 160 °C erhitzen. Die Makrelenstücke portionsweise ins heiße Öl gleiten lassen, in 2–3 Minuten goldbraun frittieren und dabei zwei- oder dreimal wenden. Aus dem Öl heben und auf einem Rost abtropfen lassen.
5 Die frittierten Makrelenstücke auf 4 Teller verteilen und heiß mit Zitronenspalten servieren.

Gedämpfter Hummer mit Gemüsesauce

Ise-ebi no moto-yaki yasai sosu soe

Mit nur 32 Jahren wurde Hiroshi Miura 1992 zur Eröffnung des Unkai-Restaurants im ANA-Hotel (All Nippon Airways) in Sydney dessen Chefkoch. Er genoss eine klassische Ausbildung des *Cha-Kaiseki* (des Mahls zur Teezeremonie) und *Ryotei* (exklusive Gesellschaftshäuser im alten Stil) und arbeitete in einer Reihe angesehener Häuser, ehe er als Küchenchef für japanisches Fluggast-Catering eine ganz andere Art von Küche kennen lernen sollte. Hier präsentiert er eines seiner eher westlichen Gerichte mit einer Gemüsesauce nach japanischer Art.

FÜR 4 PERSONEN

FÜR DIE GEMÜSESAUCE:

2 Eigelb
6 EL Pflanzenöl
½ TL Meersalz
1½ EL fein gehackte Möhre
2 EL fein gehackte Zucchini, nur die festen grünen Teile
4 EL fein gehackte Champignons
4–5 Kammmuscheln, das Fleisch fein gehackt

2 Hummer in der Schale, längs halbiert
Salz
Einige Blätter Eissalat, in Streifen geschnitten
2 Shiso-Blätter, in Streifen geschnitten (nach Belieben)
Zitronenspalten zum Garnieren

FÜR DIE AMA-MISO-SAUCE:

2 EL Miso
2 EL Zucker
Toban Jian (chinesische Chili-Bohnensauce)
½ EL weiße Sesamsamen, leicht geröstet

Die in Japan beliebteste Art, Hummer zu essen, heißt Iki-Zukuri *(„lebendes Sashimi"), das so frisch serviert wird, dass Schwanz und Tentakel des zerkleinerten Hummers sich mitunter immer noch bewegen. Doch diese Art der Präsentation wird längst nicht überall geschätzt, insbesondere nicht außerhalb Japans, und darum verzichten wir hier in Sydney auf diese Spezialität. Hummer und verwandte Krustentiere dürfen nicht zu lange gegart werden, sonst wird das Fleisch zäh. Darum empfiehlt sich eine schonende, eher indirekte Garmethode wie das hier vorgestellte Garen im Dampf im Backofen.* HMi

1 Für die Gemüsesauce die Eigelbe in einer Schüssel gründlich verschlagen und dabei nach und nach das Öl dazugießen, sodass eine gleichmäßige Mischung entsteht. Salzen. Das gehackte Gemüse sowie die Muscheln (Jakobsmuscheln) hinzufügen und gründlich vermischen.

2 Die Hummerhälften auf 4 Teller verteilen, in einen Dämpftopf einsetzen und jeweils nur 1 Minute dämpfen. Herausnehmen, das Fleisch aus der Schale lösen, mit etwas Salz bestreuen und in mundgerechte Stücke schneiden. Aus den Hummerschalen 4 Becher formen, je ein Viertel des Fleischs hineinfüllen und mit der Gemüsesauce begießen. In eine etwa 5 Zentimeter hohe Backform setzen und diese in eine größere, ebenso hohe und 2,5 Zentimeter hoch mit Wasser gefüllte Backform stellen. Die Backformen in den auf 180 °C (Umluft 160 °C) vorgeheizten Backofen schieben und das Hummerfleisch 11 Minuten im Dampf garen, bis die Oberfläche goldbraun ist. Aus dem Ofen nehmen.

3 Die Zutaten für die Ama-Miso-Sauce verrühren. Den Salat auf 4 Teller verteilen und je einen Hummerbecher darauf setzen. Etwas Ama-Miso-Sauce darüber träufeln. Mit Shiso-Blättern (falls verwendet) und Zitronenspalten garnieren und heiß servieren.

Tatar aus Echtem Bonito

Toro katsuo no yukke

Naoyuki Sato ist der Chefkoch des Nadaman in Hongkong. Ursprünglich bezeichnete *Toro* das fettreiche, zarte Fleisch des Thunfischs, inzwischen verwendet man den Begriff jedoch auch für andere Fischarten, etwa *Toro*-Lachs. Erst eine gewisse Menge Fett macht Fleisch oder Fisch zart, und darum schätzt man in Japan vor allem fettes Fischfleisch, doch muss das Fett gleichmäßig darin verteilt sein. Für dieses Gericht wird *Toro Katsuo* (fettes Fleisch vom Echten Bonito) verwendet.

FÜR 4 PERSONEN

300 g tiefgefrorenes Filet vom Echten Bonito, Lachs oder Schwertfisch, noch halb gefroren
1 kleine Birne, geschält
½ mittelgroße weiße Zwiebel, fein gehackt
2 Frühlingszwiebeln (nur die weißen Teile), fein gehackt
8 Blätter Kopfsalat, gewaschen und trockengeschwenkt
4 rohe Wachteleier (nach Belieben)
2 EL Pinienkerne zum Garnieren

FÜR DIE TARE-SAUCE:
2 EL Sake
2 EL Shoyu (japanische Sojasauce)
1 EL Zucker
2 TL Sesamöl
½ EL frisch geriebener Knoblauch
1 EL fertige Kochujian (koreanische Chili-Miso-Sauce) oder die Mischung selbst zubereiten: 1 TL Shoyu, je ½ TL Mirin, Miso, Zucker und Chilipulver sowie 1 Prise Salz und etwas frisch geriebenen Knoblauch bei mittlerer Hitze unter Rühren 5 Minuten kochen lassen

Dieses Gericht ist eine Variante des koreanischen Yukke *(Tatar aus Rindfleisch), hier mit Fisch zubereitet, und kann wie* Sashimi *verzehrt werden. Wichtig ist, den* Toro Katsuo *(fetten Echten Bonito) zu servieren, solange er noch nicht ganz aufgetaut ist. Statt des Echten Bonito kann man allerdings auch einen anderen fetten Fisch, etwa Lachs, Schwertfisch oder Yellowtail, verwenden. Wer dagegen das echte* Yukke *zubereiten möchte, sollte das Rezept mit Rindfleisch nachvollziehen, und zwar mit* Shimofuri *– meist rosafarbenes Rindfleisch, das gleichmäßig von Fett durchzogen ist.* NS

1 Den noch halb gefrorenen Fisch in etwa 5 Millimeter dicke Scheiben und diese in 4–5 Zentimeter lange Streifen schneiden.
2 Die Birne vom Kerngehäuse befreien, anschließend in dünne Stifte schneiden.
3 Für die Tare-Sauce den Sake in einem kleinen Topf stark erhitzen und entzünden, damit der Alkohol verbrennt. Vom Herd nehmen und die restlichen Zutaten unterrühren, bis der Zucker und die Kochujian sich gelöst haben. Die Sauce abkühlen lassen.
4 Fisch, Birne, Zwiebel und Frühlingszwiebeln in eine Schüssel füllen und mit der Tare-Sauce leicht vermischen.
5 Je 2 Salatblätter auf 4 Teller verteilen und jeweils ein Viertel des Tatars darauf anrichten. Eine Mulde in die Mitte drücken und je 1 aufgeschlagenes Wachtelei (falls verwendet) hineingeben. Mit Pinienkernen bestreuen. Gewöhnlich wird das rohe Ei zum Verzehr unter das Tatar gemischt. Wer das Ei nicht mag, kann es jedoch auch weglassen.

In Yuzu-Miso marinierter und gegrillter Fisch

Sengyo no miso-yuzu an-zuke

Eiichi Takahashi gehört zur 14. Generation japanischer Küchenmeister des legendären Hyotei, eines der ältesten *Kaiseki*-Restaurants in Kyoto. In der hier präsentierten Marinade verwendet er *Yuzu* (eine japanische Zitrusfrucht, etwas saurer als die Zitrone). Ihr Aroma verleiht der Miso-Marinade einen angenehm milden Geschmack. Gegrillter Fisch wird in Japan traditionell mit *Hajikami Shoga* (süßsauer eingelegten jungen Ingwertrieben) garniert. Wer das fertige Produkt nicht im Handel bekommt, kann diese Beigabe auch selbst herstellen (siehe Seite 71). Junge Ingwertriebe werden vom Frühjahr bis zum zeitigen Herbst angeboten. Neben Shoyu dient Miso, eine der wichtigsten Würzzutaten in der japanischen Küche, oft zum Marinieren von Fisch, Gemüse und Fleisch.

FÜR 4 PERSONEN

4 frische Kabeljausteaks (je 125 g) oder andere frische Fischsteaks
4–8 fertige Hajikami Shoga (süßsauer eingelegte Ingwertriebe, siehe Seite 71) zum Garnieren (nach Belieben)

FÜR DIE YUZU-MISO-MARINADE:
225 ml Sake
100 ml Mirin
3 EL dunkle Shoyu (japanische Sojasauce)
3 EL helle Shoyu (japanische Sojasauce)
150 g weißes Miso
½ Yuzu oder je ¼ Zitrone und Limette, in Scheiben geschnitten
½ TL frisch geriebener Ingwer

Yuzu-*Miso ist eine beliebte Marinade, und diese Fischspezialität wird in meinem Restaurant schon seit ewigen Zeiten serviert. Wichtig ist, dass man ungesalzenen Fisch verwendet. Fleisch benötigt mehr geriebenen Ingwer und wird zwei bis drei Tage länger mariniert, doch ebenfalls nicht gesalzen.* Yuzu *mit ihrem ganz typischen Aroma ist die beliebteste Zitrusfrucht in der japanischen Küche. Leider bekommt man sie außerhalb Japans kaum, doch kann man sie durch halb Zitrone, halb Limette ersetzen.* ET

1 Die Fischsteaks jeweils halbieren, dabei das Messer im 45-Grad-Winkel ansetzen.
2 Für die Marinade den Sake in einem Topf zum Kochen bringen und entzünden, damit der Alkohol verbrennt. (In der japanischen Küche heißt dieser alkoholfreie Sake Nikiri-Zake.)
3 Nikiri-Zake, Mirin, dunkle und helle Shoyu sowie das Miso in einem großen Kunststoffbehälter vermischen. Die Fischsteaks mit den Yuzu- oder Zitronen- und Limettenscheiben und dem geriebenen Ingwer in die Marinade legen, sie sollten ganz bedeckt sein. In den Kühlschrank stellen und 1–2 Tage einwirken lassen. Je länger sie marinieren, desto stärker wird das Aroma.
4 Die Fischsteaks aus der Marinade nehmen, abtropfen lassen, auf den Grillrost legen und von beiden Seiten je 5–6 Minuten grillen, bis sie gar und goldbraun sind. Je 2 Scheiben auf 4 Teller verteilen. Nach Belieben mit Hajikami Shoga garnieren und heiß servieren.

LINDA RODRIGUEZ

Auf dem Rost gebratener Zackenbarsch

Suzuki no ama-miso yaki

Linda Rodriguez, Chefköchin des Bond-Street-Restaurants in New York, die im Nobu New York und London gearbeitet hat, zeigt hier ihre Version von *Miso-Yaki*. Nach dem Reis gehört Miso zusammen mit Shoyu zur wichtigsten Zutat in der Küche Japans. Es ist sehr vielseitig und dient ebenso wie Shoyu als Würze, Sauce, Dressing, zum Einlegen und Marinieren. Fisch in Miso zu marinieren ist eine altbewährte Küchentechnik, und jeder Haushalt hat seine eigene Methode. Seit Nobu Matsuhisa in Miso marinierten, gegrillten Kohlenfisch zum Markenzeichen der berühmten Nobu-Restaurants gemacht hat, gehört das Gericht zu den populärsten Speisen in japanischen Restaurants überall auf der Welt.

FÜR 4 PERSONEN

1 großer Zackenbarsch, von den Schuppen befreit und filetiert
450 ml Dashi
2 EL helle Shoyu (japanische Sojasauce)
2 EL Mirin
10 cm Daikon-Rettich, geschält und in kleine Würfel geschnitten
1 Pak-Choi oder 250 g Spinat
Salz
2 EL weiße Sesamsamen

FÜR DIE SÜSSE MISO-MARINADE:
250 g weißes Miso
200 g Zucker
7 EL Sake
7 EL Mirin

Für Miso-Yaki *eignen sich nur fette Fische mit viel Fleisch wie der Kohlenfisch, Lachs, Schwertfisch und Zackenbarsch. Wir verwenden Chilenischen Zackenbarsch, den wir 2–3 Tage marinieren. Beim Grillen bekommt er einen angenehm dunklen Karamellton. Das Gericht gehört zu den beliebtesten in unserem Restaurant.* LR

1 Die Zackenbarschfilets quer in je 4 Scheiben schneiden, dabei das Messer im 45-Grad-Winkel ansetzen.
2 Alle Zutaten für die Miso-Marinade so lange verrühren, bis eine glatte Mischung entsteht. Die Zackenbarschscheiben einlegen und 2–3 Tage einwirken lassen.
3 Dashi, Shoyu und Mirin in einem Topf verrühren und den gewürfelten Daikon-Rettich hineingeben. Zum Kochen bringen und zugedeckt bei mittlerer Hitze etwa 10 Minuten köcheln lassen. Vom Herd nehmen und im Topf abkühlen lassen. Den Pak-Choi oder Spinat in leicht gesalzenem kochendem Wasser 1–2 Minuten blanchieren, abgießen und sofort unter fließendes kaltes Wasser halten. Nochmals abgießen und überschüssiges Wasser mit den Händen ausdrücken.
4 Die Fischscheiben aus der Marinade nehmen und die Marinade weggießen. Den Backofen auf 200 °C (Umluft 180 °C) vorheizen. Den Fisch mit der Haut nach oben auf einen Rost legen und im Backofen 20 Minuten braten.
5 Die Daikon-Würfel aus der Dashi-Sauce nehmen. Je ein Viertel der Würfel und des grünen Gemüses in 4 kleine Schalen verteilen und mit Sesamsamen bestreuen.
6 Je 2 Scheiben Zackenbarsch auf 4 Tellern anrichten und mit den Gemüseschalen servieren.

5

Geflügel und Wild

Huhn mit fünferlei Gemüse

Tori no Chikuzen-ni

Susumu Hatakeyama, Küchenchef im Ikeda in London, zeigt uns hier seine professionelle Variante von *Chikuzen-Ni*. Es handelt sich um eine regionale Spezialität aus Chikuzen, wie das Gebiet um Hakata auf Kyushu, der Südinsel, früher einmal hieß. Vor den Zeiten der Luftfracht fand hier der meiste Handel mit ausländischen Waren statt. Das Gericht weist einen gewissen chinesischen Einfluss auf: Es wird Öl verwendet, und es kommen alle Zutaten zusammen in die Pfanne.

FÜR 4 PERSONEN

450 g Hühnerfleisch aus der Keule, Fett und lockere Haut entfernt
4 EL Sake
1 EL Shoyu (japanische Sojasauce)
4–5 getrocknete Shiitake, mindestens 1 Stunde in lauwarmem Wasser eingeweicht
60 g Klettenwurzel (Gobo), geschält (nach Belieben)
120 g Lotoswurzel (Renkon), geschält
1 mittelgroße Möhre, geschält
150 g gegarte Bambussprossen
Etwas Essig
250 g Konnyaku (Block aus Wurzelstärke)
20 g Zuckerschoten, Enden entfernt
Salz
1 EL Pflanzenöl
2 EL helle Shoyu (japanische Sojasauce)
2 EL Mirin
1 TL Meersalz
3 EL Zucker
225 ml Dashi

Das Gericht, auch Iri-Dori *(pfannengerührtes Huhn) oder* Gomoku-Ni *(fünf gleichzeitig gegarte Zutaten) genannt, ist für die japanische Küche eher ungewöhnlich. Entscheidend ist, wie die Zutaten jeweils vorbereitet und in welcher Reihenfolge sie in den Topf gegeben werden. Es handelt sich um traditionelle Zutaten, die jedoch ruhig durch andere ersetzt werden können, solange man das harmonische Zusammenspiel aus Geschmack, Konsistenz und Farbe aufrecht erhält.* SH

1 Das Hühnerfleisch in mundgerechte Stücke schneiden, mit 1 Esslöffel Sake und Shoyu einreiben. Beiseite stellen.

2 Die Shiitake abgießen, die Flüssigkeit auffangen und statt der Dashi oder für ein anderes Gericht verwenden. Die Stiele wegschneiden, größere Hüte in je 4 oder 6 Dreiecke schneiden. Die Klettenwurzel (falls verwendet) in mundgerechte Stücke schneiden und in kaltes Wasser legen. Das Wasser 2- bis 3-mal wechseln, bis es klar bleibt. Abgießen.

3 Lotoswurzel, Möhre und Bambussprossen ebenfalls in mundgerechte Stücke schneiden. Lotoswurzel in leichtes Essigwasser legen, damit sie sich nicht verfärbt. Mit einem Esslöffel den Konnyaku in mundgerechte Stücke zerteilen.

4 Die Zuckerschoten in leicht gesalzenem kochendem Wasser 1–2 Minuten blanchieren. Mit dem Schaumlöffel herausnehmen und unter fließendes kaltes Wasser halten. Abtropfen lassen. Klettenwurzel, Möhre und Bambussprossen 2–3 Minuten in demselben Wasser kochen, bis sie halb gar sind. Mit dem Schaumlöffel herausnehmen. Zuletzt Konnyaku in das kochende Wasser geben, 2–3 Minuten garen und abtropfen lassen.

5 Das Öl in einer großen Pfanne oder einem Wok erhitzen und das Hühnerfleisch darin 2–3 Minuten bei mittlerer Hitze pfannenrühren, bis es sich weiß verfärbt. Restlichen Sake, Shoyu, Mirin und Meersalz hinzufügen und in weiteren 5–6 Minuten fertig garen. Herausnehmen und beiseite stellen.

6 Den Zucker in die Pfanne streuen und bei mittlerer Temperatur erhitzen, bis er sich löst. Klettenwurzel, Möhre, Bambussprossen, Konnyaku und Shiitake dazugeben und mit der Dashi oder der gleichen Menge Einweichwasser der Shiitake aufgießen, sodass etwa 80 Prozent der Zutaten bedeckt sind. Zugedeckt bei starker Hitze aufkochen. Bei mittlerer Hitze unter gelegentlichem Rühren 10 Minuten köcheln lassen. Hühnerfleisch und Lotoswurzel hinzufügen und weitere 20 Minuten garen, bis die gesamte Flüssigkeit eingekocht ist. Huhn-Gemüse-Mischung in 4 Schalen verteilen, mit Zuckerschoten garnieren und servieren.

Hühner-Gemüse-Topf mit Ponzu-Sauce

Tori no mizutaki

Nobuo Iwaseya ist für sämtliche Speisepläne und Rezepte aller Suntory-Restaurants im Ausland verantwortlich. Die Verwendung regionaler, frischer Saisonprodukte ist für ihn von größter Bedeutung, ebenso die harmonische Zusammenstellung der Zutaten. Er zeigt uns hier ein weiteres traditionelles Gericht mit Wintergemüse, das man problemlos im Handel erhält.

Geflügel, insbesondere Huhn sowie Stockente und Hausente, ist ein wichtiger Bestandteil der japanischen Küche. Es gibt viele Zubereitungsarten, etwa Tori-Nabe *(Hühnertopf),* Sui-Nabe *(ein Suppengericht),* Yakitori *(gegrillte Spieße),* Iri-Dori *(mit Gemüse gegart),* Tatsuta-Age *(frittiert) und sogar* Tori-Wasa *(schwach gegarte* Sashimi *mit Wasabi). Das hier vorgestellte* Mizutaki *stammt aus der Wiege der japanischen Küche von Hakata und Nagasaki auf Kyushu (Südinsel). Verwendet wird eine trübe Brühe, die für die Hühnersuppen Kyushus ganz typisch ist. Viele exklusive Restaurants in Japan haben sich ausschließlich auf dieses Gericht spezialisiert.* NI

FÜR 4 PERSONEN

FÜR DIE PONZU-SAUCE:

6 EL frisch gepresster Limettensaft
6 EL helle Shoyu (japanische Sojasauce)
3 EL Reisessig
2 TL Sake
2 TL Mirin
2 TL frisch gepresster Orangensaft
10 g getrockneter Kombu, leicht geröstet
1 TL Zucker

½ Suppenhuhn mit Knochen und Haut (etwa 600 g)
1 Hühnerkarkasse
7 cm Daikon-Rettich, geschält
7 cm Möhre, geschält
8 Schalotten, geschält
2 Lorbeerblätter
10–20 g getrockneter Kombu
200 ml Sake
4 l Wasser
1 EL Meersalz
Etwa 2 EL Momiji-Oroshi (siehe Seite 124)
2 Frühlingszwiebeln, fein gehackt, zum Garnieren

1 Sämtliche Zutaten für die Ponzu-Sauce in einer Schüssel verrühren, beiseite stellen.

2 Das halbe Suppenhuhn mit Knochen und Haut in mundgerechte Stücke schneiden. 1 Minute in kochendem Wasser blanchieren, herausnehmen und zum Abkühlen sofort in kaltes Wasser geben. Verbliebene Federkiele und Bluteinschlüsse entfernen und die Fleischstücke in kaltem Wasser abspülen. Abtropfen lassen.

3 Die Karkasse grob zerkleinern und ebenfalls in kochendem Wasser blanchieren, mit kaltem Wasser abspülen und abtropfen lassen.

4 Daikon und Möhre quer in 1 Zentimeter dicke Scheiben schneiden.

5 Das Fleisch mit den Knochen der Karkasse sowie dem Gemüse, Schalotten, Lorbeerblättern, Kombu und Sake in einen großen Topf füllen. Wasser und Salz hinzufügen und bei starker Hitze zum Kochen bringen. Kurz vor dem Siedepunkt den Kombu herausfischen und wegwerfen. Sobald sich auf der Oberfläche Schaum bildet, die Hitze reduzieren und den Schaum vorsichtig abschöpfen. Etwa 30 Minuten köcheln lassen. Vom Herd nehmen und abkühlen lassen.

6 Ist die Brühe abgekühlt, alle Knochen und die Lorbeerblätter herausnehmen und wegwerfen. Das Fleisch und Gemüse Stück für Stück aus der Brühe nehmen und beiseite stellen. Ein Sieb mit feinem Baumwollstoff oder Küchenpapier auskleiden und die Brühe abseihen. 1–2 Schöpfkellen Brühe über die Fleisch- und Gemüsestücke gießen, damit sie nicht zu trocken werden.

7 Momiji-Oroshi zubereiten, wie auf Seite 124 beschrieben. Den Kombu aus der Ponzu-Sauce nehmen und wegwerfen.

8 Zum Servieren die Brühe in einen Tontopf füllen und erhitzen. Das Fleisch samt Gemüse und Momiji-Oroshi darin durchwärmen, die Brühe jedoch nicht aufkochen. Den Topf auf den Tisch stellen; oder Fleisch und Gemüse in 4 Schalen verteilen, die Brühe darüber gießen und servieren. Man isst die Hühnersuppe heiß mit Ponzu-Sauce, die, mit Frühlingszwiebeln garniert, separat in kleinen Schalen gereicht wird.

Kalte gebratene Entenbrust

Kamo rosu

Yoshihiro Murata arbeitet heute im *Ryotei-*Kikunoi in Kyoto. Obwohl er in eine Familie japanischer Restaurantbesitzer hineingeboren wurde, war er sich nicht im Klaren, was er nach dem Universitätsabschluss tun sollte. So fuhr er Anfang der 1970er-Jahre erst einmal nach Europa. Das Vertrauen französischer Chefköche in ihre eigene Landesküche ermunterte ihn schließlich, nach Japan zurückzukehren und ebenfalls eine Karriere nach dem Vorbild seiner Familie anzustreben. In seinen Augen ist die japanische Küche der französischen mindestens ebenbürtig, wenn nicht sogar überlegen, und er empfand es als seine Aufgabe, diese Küche der Welt näher zu bringen. In gewisser Weise ist er diesem Anspruch bereits gerecht geworden, als er in Zusammenarbeit mit Dom Pérignon 1999 im französischen Epernay vor der Weltpresse ein *Kaiseki*-Bankett präsentierte.

FÜR 4 PERSONEN

1 EL Pflanzenöl
4 Entenbrüste
4 EL Sake
4 EL dunkle Shoyu (japanische Sojasauce)
1 EL Zucker
½ Salatgurke, in Streifen geschnitten
1 Stange Bleichsellerie, in Streifen geschnitten
1 kleine Möhre, geschält und geraspelt
5 g getrockneter Wakame, in Wasser eingeweicht
8 Shiso-Blätter
Etwas Senf zum Garnieren

Dieses Gericht ist eine japanische Variante der Bratente, die ich in Frankreich kennen gelernt habe. Wenn wir Ente zubereiten, grillen oder braten wir zuerst die Hautseite, um das Fett zu reduzieren. Dann geben wir die Ente mit leicht gewürzter Dashi in einen großen Behälter und dämpfen sie in der Flüssigkeit. Bei dieser Methode erhält das Fleisch jedoch nicht immer den gewünschten Garzustand. Ich verwende hier einen Gefrierbeutel, um das Fleisch in der Flüssigkeit zu garen, und mache mir dabei das Wissen zunutze, dass Eiweiß bei 62 °C fest wird und bei 67 °C Wasser abgibt. Gart man das Fleisch also zwischen 62 und 67 °C, sollte es nicht zu trocken werden. Der Vakuumbeutel verhindert außerdem, dass zu viel Fleischsaft verloren geht. YM

1 Mit der Zubereitung dieses Gerichts müssen Sie bereits 2 Tage im Voraus beginnen, um das Fleisch zu garen und zu kühlen. Das Öl in einer Pfanne erhitzen und je 2 Entenbrüste mit der Hautseite nach unten 3–4 Minuten bei starker Hitze goldbraun braten, bis das meiste Fett ausgetreten ist. Wenden und weitere 2–3 Minuten braten. Alle 4 Entenbrüste in einen großen Gefrierbeutel geben. Sake, Shoyu und Zucker in einem Topf verrühren, erhitzen und zu den Entenbrüsten gießen. Den Beutel mit Schnur fest zubinden und dabei die Luft herauspressen, sodass nahezu ein Vakuum entsteht.

2 In einem großen Topf reichlich Wasser auf 65 °C erhitzen, den Beutel einlegen und das Fleisch je nach gewünschtem Garzustand 20–45 Minuten garen, dabei sollte die Wassertemperatur niemals über 68 °C steigen, da das Fleisch sonst zu fest wird. Gegen Ende der Garzeit die Temperatur auf 85 °C erhöhen und das Fleisch weitere 2 Minuten garen. Den Beutel herausnehmen und zum Abkühlen sofort in eiskaltes Wasser legen. Im Kühlschrank 2 Tage aufbewahren.

3 Das zerkleinerte Gemüse zum Erfrischen separat in kaltes Wasser legen, abgießen, abtropfen lassen und mit Küchenpapier trockentupfen. Den eingeweichten Wakame in mundgerechte Stücke schneiden.

4 Die Entenbrüste aus dem Beutel nehmen und auf einem Brett quer in dünne Scheiben schneiden. Das Messer dabei im 45-Grad-Winkel ansetzen. Auf 4 Tellern zerstoßenes Eis oder sehr kleine Eiswürfel verteilen und je 2 Shiso-Blätter auflegen. Darauf je 1 aufgeschnittene Entenbrust und daneben je ein Viertel Gemüse und Wakame anrichten. Mit dem Sud beträufeln, mit einem Klecks Senf garnieren und kalt servieren.

Hähnchenschenkel mit Teriyaki-Sauce

Tori no teriyaki

Teriyaki-*Sauce serviert man in Japan mit Vorliebe zu Hähnchen. Das süße Shoyu-Aroma und der beim Kochen entstehende Glanz machen aus dem gewöhnlichen Hähnchenfleisch ein verlockendes Gericht. Ich demonstriere hier die klassische Zubereitungsmethode von* Teriyaki-*Sauce, die zunächst separat gekocht und dann mit dem Bratfond leicht reduziert wird.*

FÜR 4 PERSONEN

4 Hähnchenschenkel, entbeint
Etwa 2 EL Pflanzenöl zum Braten
Etwas Sansho-Pfeffer (nach Belieben) zum Servieren

FÜR DIE TERIYAKI-SAUCE:

6 EL Shoyu (japanische Sojasauce)
6 EL Sake
6 EL Mirin
1 EL Zucker

1 Die Hähnchenschenkel mit der Haut nach oben auf ein Schneidbrett legen und mehrmals mit einer Gabel in die Haut stechen, damit diese beim Braten nicht schrumpft und das Fleisch die Sauce gut aufnehmen kann.

2 Die Zutaten für die Teriyaki-Sauce in einem Topf verrühren, zum Kochen bringen und bei mittlerer Hitze köcheln lassen, bis sich der Zucker gelöst hat. Vom Herd nehmen und bis zur weiteren Verwendung beiseite stellen.

3 Das Öl in einer Pfanne erhitzen. Die Hähnchenschenkel mit der Haut nach unten in die Pfanne legen und bei mittlerer Hitze 2–3 Minuten braten, bis die Haut eine goldbraune Farbe angenommen hat. Die Pfanne dabei ständig schwenken, damit die Schenkel nicht anhängen. Wenden und zugedeckt weitere 10 Minuten braten. Die Hähnchenschenkel aus der Pfanne nehmen und warm halten.

4 Die Teriyaki-Sauce zu dem Bratfond in die Pfanne gießen und unter Rühren zum Kochen bringen. Nach 1–2 Minuten dickt die Sauce leicht ein. Die Hähnchenschenkel wieder einlegen und weitere 2–3 Minuten stark erhitzen. Dabei die Schenkel mehrmals wenden, damit sie gleichmäßig mit der Sauce überzogen sind. Vom Herd nehmen, sobald die Sauce fast vollständig aufgenommen wurde.

5 Die Hähnchenschenkel mit der Haut nach oben auf ein Schneidbrett legen und quer in 1,5 Zentimeter dicke Scheiben schneiden. Das Messer dabei im 45-Grad-Winkel ansetzen. Je 1 aufgeschnittenen Hähnchenschenkel fächerartig auf 4 Tellern anrichten. Nach Belieben mit etwas Sansho-Pfeffer bestreuen und sofort heiß servieren.

Hühnerfleischbällchen mit Tare-Sauce

Tsukune no tare-yaki

Tare *bedeutet übersetzt „Bratenfett" und ist der übliche Terminus für eingedickte Saucen. Die bekanntesten Beispiele sind* Yakitori- *und* Teriyaki-*Sauce. Meist bestehen sie aus Shoyu, Sake, Zucker und/oder Mirin, wobei sie durch den Zucker eindicken.*

FÜR 4 PERSONEN

500 g gehacktes Hühnerfleisch
Salz
2½ EL Sake
20 Kinome oder 5 Minzeblätter, fein gehackt
1 Rezeptmenge Tare-Sauce (siehe unten)
Zitronenspalten zum Garnieren
1–2 EL in Essig eingelegter Ingwer (siehe Seite 70) zum Garnieren

1 Das Fleisch in einer Schüssel mit ½ Teelöffel Salz und dem Sake gründlich vermischen. Die gehackten Kinome oder Minzeblätter einarbeiten und aus der Masse 24 Bällchen von der Größe eines Golfballs formen.
2 Die Bällchen portionsweise in leicht gesalzenem kochendem Wasser etwa 1 Minute garen, bis die Oberfläche fest wird. 12 Fleischbällchen rundum mit Salz bestreuen und bei mittlerer Hitze in 5–6 Minuten goldbraun grillen, dabei ständig wenden. Die restlichen 12 Bällchen ebenfalls bei mittlerer Hitze in 4–5 Minuten hellgolden grillen, in die Tare-Sauce tauchen und fertig grillen.
3 Je 2 verschiedene Bällchen auf Bambusspieße stecken und je 3 Spieße auf Tellern anrichten. Mit Zitronenspalten und Ingwer garniert heiß oder kalt servieren.

Hähnchen- und Gemüse-Grillspieße

Yakitori

Man kann darüber streiten, ob das Grillen von Fleischspießen über Holzkohle eine Form des Kochens ist oder nicht, doch fast überall auf der Welt kennt man verschiedene Grillspezialitäten. In Südostasien sind es Satay, in Japan Yakitori.

ERGIBT 24 HÄHNCHEN- UND 12 GEMÜSESPIESSE

12 Hähnchenflügel mit Haut, entbeint
12–18 Frühlingszwiebeln, nur die weißen Teile
36 Bambusspieße (15 cm lang), in Wasser eingeweicht
Meersalz
24 kleine Okraschoten, Stielenden angespitzt
Zitronenspalten zum Garnieren

FÜR DIE TARE-SAUCE:
4 EL Sake
6 EL Shoyu (japanische Sojasauce)
1½ EL Mirin
1 EL Zucker

1 Die Hähnchenflügel vom Fett befreien und in 4 Zentimeter große, quadratische Stücke schneiden. Die Frühlingszwiebeln in ebenso große Stücke schneiden.
2 Die Zutaten für die Tare-Sauce in einem Topf verrühren, aufkochen und bei mittlerer Hitze unter Rühren 5–6 Minuten köcheln lassen, bis sich der Zucker gelöst hat. Vom Herd nehmen, beiseite stellen.
3 Die Bambusspieße bis zum Gebrauch im Einweichwasser belassen. Für insgesamt 24 Fleischspieße je 3 Stück Fleisch dicht nebeneinander auf einen Spieß stecken. Bei starker Hitze 3–4 Minuten von einer Seite grillen (am besten über Holzkohle). Wenden und weitere 2–3 Minuten grillen, bis beide Seiten leicht gebräunt sind. Einen Spieß herunternehmen, mit etwas Sauce beträufeln und nochmals kurz grillen, damit die Sauce antrocknet. Den Vorgang mit allen Spießen wiederholen. Die Hälfte der Spieße kann nach Belieben auch mit Meersalz bestreut statt mit Sauce beträufelt werden.
4 Für 12 Gemüsespieße abwechselnd je 3 Frühlingszwiebelstücke und 2 Okraschoten auf einen Spieß stecken. Ebenso wie das Hähnchenfleisch grillen, jedoch von jeder Seite nur 1–2 Minuten.
5 Alle Spieße dekorativ auf einer Platte anrichten. Mit Zitronenspalten garnieren und servieren.

Hähnchenschenkel mit Kabocha-Kürbis

Tori to kabocha no itame-ni

Kabocha-*Kürbis besitzt ein wunderbar süßes Nussaroma und bei richtiger Zubereitung festes Fleisch. Gart man den Kürbis jedoch nur eine Minute zu lang, wird sein Fleisch wässrig und breiig. Das Timing beim Kochen ist also ausgesprochen wichtig.*

FÜR 4 PERSONEN

8 Hähnchenschenkel mit oder ohne Haut, entbeint
Etwa 450 g Kabocha-Kürbis, Samen entfernt
1 EL Pflanzenöl
2 EL Zucker
3 EL helle Shoyu (japanische Sojasauce)
3 EL Mirin
Etwas frisch geriebene Ingwerwurzel zum Garnieren (nach Belieben)

1 Die Hähnchenschenkel in mundgerechte Stücke schneiden. Den Kürbis von schmutzigen Stellen in der Schale befreien (die meiste Schale jedoch am Kürbis belassen) und in mundgerechte Stücke schneiden.
2 Das Öl in einem großen Topf erhitzen und das Hähnchenfleisch darin bei starker Hitze 4–5 Minuten pfannenrühren, bis es goldbraun ist. 450 Milliliter Wasser dazugießen, aufkochen, zugedeckt bei mittlerer Hitze etwa 10 Minuten köcheln lassen.
3 Kürbis, Zucker, Shoyu und Mirin hinzufügen und locker untermischen. Bei mittlerer Hitze weitere 10–12 Minuten zugedeckt köcheln lassen, bis drei Viertel der Flüssigkeit eingekocht sind. Vom Herd nehmen und zugedeckt 2–3 Minuten stehen lassen, damit das Kürbisfleisch noch mehr Flüssigkeit aufnehmen kann.
4 Je ein Viertel der Hähnchen-Kürbis-Mischung auf einzelne Teller verteilen. Nach Belieben mit Ingwer garnieren und heiß servieren.

Gebratene Entenbrust in Yuan-Sauce

Kamo no Yuan-yaki

Yuan-*Sauce, eine Mischung aus Shoyu, Sake und Mirin, ist nach dem Teezeremonie-Experten Yuan aus dem 19. Jahrhundert benannt. Die Ente für dieses Gericht wird gebraten und dann einfach mit der Sauce vermischt.*

FÜR 4 PERSONEN

4 Entenbrüste mit Haut, entbeint
1–2 EL Pflanzenöl
1 Hand voll Brunnenkresse zum Garnieren
1–2 EL in Essig eingelegte Ingwerscheiben (siehe Seite 70) zum Garnieren

FÜR DIE YUAN-SAUCE:
8 EL Mirin
6 EL Shoyu (japanische Sojasauce)
4 EL Sake

1 Die Entenbrüste mit der Haut nach oben auf ein Schneidbrett legen und die Haut mit einem Metallspieß ganz oft einstechen, damit sie beim Braten nicht schrumpft und das Fleisch die Sauce gut aufnehmen kann.
2 Das Öl in einer Pfanne bei mittlerer Temperatur erhitzen und die Entenbrüste mit der Hautseite nach unten einlegen. In 4–5 Minuten goldbraun braten. Dabei ab und zu mit der Gabel auf das Fleisch drücken, damit das Fett austritt. Wenden und weitere 1–2 Minuten braten.
3 Die Zutaten für die Yuan-Sauce vermischen und über das Fleisch gießen. Aufkochen und bei mittlerer Hitze 2–3 Minuten kochen lassen, dabei die Entenbrüste häufig wenden, bis sie gleichmäßig mit der Sauce überzogen sind. Vom Herd nehmen. Die Entenbrüste jeweils quer in etwa 5 Millimeter dicke Scheiben schneiden.
4 Die Brunnenkresse auf 4 Teller verteilen und je 1 aufgeschnittene Entenbrust darauf anrichten. Mit etwas eingelegtem Ingwer garnieren und heiß servieren.

Ententopf mit Gemüse und Tofu

Kamo-nabe

Hideaki Morita, Chefkoch des Matsumi-Restaurants in Hamburg, verwendet eine ganze Ente für diese japanische Winterspezialität. Ente ist in der japanischen Küche sehr beliebt. *Ma-Gamo*, Wild- oder Stockente, wird ebenso gern verwendet wie *Ai-Gamo*, eine Kreuzung aus Hausente und Stockente.

FÜR 4–6 PERSONEN

1 ganze Ente (1,5–2 kg)
½ Hakusai (Chinakohl)
4–6 Shiitake
1 kleiner Bambusspross
1 dünne Stange Lauch
½ Bund Shungiku (Salat-Chrysanthemen) oder 150 g frischer Spinat
1 Packung Shirataki (Konnyaku-Nudeln), etwa 150 g (nach Belieben)
1 Büschel Enoki-Pilze (nach Belieben)
1 Block gegrillter Tofu, in 8 Würfel geschnitten

FÜR DIE ENTENBRÜHE:

1 Entenkarkasse
3 Knoblauchzehen, geschält und grob zerdrückt
1 kleine Möhre, geschält und gehackt
2 dünne Stangen Lauch, grob gehackt
1 kleines Stück getrockneter Kombu (5 cm)
1 Stange Bleichsellerie, grob gehackt
½ Kochapfel, grob gehackt
Salz und Shoyu zum Würzen

Die Entenbrühe, in der man bei Tisch alle Zutaten gart, wird nur mit Shoyu und Salz gewürzt. Ist die Brühe bereits am Anfang zu kräftig, verdirbt sie den zarten Geschmack der Ente, und da sie die ganze Zeit erhitzt wird, kocht sie ein und konzentriert die Aromen. Nachdem alle Zutaten verzehrt worden sind, kann man Nudeln, gekochten Reis oder gegrillte Reiskuchen (Mochi) *als Einlage in die Suppe geben.* HMo

1 Die Ente vom Metzger so entbeinen lassen, dass je 2 Entenbrüste und -schenkel mit Haut, die Karkasse und die Schenkelknochen verbleiben. Alles andere abgelöste Fleisch einschließlich dem der Flügel vom Metzger durch den Fleischwolf drehen lassen und später für Fleischbällchen verwenden. Die Entenbrüste mit der Haut auf die Arbeitsfläche legen und längs zu dünnen Zylindern zusammenrollen. Fest in Gefrierfolie wickeln und mindestens für 2–3 Stunden oder über Nacht ins Tiefkühlfach legen.

2 Alle Zutaten für die Entenbrühe mit Ausnahme von Salz und Shoyu in einen großen Topf füllen und mit etwa 2 Liter Wasser bedecken. Erhitzen und kurz vor Erreichen des Siedepunkts die Hitze reduzieren. Die Brühe 2–3 Stunden köcheln lassen und regelmäßig den aufsteigenden Schaum abschöpfen. Darauf achten, dass die Brühe nicht zu kochen beginnt. Ein Sieb mit einem feinen Baumwolltuch oder Küchenpapier auskleiden und die Brühe in einen anderen Topf abseihen. Die Knochen wegwerfen.

3 Die Entenbrüste einige Stunden vor dem Servieren aus dem Tiefkühlfach nehmen, damit sie antauen können. Die halb gefrorenen Entenbrüste quer in dünne Scheiben schneiden und in Kreisen auf einer Servierplatte anrichten.

4 Chinakohl, Shiitake, Bambusspross und Lauch in etwa 5 Zentimeter lange Streifen schneiden. Salat-Chrysanthemen oder Spinat und Konnyaku-Nudeln (falls verwendet) grob zerkleinern. Die Stiele der Enoki-Pilze kürzen und abtrennen. Die verschiedenen Gemüsesorten sowie die Konnyaku-Nudeln und die Tofuwürfel auf einer großen Servierplatte anrichten.

5 Die Entenbrühe in einem Donabe (Tontopf) stark erhitzen und leicht mit Salz und Shoyu abschmecken. Nicht zu stark würzen, da die Brühe während des Erhitzens immer mehr einkocht und kräftiger wird. Sobald sie zu kochen beginnt, etwas Ente, Gemüse und Tofu hineingeben und wieder zum Kochen bringen. Den Donabe auf einem Rechaud auf den Tisch stellen, ebenso das angerichtete Fleisch und Gemüse reichen. Die Gäste bedienen sich selbst und geben die übrigen Zutaten nach Belieben in den Topf.

Gebratene Hähnchenstücke

Tori no kara-age

Wie der Name Kara-Age *schon vermuten lässt, stammt dieses Gericht aus China, doch gehört es längst zu den beliebtesten Speisen in der japanischen Küche. Die heißen gebratenen Hähnchenstücke passen im Sommer wunderbar zu einem gut gekühlten Bier und schmecken auch im Winter zu warmem Sake oder* Shochu. *Diese vielseitige Spezialität eignet sich ebenso gut als Hauptgericht wie als Fingerfood für eine Party oder als Snack zwischendurch. Wer das Gericht einmal ausprobiert hat, wird es sicherlich immer wieder zubereiten.*

FÜR 4 PERSONEN

750 g Hähnchenfleisch aus der Keule mit der Haut, Fett und lockere Haut weggeschnitten
2 TL frisch gepresster Ingwersaft
3 EL Shoyu (japanische Sojasauce)
3 EL Sake
8–12 Okraschoten oder grüne Spargelstangen, harte Stielenden entfernt
Pflanzenöl zum Frittieren
Salz
Kartoffelstärke (Katakuriko) oder Maisstärke
Zitronenspalten zum Garnieren

1 Das Hähnchenfleisch in quadratische Stücke mit 5 Zentimeter Kantenlänge schneiden. Ingwersaft, Shoyu und Sake in einer großen Schüssel verrühren und die Hähnchenstücke hineinlegen. Die Marinade mit den Händen in das Fleisch reiben und mindestens 10 Minuten einwirken lassen. Die Fleischstücke aus der Marinade nehmen, auf eine dicke Lage Küchenpapier legen und mit zusätzlichem Küchenpapier trockentupfen.
2 Werden Spargelstangen verwendet, diese jeweils in 3–4 Stücke schneiden.
3 Reichlich Öl (1–2 Zentimeter hoch) in einer großen Pfanne auf 160 °C erhitzen und die Okraschoten oder Spargelstücke darin 1–2 Minuten braten, bis sie leuchtend grün sind. Auf einem Rost abtropfen lassen und mit 1 Prise Salz bestreuen.
4 Die marinierten Hähnchenstücke in der Kartoffel- oder Maisstärke wenden, überschüssige Stärke abschütteln. Das Fleisch im heißen Öl bei etwa 180 °C in 5–6 Minuten goldgelb braten, dabei ab und zu wenden. Die Hitze reduzieren und das Fleisch weitere 3–4 Minuten braten, bis es gar ist. Gegen Ende der Garzeit nochmals 1 Minute stärker erhitzen, sodass die Hähnchenstücke von außen schön knusprig werden. Aus der Pfanne nehmen und auf einem Rost abtropfen lassen. Ist die Pfanne nicht groß genug, um das Fleisch auf einmal braten zu können, dieses in 2–3 Portionen aufteilen.
5 Je ein Viertel gebratene Hähnchenstücke sowie Okraschoten oder Spargel auf Teller verteilen. Mit Zitronenspalten garnieren und heiß servieren.

Hühnerbrust mit Senfsauce

Tori no rosu-ni mustard sauce

Takayuki Hishinuma gehört zu einer Reihe jüngerer Küchenchefs mit innovativen Ideen und großen Fertigkeiten, die er sich in mehreren führenden japanischen Restaurants in Tokio aneignete. Er ist ein ernsthafter und respektierter Küchenmeister, und sein Restaurant Hishinuma in Tokio ist bei Japanern wie Ausländern gleichermaßen beliebt. Außerdem versteht er als einer der wenigen japanischen Küchenmeister auch etwas von Weinen; seine täglich wechselnde Speisekarte wird stets durch seine Weinempfehlungen ergänzt.

FÜR 4 PERSONEN

2–4 Hühnerbrüste mit Haut
1–2 EL Pflanzenöl
½ EL Senfpulver
½ EL Pfeilwurzelmehl (Arrowroot), in 1 EL Wasser aufgelöst
Verschiedene Sorten Blattsalate und Kräuter, etwa Chicorée, Rucola und Brunnenkresse, zum Servieren

FÜR DIE MARINADE:

140 ml Dashi
140 ml Sake
140 ml Mirin
140 ml helle Shoyu (japanische Sojasauce)

*Hühnerbrust wird beim Garen in der Regel sehr trocken, da sie nicht viel Fett enthält. Darum habe ich mir eine Zubereitungsart einfallen lassen, bei der das Fleisch wunderbar saftig wird. Es wird nur kurz gebraten und dann einfach in heißer Sauce mariniert, jedoch nicht weiter gegart. Die Feuchtigkeit dringt in das Fleisch ein und macht es sehr saftig. Das fertige Fleisch hält sich mehrere Tage, und darum empfehle ich, gleich eine größere Menge im Voraus zuzubereiten. Statt der Hühnerbrust kann man für diese Zubereitung übrigens ebenso gut mageres Rindfleisch verwenden. Dafür 600 Gramm Bratenfleisch nur zwei bis drei Minuten braten und in der gekochten Marinade abkühlen lassen. Das Ergebnis ist ein delikates Rindfleisch-*Tataki. TH

1 Das Fett von den Hühnerbrüsten wegschneiden. Das Öl in einer Pfanne erhitzen und das Fleisch mit der Hautseite nach unten 4–5 Minuten kräftig anbraten. Wenden und wiederum 4–5 Minuten braten, bis es auf beiden Seiten goldbraun ist.

2 Die Zutaten für die Marinade in einem Topf verrühren, zum Kochen bringen und bei starker Hitze 2–3 Minuten kochen lassen, bis der Alkohol verdampft ist. Die gebratenen Hähnchenbrüste hineingeben, 1 Minute garen und sofort vom Herd nehmen. Das Fleisch in eine Schüssel füllen und die heiße Marinade darüber gießen. Zugedeckt mindestens 15 Minuten einwirken lassen. In der Marinade hält sich das Fleisch aber auch mehrere Tage.

3 Das Fleisch in mundgerechte Stücke schneiden und auf 4 Teller verteilen. Etwa 110 Milliliter Marinade in einen Topf füllen, das Senfpulver hinzufügen und bei mittlerer Hitze aufkochen. Die Hitze reduzieren und das Pfeilwurzelmehl unterrühren, um die Sauce leicht zu binden. Die Sauce gleichmäßig über die Fleischportionen gießen. Verschiedene Salatblätter und Kräuter daneben anrichten und servieren.

Gedämpfte Entenbrust mit Miso-Sauce

Kamo miso dengaku

Hiroshi Miura, Chefkoch des Unkai-Restaurants im ANA-Hotel in Sydney, demonstriert hier die Zubereitung eines traditionellen und doch relativ modernen Entengerichts. In der japanischen Küche wird mit Wasser gegart – im Gegensatz zu anderen Landesküchen, die Öl verwenden –, und das wird bei keiner anderen japanischen Zubereitungsart so deutlich wie beim Anbraten und anschließenden Dämpfen von Enten und Hähnchen. Beim Anbraten werden die Fleischsäfte eingeschlossen, ohne dass das Fleisch trocken und ölig wird, während das Dämpfen in Brühe das Fleisch saftig erhält und für ein raffiniertes Aroma sorgt.

FÜR 4 PERSONEN

3 große oder 4 mittelgroße Entenbrüste
1 EL Pflanzenöl
450 ml Dashi
2 EL Mirin
2 EL helle Shoyu (japanische Sojasauce)
½ Salatgurke, Samen entfernt, in Streifen geschnitten
2 Frühlingszwiebeln, grob gehackt
Grüne Salatblätter (etwa Rucola, Feldsalat oder Mizuna), zum Garnieren

FÜR DAS DENGAKU-MISO:

1 EL Sake
2 EL Mirin
4½ EL Zucker
150 g weißes Miso
1 Eigelb
½ TL Sesamöl

Ente eignet sich wunderbar für die typisch japanische Küche. Das fette Fleisch wird bei starker Hitze kurz angebraten, dabei verliert es an Fett, und gleichzeitig werden die Säfte im Fleisch eingeschlossen. Dämpft man es anschließend in leicht gewürzter Brühe, wird das Fleisch besonders zart und aromatisch. Dengaku-*Miso ist eine dicke, süße Sauce.* HMi

1 Das lose Fett von den Entenbrüsten entfernen und die Hautseite mit einem scharfen Messer einige Male längs einschneiden. Das Öl in einer Pfanne erhitzen. Je 1–2 Entenbrüste von der Hautseite bei starker Hitze in 3–4 Minuten goldbraun braten, bis eine gewisse Menge Fett ausgetreten ist. Zum Abkühlen sofort in reichlich Wasser mit Eiswürfeln tauchen, abtropfen lassen und mit Küchenpapier trockentupfen. Mit der Haut nach unten in einen Behälter aus Edelstahl legen.
2 Die Dashi in einem Topf bei mittlerer Temperatur erhitzen. Mit Mirin und heller Shoyu würzen. Nicht aufkochen. Vom Herd nehmen und über das Entenfleisch gießen. Den Edelstahlbehälter in einen Dämpftopf setzen und das Fleisch bei starker Hitze 5 Minuten dämpfen. Das Fleisch wenden und weitere 2 Minuten dämpfen. Die Garzeit je nach Größe des Fleischs variieren. Vom Herd nehmen.
3 Eine Entenbrust auf ein Schneidbrett legen und einen Holzspieß seitlich tief ins Fleisch stechen. Das Fleisch leicht drücken, damit der blutige Saft austreten kann. Mit Küchenpapier trockentupfen und quer in 1 Zentimeter dicke Scheiben schneiden. Mit dem übrigen Fleisch ebenso verfahren.
4 Alle Zutaten für die Dengaku-Sauce mit Ausnahme von Eigelb und Sesamöl in einem kleinen Topf bei höchstens mittlerer Temperatur erhitzen. So lange rühren, bis sich der Zucker löst und die Sauce nach etwa 15–20 Minuten eine mayonnaiseartige Konsistenz bekommt. Wird die Sauce zu dick, Wasser dazugießen. Unter ständigem Rühren nach und nach das Eigelb hinzufügen. Das Sesamöl hinzugießen, vom Herd nehmen.
5 Dengaku-Miso und Salatgurke auf 4 Teller verteilen, ein Viertel des Fleischs darauf anrichten und mit Frühlingszwiebeln bestreuen. Mit grünen Salatblättern garnieren und servieren. Zum Verzehr etwas Gurke und Frühlingszwiebel in eine Scheibe Fleisch wickeln.

6

Fleisch

Rindfleisch-Kartoffel-Schmorpfanne

Kaho no niku-jaga

Kentaro ist der Sohn der bekannten Kochbuchautorin und Fernsehköchin Katsuyo Kobayashi, die sich auf die häusliche Küche spezialisiert hat. Die Freude am Kochen liegt also in der Familie. Bereits im zarten Alter von zwei Jahren begann er, seiner Mutter in der Küche zu helfen, und wog den Reis für das Familienfrühstück ab. *Niku-Jaga* (*Niku* bedeutet Fleisch und *Jaga* ist die Kurzform von *Jaga-Imo* – Kartoffel) gehört zu den beliebtesten Familiengerichten in Japan, und Kentaro präsentiert hier das eigene Familienrezept.

FÜR 4 PERSONEN

200 g Schmorfleisch vom Rind
5 mittelgroße Kartoffeln, geschält
1 mittelgroße Zwiebel, geschält
1 EL Sesamöl
2 EL Shoyu (japanische Sojasauce)
1 EL Zucker
1 EL Mirin

Niku-Jaga *wird gewöhnlich bei schwacher Hitze lange geköchelt, doch nach unserem Familienrezept, das meine Mutter Katsuyo kreiert hat, wird das Gericht bei starker Hitze gegart und erhält dadurch einen intensiveren Geschmack. Dieses Gericht wird in unserer Familie wirklich sehr geschätzt, und darum nenne ich es auch gern unseren „Familienschatz“. Obwohl es sich um ein einfaches Gericht aus der bäuerlichen Küche handelt, wird dieses Familienessen doch zu einem besonderen Erlebnis, wenn erst einmal die große Schüssel auf den Tisch kommt.* KK

1 Das Fleisch zuerst in dünne Scheiben und dann in mundgerechte Stücke schneiden. Um das Schneiden dünner Scheiben zu erleichtern, das Fleisch vorher einfrieren und vor dem Schneiden 30 Minuten bis 1 Stunde auftauen lassen, sodass es noch fest ist. Die Kartoffeln in größere Stücke schneiden und für 5 Minuten mit Wasser bedecken. Die Zwiebel halbieren und in dünne Scheiben schneiden.
2 Das Sesamöl in einer Pfanne erhitzen und die Zwiebelscheiben bei starker Hitze in etwa 3 Minuten weich schwitzen. Die Zwiebelscheiben auf einer Seite der Pfanne zusammenschieben. Das Fleisch auf die freie Seite der Pfanne geben und so lange anbraten, bis es sich weiß verfärbt.
3 Shoyu, Zucker und Mirin hinzufügen und Fleisch und Zwiebeln 1 Minute leicht pfannenrühren.
4 Die Kartoffelstücke über der Fleisch-Zwiebel-Mischung verteilen und so viel Wasser hinzugießen, dass die Kartoffeln zu knapp zwei Dritteln bedeckt sind. Zugedeckt bei starker Hitze etwa 10 Minuten schmoren, bis die Kartoffeln fast gar sind. Ab und zu umrühren.
5 Den Deckel abnehmen und unter gelegentlichem Rühren die meiste Flüssigkeit einkochen lassen. Verdampft die Flüssigkeit jedoch, ehe die Kartoffeln vollständig gar sind, noch etwas Wasser dazugießen. In einer großen Schüssel anrichten und sehr heiß servieren.

Schweinefleisch-Tempura mit Frühlingszwiebeln

Kobuta no negi-maki tempura

Susumu Hatakeyama, der Mann hinter der *Sushi*-Theke im Ikeda, einem der besten japanischen Restaurants in London, erlernte in Osaka nicht nur die Kunst der *Sushi*-Küche. Er erhielt vielmehr eine umfassende Ausbildung als Küchenchef, ehe er in den späten 1970er-Jahren nach London kam. *Tempura* wird normalerweise mit Fisch und Gemüse zubereitet, doch diese Schweinefleisch-*Tempura* ist eine wunderbare neue Kreation und auch für nicht-japanische Zungen einen Versuch wert.

FÜR 4 PERSONEN

450 g Schweinefleisch, vom Fett befreit und über Nacht im Tiefkühlfach gefroren
6–8 Frühlingszwiebeln, diagonal in Streifen geschnitten
Pflanzenöl zum Frittieren, nach Belieben mit Sesamöl gemischt
5 cm Daikon-Rettich, geschält und gerieben
2,5 cm frische Ingwerwurzel, geschält und gerieben
Zitronenspalten zum Garnieren
Meersalz

FÜR DIE DIPSAUCE:

450 ml Dashi
7 EL helle Shoyu (japanische Sojasauce)
7 EL Mirin

FÜR DEN TEIG:

1 großes Ei, verquirlt
225 ml Wasser, eisgekühlt
150 g Mehl, zweimal gesiebt und über Nacht im Kühlschrank aufbewahrt

Im Gegensatz zu vielen Landesküchen, einschließlich der Chinas und anderer Nachbarländer Japans, spielt Fleisch in der japanischen Küche keine sehr große Rolle. Doch angesichts der neuerdings großen Popularität japanischer Speisen in westlichen Ländern versuchen wir japanischen Küchenchefs im Ausland, immer wieder neue Gerichte zu kreieren, die auch nicht-japanische Gäste ansprechen. Dies führt auch zur häufigen Verwendung von Fleisch, und obwohl Tempura *mit Fleisch ungewöhnlich klingen mag, ist das Ergebnis doch wirklich hervorragend. Das Gericht eignet sich ebenso als Vorspeise wie als Hauptgang und passt gut zu heißem gekochtem Reis.* SH

1 Das Fleisch 2–3 Stunden vor der Zubereitung aus dem Tiefkühlfach nehmen und antauen lassen. In 12 etwa 5 Millimeter dünne, ovale Scheiben schneiden (etwa 10×7,5 Zentimeter). Eine Scheibe Fleisch auf ein Schneidbrett legen. Eine halbe, in Streifen geschnittene Frühlingszwiebel an einem schmalen Ende verteilen und das Fleisch wie eine Zigarre fest einrollen. Mit einem Cocktailspieß fixieren. Den Vorgang mit den übrigen Fleischscheiben wiederholen.

2 Für die Dipsauce Dashi, Shoyu und Mirin in einem Topf bei mittlerer Hitze zum Kochen bringen. Vom Herd nehmen und beiseite stellen.

3 In einem Frittiertopf oder Wok reichlich Pflanzenöl (oder zu gleichen Teilen Pflanzen- und Sesamöl) erhitzen.

4 In der Zwischenzeit den Teig zubereiten. Dafür das verquirlte Ei durch ein Sieb in eine Schüssel streichen und das Wasser unterrühren. Das gekühlte Mehl hineinsieben und mit ein paar Hashi-Stäbchen oder einer Gabel leicht untermischen. Nicht unterrühren, denn der Teig sollte klumpig bleiben.

5 Kurz vor dem Frittieren die Temperatur des Öls auf 170 °C erhöhen. Die Temperatur ist erreicht, wenn ein Tropfen Teig an die Oberfläche steigt, ohne zuvor den Topfboden zu berühren. Die Schweinefleischröllchen nacheinander in den Teig tauchen und vorsichtig ins heiße Öl gleiten lassen. In etwa 1 Minute goldbraun frittieren, dabei mehrmals wenden. Es können immer 3–4 Fleischröllchen gleichzeitig frittiert werden. Mit einem Schaumlöffel herausheben und auf einem Rost abtropfen lassen.

6 Die Röllchen quer halbieren, dabei das Messer im 45-Grad-Winkel ansetzen. Jeweils 6 halbe Röllchen auf 4 Tellern anrichten und mit etwas geriebenem Daikon und Ingwer sowie einer Zitronenspalte garnieren. (Meist wird ein Blatt Japanpapier unter die Tempura gelegt, um das überschüssige Öl aufzusaugen.) Heiß servieren und separat dazu die Dipsauce reichen. Die Röllchen werden in die Sauce getaucht und mit Daikon und Ingwer verzehrt; oder sie werden mit Zitronensaft beträufelt oder auch nur mit etwas Salz bestreut.

Schweinelende in schwarzem Miso

Buta kakuni

Yoshihiro Murata, prominenter Küchenmeister und Besitzer des *Ryotei* Kikunoi (eines der traditionellen Gesellschaftshäuser) in Kyoto, wurde drei Jahre in einem Restaurant in Nagoya ausgebildet, ehe er mit seinem Vater im Kikunoi zusammenarbeitete. Dieses Gericht stammt zwar ursprünglich aus Nagasaki auf der Südinsel Kyushu, ist aber auch in Kyoto sehr geschätzt und gehörte zu den Lieblingsspeisen seines Vaters. Yoshihiro konnte sich in dem Restaurant in Nagoya von der Beliebtheit des Gerichts überzeugen und variierte es ein wenig.

FÜR 4 PERSONEN

1 EL Pflanzenöl
550 g Schweinelende mit Fettauflage
2 EL Reiskleie (nach Belieben)
4 EL Wasser
1 TL schwarzes Miso
1 TL Zuckerkulör
1 EL Sake
1 mittelgroße Kartoffel (etwa 150 g), geschält, gekocht und zerdrückt
200 ml Dashi
1 TL helle Shoyu (japanische Sojasauce)
Salz
1 EL Pfeilwurzelmehl (Arrowroot), in 2 EL Wasser angerührt
7,5 cm Togan (Wachskürbis) oder 1 Zucchino
8 feine grüne Bohnen
Etwas Senf zum Servieren

FÜR DIE HAPPO-JI-BRÜHE:

5 EL Dashi
1 TL Sake
1 TL Mirin
1 EL Bonitoflocken

Mein Vater besaß seine eigene Methode, das Fett im Schweinefleisch zu reduzieren: Er wickelte es in Bambusrinde und kochte es in dem milchigen Wasser, in dem zuvor Reis gewaschen wurde. Ich nehme Reiskleie, die ich für noch wirksamer halte. In Nagoya verwendete man für das Fleisch das eigene Haccho-Miso, *schwarzes Miso, das mir jedoch zu intensiv erscheint, und darum gebe ich, wie in Kyushu üblich, dunklen Zuckerkulör hinzu. Das Fleisch schmeckt übrigens noch besser mit der Fettauflage, die ich unter einer Kartoffelsauce verstecke.* YM

1 In einer Pfanne das Öl erhitzen und das Fleisch darin bei starker Hitze 2–3 Minuten rundum goldbraun anbraten.
2 So viel Wasser in einen Topf füllen, dass es das angebratene Fleisch vollständig bedecken würde. Die Reiskleie in ein Stück feinen Baumwollstoff wickeln und mit einer Hand fest verschlossen in das Wasser halten. Mit der anderen Hand die Kleie kräftig ausdrücken, sodass das Wasser milchig wird. Tuch und Reiskleie wegwerfen. Das Wasser bei starker Hitze aufkochen. Das Fleisch einlegen, das Wasser abermals aufkochen. Bei niedrigster Temperatur 3–4 Stunden köcheln lassen. Gegen Ende der Garzeit in einem separaten Topf Wasser zum Kochen bringen und das Fleisch darin weitere 10 Minuten köcheln lassen, vom Herd nehmen. Bis hierher kann die Zubereitung 1–2 Tage im Voraus erfolgen.
3 Die 4 Esslöffel Wasser, schwarzes Miso, Zuckerkulör und Sake in einem Topf zum Kochen bringen. Das gegarte Fleisch einlegen und bei schwacher Hitze nochmals 3–4 Stunden köcheln lassen, bis es das Aroma der Flüssigkeit aufgenommen hat.
4 Die zerdrückte Kartoffel durch ein feines Sieb passieren. Dashi, Shoyu und 1 Prise Salz in einem Topf verrühren, erhitzen und mit dem Pfeilwurzelmehl binden. Die Kartoffel hinzufügen und alles zu einer glatten Sauce verrühren.
5 Wachskürbis oder Zucchino in rechteckige Stücke (4,5 × 2,5 Zentimeter) schneiden und in leicht gesalzenem Wasser in 2–3 Minuten bissfest kochen. Abgießen. Die grünen Bohnen auf die gleiche Weise kochen und ebenfalls abgießen.
6 Für die Happo-Ji-Brühe Dashi, Sake und Mirin in einem Topf zum Kochen bringen und die Bonitoflocken hinzufügen. 1–2 Minuten köcheln lassen und vom Herd nehmen. Ein Sieb mit Küchenpapier auskleiden und, sobald die Bonitoflocken zum Topfboden gesunken sind, die Brühe in einen anderen Topf abseihen. (Diese aromatisierte Dashi heißt Happo-Ji.) Die Happo-Ji aufkochen und den Kürbis oder Zucchino 10 Minuten darin köcheln lassen. Vom Herd nehmen, die Bohnen hinzufügen und das Gemüse 5–10 Minuten marinieren lassen.
7 Das Fleisch in 4 rechteckige Stücke schneiden und auf 4 Teller verteilen. Etwas Kartoffelsauce darüber gießen und daneben je ein Viertel des Gemüses anrichten. Mit einem Klecks Senf servieren.

Schweineschnitzel in Ingwer-Marinade

Butaniku no shoga-yaki

Schweinefleisch und Ingwer passen sehr gut zusammen, wie dieses einfache Pfannengericht beweist. In Japan ist es in der häuslichen Küche ebenso beliebt wie im Restaurant. Und spricht man von Shoga-Yaki *(„mit Ingwer gegrillt"), ist immer dieses Gericht gemeint.*

FÜR 4 PERSONEN

4 Schweineschnitzel (je 150 g)
2 EL Zucker
150 g feine grüne Bohnen, geputzt, Salz
5 Weißkohlblätter, in Streifen geschnitten
1–2 EL Pflanzenöl, zusätzlich Öl zum Braten
Frisch gemahlener Pfeffer

FÜR DIE INGWER-MARINADE:

4 EL Shoyu (japanische Sojasauce)
2 EL Sake, 2 EL Mirin
2 EL frisch gepresster Ingwersaft

1 Das Fleisch mit dem Zucker einreiben und nebeneinander in eine flache Form legen. Die Zutaten für die Ingwer-Marinade verrühren und über das Fleisch gießen. 10–15 Minuten einwirken lassen.

2 Die Bohnen in leicht gesalzenem Wasser in 1–2 Minuten bissfest kochen. Abgießen. Die Weißkohlstreifen in kaltes Wasser legen, abtropfen lassen.

3 Das Öl in einer Pfanne erhitzen. Die Schnitzel aus der Marinade nehmen und bei starker Hitze in 2–3 Minuten von einer Seite goldbraun braten. Wenden und bei schwächerer Hitze zugedeckt in 3–4 Minuten fertig braten. Aus der Pfanne nehmen. Die Marinade hineingießen und 5 Minuten bei mittlerer Hitze köcheln lassen, bis sie eindickt. Das Fleisch wieder einlegen und 2 Minuten die Aromen aufnehmen lassen.

4 In einer zusätzlichen Pfanne etwas Öl erhitzen und die Bohnen kurz darin pfannenrühren. Mit etwas Salz und Pfeffer bestreuen. Den Kohl auf 4 Teller verteilen, je 1 Schnitzel darauf anrichten. Mit den Bohnen garnieren und heiß servieren.

Schweinefleischröllchen mit Klettenwurzel

Butaniku no gobo-maki

*Es heißt, dass man auf Okinawa, der größten Insel des Archipels zwischen Kyushu und den Philippinen, alle Teile vom Schwein isst – nur nicht sein Quieken. Doch Schweineohr-*Sashimi *ist sicher nicht jedermanns Geschmack, diese Fleischröllchen dafür umso mehr.*

FÜR 4 PERSONEN

350 g Schweinefleisch aus der Keule, über Nacht im Tiefkühlfach gefroren
1 Gobo (Klettenwurzel) oder 2–3 Möhren, geschält
Salz
Weiße Sesamsamen, leicht geröstet

FÜR DIE SAUCE:

300 ml Dashi
3 EL Zucker, 2 EL Mirin
5 EL Shoyu (japanische Sojasauce)

1 Das Fleisch zum Antauen 2–3 Stunden vorher herausnehmen. In 5 Millimeter dünne, ovale Scheiben (12–15 × 7 Zentimeter) schneiden.

2 Klettenwurzel oder Möhren in 5 Zentimeter lange Stücke schneiden. Den dicken Teil längs halbieren oder vierteln. Klettenwurzel 1–2 Minuten in Wasser legen, damit sie nicht so bitter schmeckt. In Salzwasser in 5–6 Minuten weich kochen. Abgießen. Möhren 2–3 Minuten kochen.

3 Eine Scheibe Fleisch auf ein Schneidbrett legen. Ein Stück Klettenwurzel oder Möhre quer an ein Ende legen und fest einrollen. Mit einem Holzspieß fixieren. Mit den übrigen Fleischscheiben ebenso verfahren.

4 Die Zutaten für die Sauce in einem Topf aufkochen. Die Fleischröllchen einlegen und zugedeckt bei mittlerer Hitze 12 Minuten köcheln lassen, bis die meiste Sauce eingekocht ist. Vom Herd nehmen, abkühlen lassen.

5 Die Spieße entfernen und die Röllchen quer halbieren. Warm oder kalt, mit Sesam bestreut, servieren.

Rindersteak vom Grill

Gyuniku no sumi-yaki

Das traditionelle Steak wird durch das Grillen über einer direkten Hitzequelle auf leichtere Weise zubereitet, bleibt dabei aber schön saftig und schmeckt ebenso gut. Über Holzkohle gegrillt, bekommt das Fleisch zusätzlich ein rauchiges Aroma, aber man kann auch einen Gas- oder Elektrogrill verwenden. Das Fett tropft ab und der Fleischsaft bleibt in der Kruste eingeschlossen. Hier werden die Vorzüge von Steak und Roastbeef kombiniert, man könnte fast von Roastbeef japanische Art sprechen. Dazu isst man eine süße Gemüsesauce.

FÜR 4 PERSONEN

4 Rindersteaks (je 170 g)
Meersalz
Frisch gemahlener schwarzer Pfeffer
¼ Salatgurke, in Streifen geschnitten
2–3 Frühlingszwiebeln, in Streifen geschnitten
½ kleine Möhre, geschält und in Streifen geschnitten
4 Hand voll grüne Salatblätter zum Servieren

FÜR DIE TARE-SAUCE:

150 ml Shoyu (japanische Sojasauce)
4 EL Mirin
300 ml Tomatensaft
1 kleine Zwiebel, geschält und fein gehackt
1 große Knoblauchzehe, geschält und fein gehackt
2,5 cm frische Ingwerwurzel, geschält und fein gehackt
1 kleine Möhre, geschält und fein gerieben
7 EL dünnflüssiger Zuckersirup

1 Den Fettrand der Steaks mehrmals einschneiden, damit er beim Grillen nicht zusammenschrumpft. Die Steaks mit Meersalz und schwarzem Pfeffer würzen. Beiseite stellen. Die Gurken-, Frühlingszwiebel- und Möhrenstreifen in kaltes Wasser legen, damit sie knackig werden. Abtropfen lassen.

2 Für die Tare-Sauce alle Zutaten mit Ausnahme des Sirups in einem Topf vermischen. Bei mittlerer Hitze etwa 10 Minuten kochen lassen, dabei ständig rühren, bis die Flüssigkeit um 20 Prozent eingekocht ist. Den Sirup hinzufügen und so lange erhitzen, bis er sich gelöst hat. Die Sauce durch ein feines Sieb abseihen und abkühlen lassen.

3 Einen Grillrost über einer starken Hitzequelle heiß werden lassen und jeweils 1–2 Steaks darauf legen. Sofort wieder anheben und erneut auf den Rost legen, damit sie beim Grillen nicht am Rost hängen bleiben. Die Steaks je nach gewünschter Garstufe von jeder Seite 30 Sekunden bis 5 Minuten grillen. Dabei nur einmal wenden. Vom Grill nehmen und jeweils quer in etwa 1 Zentimeter dicke Scheiben schneiden. Das Messer dabei leicht schräg ansetzen.

4 Die Salatblätter und die Gemüsestreifen in der Mitte von 4 Tellern verteilen und je 1 aufgeschnittenes Steak darauf anrichten. Mit Tare-Sauce begießen und heiß servieren.

Frittiertes Schweinefilet mit Miso-Sauce

Hirekatsu

Hirekatsu *ist ein typisch japanisch-englischer Name für ein vom Ausland beeinflusstes Gericht:* Hire *gibt die japanische Aussprache von „Filet“ wider und* Katsu *jene von „Kotelett“. Es handelt sich hier um eine Art* Tonkatsu, *frittiertes Schweinekotelett, doch statt Kotelett wird Filet verwendet. Die Zubereitung ist denkbar einfach und das Ergebnis vielleicht eine Form von japanischem Fast Food, aber wesentlich gesünder als Hamburger.* Tonkatsu *gehört zu den beliebtesten japanischen Gerichten der häuslichen Küche, und zahlreiche Restaurants haben sich in Japan ausschließlich darauf spezialisiert. Gewöhnlich wird es mit* Tonkatsu-*Sauce, einer dicken braunen Sauce, gegessen, aber die hier verwendete Miso-Sauce ist eine interessante Alternative.*

FÜR 4 PERSONEN

550 g Schweinefilet
Meersalz
Frisch gemahlener schwarzer Pfeffer
Mehl zum Wenden
2 Eier, verquirlt
Semmelbrösel zum Panieren
Pflanzenöl zum Frittieren
¼ kleiner Weißkohlkopf, fein geraspelt
Zitronen- und Tomatenspalten zum Garnieren
Senf zum Servieren

FÜR DIE MISO-SAUCE:

2 EL Miso
1 EL Shoyu (japanische Sojasauce)
2 EL Mirin
2 EL Sake
3 EL Wasser

1 Das Schweinefilet rundum mit Salz und Pfeffer würzen und quer in 1,5 Zentimeter dicke Scheiben schneiden. Die Scheiben in Mehl wenden und überschüssiges Mehl locker abschütteln. In die verquirlten Eier tauchen und mit den Semmelbröseln panieren, sodass die Scheiben gleichmäßig bedeckt sind.

2 Das Öl in einem Frittiertopf oder Wok auf 180 °C erhitzen. Jeweils 1–2 Scheiben Fleisch etwa 7 Minuten darin frittieren, bis sie goldgelb sind. Dabei einmal wenden. Mit einem Schaumlöffel aus dem Öl heben und auf einem Rost abtropfen lassen. Wenn das gesamte Fleisch frittiert ist, die Hitze für 30 Sekunden erhöhen, je 2–3 Fleischscheiben nochmals in das heiße Öl legen und in 1–2 Minuten von beiden Seiten goldbraun frittieren. Durch das erneute Frittieren wird das Fleisch schön durchgegart und von außen herrlich knusprig. Wiederum auf einem Rost abtropfen lassen.

3 In der Zwischenzeit die Zutaten für die Miso-Sauce in einem kleinen Topf verrühren und bei mittlerer Hitze 3–4 Minuten köcheln lassen, bis die Sauce leicht eingedickt ist.

4 Den geraspelten rohen Weißkohl auf 4 Teller verteilen und je ein Viertel des Fleischs darauf anrichten. Mit einigen Zitronen- und Tomatenspalten garnieren und mit Miso-Sauce und etwas Senf als Beigaben servieren.

Rindfleisch und Gemüse in süßer Shoyu-Sauce

Sukiyaki

Sukiyaki *war vermutlich das bekannteste japanische Gericht im Ausland, bevor in den 1990er-Jahren eine internationale* Sushi-Begeisterung *einsetzte. Zusammen mit dem verwandten Gericht* Shabu-Shabu *war es lange Zeit überhaupt das einzige Fleischgericht, das man außerhalb Japans kannte. Für beide Gerichte wird hauchünn geschnittenes Rindfleisch verwendet und mehr oder weniger die gleichen Gemüsesorten, die die Gäste bei Tisch selbst zubereiten. Doch gibt es einen Unterschied bei der Zubereitung und den Saucen: Während* Shabu-Shabu *in Brühe gegart wird, taucht man* Sukiyaki, *wie hier gezeigt, in eine süße Shoyu-Sauce.*

FÜR 4 PERSONEN

450 g Rinderlende
2 dünne Stangen Lauch, nur der weiße Teil
8–12 frische Shiitake, Stiele entfernt
150 g Shungiku (Salat-Chrysanthemen) oder Spinat, geputzt
1 Büschel Enoki- oder Shimeji-Pilze, Stiele gekürzt
250 g Yaki-Dofu (leicht gebratener Tofu) oder herkömmlicher Tofu, in 16 Würfel geschnitten
200 g Konnyaku-Nudeln, grob geschnitten (nach Belieben)
225 ml Dashi oder Wasser, eventuell mehr
6 EL Shoyu (japanische Sojasauce)
5 EL Sake
2–3 EL Zucker, eventuell mehr
5 cm Rindertalg oder Pflanzenöl
4 Eier, verquirlt

1 Alles Fett vom Fleisch wegschneiden und die Lende in 7,5 Zentimeter breite und 4 Zentimeter dicke Stücke beliebiger Länge schneiden. In mehrere Gefrierbeutel verteilen und 2–3 Stunden einfrieren. 1–2 Stunden vor der Zubereitung aus dem Tiefkühlfach nehmen und halb auftauen lassen. Das Fleisch in ganz dünne Scheiben schneiden und auf einer großen Servierplatte fächerartig in einem Kreis anrichten.

2 Die Lauchstangen diagonal in 1,5 Zentimeter dicke Stücke schneiden. Die Shiitake-Hüte kreuzweise einritzen. Gemüse, Pilze, Tofu und Konnyaku-Nudeln auf einer Servierplatte dekorativ anrichten.

3 Einen Sukiyaki-Topf oder eine gusseiserne Pfanne auf einer elektrischen Kochplatte oder einem Gaskocher auf den Tisch stellen. Dazu die Platten mit Fleisch und Gemüse, Krüge mit Dashi oder Wasser sowie Shoyu, Sake und eine Schale mit Zucker parat stellen. Den Rindertalg im Topf zerlassen oder etwas Öl hineingießen. Den Topf schwenken, sodass sich das Fett oder Öl gleichmäßig auf dem Boden verteilt. Zuerst ein paar Scheiben Fleisch darin kräftig braten, dann einige der anderen Zutaten hinzufügen und mit etwa 2 Esslöffel Zucker bestreuen. Den Sake und die Shoyu dazugießen und mit Dashi oder Wasser nach Geschmack auffüllen. Sie können auch Sake, Shoyu und Dashi oder Wasser in einem Krug vermischen. Die Gäste bedienen sich selbst und tauchen die gegarten Zutaten nach Belieben in verquirltes Ei, das in einem separaten Schälchen für jeden bereit steht. Während des Essens immer wieder weitere Zutaten in den Topf geben.

Gebratene Auberginenspalten mit Fleischfüllung

Nasu no hikiniku hasami-yaki

Die Aubergine ist ein vielseitiges Gemüse und ergibt bei richtiger Zubereitung eine wunderbare Beilage. Da sie viel Flüssigkeit anderer Zutaten aufnehmen kann, ist Fleisch mit seinem intensiven Geschmack eine gelungene Ergänzung. Für dieses Gericht werden die Auberginen nicht wie üblich durch Aushöhlen zum Füllen vorbereitet, sondern durch Einschnitte in der Hautseite mit der Fleischmasse gefüllt. Das sieht interessant aus und schmeckt äußerst delikat.

FÜR 4 PERSONEN

2–3 Auberginen, Blütenansätze entfernt
Mehl zum Bestäuben
2–3 EL Pflanzenöl zum Braten
Brunnenkresse zum Garnieren

FÜR DIE FÜLLUNG:

1 EL Pflanzenöl
½ Zwiebel, geschält und fein gehackt
300 g Rinder- oder Schweinehackfleisch (oder jeweils 150 g, gemischt)
1 großes Ei, verquirlt
5 EL Semmelbrösel
⅓ TL Salz
Frisch gemahlener Pfeffer

FÜR DIE PONZU-SAUCE:

1 EL japanischer Reisessig
2 EL frisch gepresster Zitronensaft
2 EL Dashi
2 EL Shoyu (japanische Sojasauce)

1 Für die Füllung in einer Pfanne das Öl erhitzen und die Zwiebel bei mittlerer Hitze 5 Minuten darin anschwitzen, bis sie weich und fast glasig ist. Vom Herd nehmen und abkühlen lassen.

2 Die Auberginen jeweils längs in 4–6 Spalten (je nach Größe) schneiden. Die Spalten in der Mitte der Hautseite der Länge nach tief einschneiden. Die Einschnitte mit den Händen vorsichtig auseinanderziehen und die Schnittflächen mit Mehl bestäuben.

3 Die Zwiebel in einer Schüssel mit allen anderen Zutaten für die Füllung vermischen und mit den Händen zu einer glatten Masse verarbeiten. Die Füllung in so viele Portionen teilen, wie Auberginenspalten vorhanden sind. Jeweils 1 Portion Füllung gleichmäßig in den Einschnitt einer Aubergine geben.

4 Die Zutaten für die Ponzu-Sauce verrühren und beiseite stellen.

5 Das Öl in einer Pfanne erhitzen, dabei die Pfanne schwenken, um das Öl gleichmäßig zu verteilen. Ein paar Auberginenspalten mit der Hautseite nach unten in die Pfanne legen. In 4–5 Minuten goldbraun braten. Wenden und zugedeckt weitere 2–3 Minuten braten. Auf diese Weise sämtliche Auberginen braten.

6 Die gefüllten Auberginen auf 4 Teller verteilen und mit der Sauce beträufeln. Mit etwas Brunnenkresse garnieren und heiß servieren.

NAOYUKI SATO

Frittierte gefüllte Auberginenscheiben

Nasu no age-gyoza

Naoyuki Sato, Chefkoch des berühmten Nadaman in Hongkong, lebt seit 1994 in dieser Metropole. Diese Auberginenpäckchen sind seine Variante der chinesischen *Guo-Tie*.

FÜR 4 PERSONEN

2 große Auberginen
Pflanzenöl zum Frittieren, im Verhältnis 80 : 20 mit Sesamöl gemischt
1 Frühlingszwiebel, fein gehackt

FÜR DIE FÜLLUNG:
125 g Schweinehackfleisch
100 g Weißkohl, gegart und gehackt
20 g Nira (Schnittknoblauch) oder Schnittlauch, in Röllchen geschnitten
1 kleines Eigelb, ½ EL Sake
½ EL Shoyu (japanische Sojasauce)
½ EL Mayonnaise
1 Knoblauchzehe, fein gehackt
2,5 cm frische Ingwerwurzel, fein gehackt
Zucker und Salz

FÜR DEN TEIG:
100 ml Wasser
1 kleines Eigelb, 60 g Mehl

FÜR DAS MOMIJI-OROSHI:
5 cm Daikon-Rettich, geschält
2–3 frische rote Chilischoten, halbiert, Samen entfernt

FÜR DIE SAUCE:
140 ml Dashi
1 EL Shoyu (japanische Sojasauce)
1 EL Mirin

Gefüllte Pfannkuchen sind auch in Japan ein beliebtes Gericht der Alltagsküche, und irgendwann hatte ich die Idee, Auberginen statt der Mehlpfannkuchen zu verwenden, damit das Gericht leichter und frischer schmeckt. Die dicken amerikanischen Auberginen eignen sich hierfür am besten. Wer nur europäische Auberginen bekommt, schneidet die Früchte leicht diagonal auf, um größere Scheiben zu erhalten. Die Beigabe Momiji-Oroshi *besteht aus Daikon-Rettich und Chilis und heißt wörtlich „geriebenes Ahornblatt", da die rote Farbe an herbstliches Ahornlaub erinnert.* NS

1 Die Auberginen quer in 16–20 dünne Scheiben (etwa 2 Millimeter dick) schneiden. Die Zutaten für die Füllung vermischen und mit den Händen zu einer glatten Masse verarbeiten. Je 1 Teelöffel Füllung auf eine Auberginenscheibe setzen. Die Auberginenscheiben über der Füllung so zusammenfalten, dass halbkreisförmige Päckchen entstehen. Mit Zahnstochern fixieren.
2 Pflanzen- und Sesamöl in einen Wok füllen und auf 170 °C erhitzen. Inzwischen für den Teig Wasser, Eigelb und Mehl locker vermischen. Die Auberginenpäckchen in den Teig tauchen und portionsweise in dem heißen Öl 6–7 Minuten goldgelb frittieren. Dabei einmal wenden. Nicht mehr als 3–4 Päckchen auf einmal frittieren.
3 Für das Momiji-Oroshi mit einem Hashi-Stäbchen von der Schnittseite aus 4- bis 5-mal längs in den Daikon einstechen, sodass tiefe Löcher entstehen. Die Chilihälften längs vierteln und in die Löcher des Daikon stecken. Den Daikon mit den Chilis vorsichtig reiben. Darauf achten, dass die Chilis dabei nicht herausrutschen.
4 Für die Sauce Dashi, Shoyu und Mirin in einem Topf zum Kochen bringen. Gleichmäßig in 4 kleine Schälchen gießen.
5 Jeweils 4–5 Auberginenpäckchen auf 4 Tellern anrichten und daneben mit der gehackten Frühlingszwiebel und etwas Momiji-Oroshi garnieren. Mit der Sauce servieren. Die Gäste mischen etwas Momiji-Oroshi und Frühlingszwiebel unter die Sauce und tauchen die Auberginenpäckchen zum Verzehr hinein.

7

Eier
und Tofu

Frittierte Tofu-Garnelen-Bällchen

Hiryozu no agedashi

Takayuki Hishinuma zeigt hier, wie man äußerst schmackhafte, heiße *Hiryozu* zubereitet, an die ein gewöhnliches *Ganmodoki* einfach nicht heranreicht. Während *Ganmodoki* meist als Fertigprodukt verkauft wird, handelt es sich bei *Hiryozu* (oder *Hirousu*) um ein selbst gemachtes *Ganmodoki* (wörtlich „wie eine Ente aussehend") aus Tofu und einigen Gemüsesorten.

FÜR 4 PERSONEN

250 g fester Tofu
Einige Kikurage (Holzohrpilze), in Wasser eingeweicht
1 Möhre
16–20 Ginkgonüsse, geschält
10 Garnelen, geschält und vom Darm befreit
1 Prise Salz
5 cm Yamato-Ito (Japanischer Yam), etwa 60 g, geschält
Pflanzenöl zum Frittieren
150 g Austernpilze
5 cm Daikon-Rettich, geschält und fein gerieben
2,5 – 4 cm frische Ingwerwurzel, geschält und fein gerieben

FÜR DIE TEMPURA-SAUCE:

200 ml Dashi
3½ EL Shoyu (japanische Sojasauce)
3½ EL Mirin

Um knusprige Hiryozu *herzustellen, die im Innern schön locker sind, sollte zuvor das überschüssige Wasser aus dem Tofu herausgepresst werden. Geschieht dies nicht sorgfältig genug, lassen sich die* Hiryozu *nicht gut frittieren, das Ergebnis sind nasse Bällchen. Verliert der Tofu jedoch zu viel Wasser, wird er hart und trocken. Ich halte es für die beste Methode, den Tofu mit dem dreifachen Gewicht zu beschweren, sodass das Wasser über einen Zeitraum von 12 Stunden langsam abtropfen kann.* TH

1 Den Tofu in ein sauberes Küchentuch einschlagen und in eine Makisu (Sushi-Rollmatte aus Bambus) rollen. Mit einem Gewicht (einem Stein oder einer Konservendose) beschweren und über Nacht das Wasser herauspressen. Der Tofu sollte auf zwei Drittel seiner ursprünglichen Größe schrumpfen.

2 Die Holzohrpilze putzen und in feine Streifen schneiden. Die Möhre in 5 Zentimeter lange Stifte schneiden.

3 Die Ginkgonüsse in gesalzenem Wasser weich kochen und abgießen.

4 Die Garnelen trockentupfen, fein hacken und mithilfe eines Messers auf einem Brett zerdrücken. Mit 1 Prise Salz in einen Suribachi (japanischen Mörser) füllen und mit dem Stößel zermahlen. Alternativ die Küchenmaschine verwenden. Den ausgepressten Tofu mit den Händen in Stücke brechen, zu den Garnelen geben und alles zu einer glatten Masse zermahlen.

5 Den Yamato-Ito (falls verwendet) reiben und 1 Esslöffel davon zur Garnelen-Tofu-Mischung geben. Holzohrpilze, Möhre und Ginkgonüsse hinzufügen und alles gut vermischen. Aus der Masse Bällchen formen von der Größe eines Golfballs.

6 Reichlich Öl in einem Wok auf 120 °C erhitzen und die Bällchen portionsweise goldbraun frittieren. Die Austernpilze ebenfalls goldbraun frittieren. Alles gut abtropfen lassen.

7 Die Zutaten für die Tempura-Sauce in einem Topf zum Kochen bringen. Je 2–3 Tofu-Garnelen-Bällchen und Austernpilze in 4 Schalen verteilen. Mit geriebenem Daikon und Ingwer garnieren, mit etwas Sauce begießen und heiß servieren.

Gefüllte Yuba-Röllchen mit Sesam-Tofu-Sauce

Yuba no gyoza goma-tofu ae

Zu Beginn ihrer Karriere erhielt Linda Rodriguez von ihrer Mentorin Jacqueline Greaud in deren Restaurant Maison Lacour eine Ausbildung in der klassischen französischen Kochtradition. Jacqueline unterrichtete sie außerdem in chinesischer, vietnamesischer, indischer und thailändischer Küche. Drei Jahre bevor das New Yorker Bond-Street-Restaurant 1998 eröffnet wurde, dem Linda nun als Chefköchin vorsteht, arbeitete sie im Nobu in New York und London.

FÜR 4 PERSONEN

8 Scheiben Yuba (Tofu-Haut), etwa 12 × 15 cm groß
8 Streifen Kanpyo (getrocknete Kürbisstreifen), etwa 20 cm lang (nach Belieben), Salz

FÜR DIE FÜLLUNG:

1 EL Pflanzenöl
½ mittelgroße Zwiebel, fein gehackt
2,5 cm frische Ingwerwurzel, fein gehackt
1 Knoblauchzehe, fein gehackt
150 g gehacktes Hühnerfleisch
⅓ kleine Möhre, in feine Streifen geschnitten
50 g Champignons, fein gehackt
1 Tomate, klein gewürfelt
50 g Spinat, grob gehackt
2 Minzeblätter
1 EL Pinienkerne, geröstet
½ TL Cayennepfeffer
1 EL Thai-Fischsauce
Salz und frisch gemahlener Pfeffer

FÜR DIE SESAM-TOFU-SAUCE:

½ Block Seidentofu
2 EL Sesampaste, 1 TL Zucker
1 Spritzer Shoyu (japanische Sojasauce)

Dies ist ein weiteres, sehr beliebtes Gericht aus unserem Restaurant Bond Street in New York. Es steht seit der Eröffnung auf unserer Speisekarte, und ich kann es einfach nicht vom Speiseplan nehmen, weil es so begehrt ist; denn die Röllchen sind in Geschmack und Präsentation sehr originell. Kanpyo, *mit denen hier die Röllchen zusammengebunden werden, sind getrocknete Kürbisstreifen und gehören zu den ganz typischen und äußerst nützlichen Zutaten der japanischen Küche. Dieses Gericht kann heiß oder kalt verzehrt werden. Im Bond Street dämpfen wir es und reichen dazu Sesam-Tofu-Sauce.* LR

1 Yuba in reichlich Wasser 10 Minuten einweichen. Die Kürbisstreifen anfeuchten, mit etwas Salz einreiben und in Wasser abspülen. Abtropfen lassen.
2 In einer Pfanne das Öl heiß werden lassen und die Zwiebel darin fast glasig schwitzen. Ingwer und Knoblauch hinzufügen und unter Rühren mitschwitzen. Das Hühnerfleisch dazugeben und 2–3 Minuten anbraten. Die Möhre und Champignons weitere 2–3 Minuten mitbraten und dann die restlichen Zutaten für die Füllung hinzufügen. Nach weiteren 1–2 Minuten mit Salz und Pfeffer abschmecken, vom Herd nehmen. Auf einem Teller abkühlen lassen und anschließend im Kühlschrank kalt stellen.

3 Für die Sesam-Tofu-Sauce alle Zutaten in die Küchenmaschine füllen und 1 Minute pürieren. Abschmecken.
4 Die Yuba-Scheiben abtropfen lassen und trockentupfen. Die Füllung aus dem Kühlschrank nehmen und ein Achtel in der Mitte einer eingeweichten Yuba verteilen. Die Längsseiten nach innen über die Füllung klappen und die Yuba von der Querseite aus einrollen, sodass die Füllung vollständig eingeschlossen ist. Den Vorgang mit den restlichen Yuba-Scheiben und der Füllung wiederholen.
5 Die einzelnen Yuba-Röllchen mit einem Kürbisstreifen (falls verwendet) zusammenbinden und auf einen großen Teller setzen. Im Dämpftopf bei starker Hitze 5–6 Minuten dämpfen. Herausnehmen.
6 Je 2 Yuba-Röllchen auf 4 Teller verteilen und heiß mit der Sesam-Tofu-Sauce servieren.

SUSUMU HATAKEYAMA

Frittierter Tofu mit gegrilltem Aal

Age-dofu to kabayaki no an-kake

Susumu Hatakeyama ist der Chefkoch des Ikeda-Restaurants im Londoner Mayfair und an der Zusammenstellung der Speisepläne vieler japanischer Restaurants im Ausland beteiligt. Frischer Tofu hat ein sehr dezentes Aroma, westlichen Zungen ist er jedoch zu geschmacksneutral. Deshalb wird er oft frittiert, wodurch er kross wird und mehr Geschmack und Eigenständigkeit erhält. In diesem Gericht verleiht ihm Aal-*Kabayaki* zusätzliches Aroma. Es ist in Japan wie im Ausland gleichermaßen beliebt.

FÜR 4 PERSONEN

2 Blöcke fester Tofu (je 250 g)
2 Frühlingszwiebeln, in feine Streifen geschnitten
3–4 EL Kartoffelstärke (Katakuriko) oder Pfeilwurzelmehl (Arrowroot)
Pflanzenöl zum Frittieren
1 kleiner Unagi (Flussaal), Anago (Meeraal) oder Kabayaki (fertig gegrillter Aal)
Wasabi-Paste zum Garnieren

FÜR DIE AN-SAUCE:

400 ml Dashi
2 EL Shoyu (japanische Sojasauce)
2 EL Mirin
1 EL Sake
¼ TL Salz
2 EL Kartoffelstärke (Katakuriko) oder Pfeilwurzelmehl (Arrowroot), mit 2 EL Wasser verrührt

Dieses Gericht entstand im Ausland, um dem westlichen Geschmack entgegenzukommen und den eher neutralen Tofu in eine gehaltvollere Speise zu verwandeln. Tofu und Kabayaki-*Aal unterscheiden sich in Geschmack und Konsistenz zwar stark, harmonieren aber dennoch bestens miteinander, ebenso wie* Kabayaki *auch gut zu Avocado passt. In Japan wird der Tofu für dieses Gericht nicht frittiert, sondern in Schichten mit* Kabayaki *kombiniert und gedämpft.* SH

1 Überschüssiges Wasser aus dem Tofu pressen. Dafür ein Schneidbrett auf die Tofublöcke legen und zwischen 30 Minuten und 1 Stunde mit einem Gewicht (etwa einer Konservendose) beschweren. Die fein zerkleinerten Frühlingszwiebeln in eisgekühltes Wasser legen. Auf diese Weise werden sie frischer und knackiger. Kurz vor dem Servieren abgießen und mit Küchenpapier trockentupfen.

2 Den Tofu in je 4 Würfel schneiden und vorsichtig in Kartoffelstärke oder Pfeilwurzelmehl wenden. Überschüssige Stärke abschütteln. Das Öl im Frittiertopf auf 180 °C erhitzen und 2–3 Tofuwürfel von der Seite ins heiße Öl gleiten lassen. In 4–5 Minuten goldgelb frittieren. Auf einem Rost oder Küchenpapier abtropfen lassen und warm halten.

3 Die Zutaten für die An-Sauce mit Ausnahme der Stärke in einem Topf bei starker Hitze zum Kochen bringen. Die Hitze reduzieren. Die angerührte Stärke hinzugießen und ständig rühren, bis die Sauce bindet. (Diese würzige dicke Sauce heißt An.) Vom Herd nehmen und warm halten.

4 Den Aal in 8 mundgerechte Stücke schneiden, etwa von der Größe der Tofuwürfel. Die Stücke unter dem heißen Backofengrill grillen (Kabayaki, der ja bereits gegrillt ist, in der Mikrowelle erwärmen), sodass sie eine knusprige Oberfläche bekommen.

5 Je 2 gebratene Tofuwürfel auf 4 Teller verteilen, 2 Stücke Aal darauf anrichten und die warme An-Sauce darüber gießen. Mit den Frühlingszwiebeln und etwas Wasabi-Paste garnieren. Sofort servieren.

Selbst gemachter Tofu

Zaru-dofu [V]

Akihiro Kurita, ein junger Küchenmeister aus Kyoto, enthüllt hier das Geheimnis, wie man auf einfache Weise Tofu bereitet. Benötigt wird dafür ein großes *Zaru* (japanisches Küchensieb im Bambusrahmen). Im Westen wird der Tofu immer beliebter, insbesondere bei Vegetariern. Viele verschiedene Arten werden inzwischen in Reformhäusern, Asien- und Bioläden angeboten, aber kein Tofu schmeckt so delikat und frisch wie selbst gemachter.

FÜR 4–8 PERSONEN

1 kg Sojabohnen, über Nacht in reichlich Wasser eingeweicht
3,8 l Mineralwasser
1 Baumwolltuch (etwa 30×30 cm) oder ein doppelt gelegtes Mulltuch
1 Baumwolltuch (über 50×50 cm) oder ein doppelt gelegtes Mulltuch
1 EL Nigari (Gerinnungsmittel) plus 1 EL Wasser

Echter japanischer Tofu, von einem Küchenmeister zubereitet, gehört zu den kompliziertesten Produkten unserer Landesküche. Dieser selbst gemachte Tofu jedoch lässt sich ganz einfach herstellen, solange die Verarbeitung der Sojamilch erfolgreich gelingt. Falls die Sojamilch nicht gerinnt, lassen sich immer noch gebratene Tofubällchen daraus bereiten. Dafür das überschüssige Wasser durch Beschweren mit einem Gewicht auspressen, etwas Mehl dazugeben, kleine Tofubällchen formen und diese frittieren. Auch die zurückbleibende trockene Bohnenmasse (Okara) *kann man essen, etwa als Pfannengericht mit vorgegarten Gemüsestreifen.* AK

1 Das Volumen der über Nacht eingeweichten Sojabohnen vergrößert sich auf etwa 3 Liter. Etwa 0,5 Liter eingeweichte Sojabohnen mit 300 Milliliter Mineralwasser in einen Mixer oder die Küchenmaschine füllen und zu einer glatten, cremigen Masse verarbeiten. In eine große Schüssel füllen. Den Vorgang 5-mal wiederholen, bis alle Sojabohnen püriert sind.
2 Die restlichen 2 Liter Mineralwasser in eine große Schüssel füllen. Das kleinere Baumwoll- oder doppelt gelegte Mulltuch auf einer Handfläche über der Schüssel ausbreiten. Eine Schöpfkelle Sojabohnenmasse darauf geben und das Tuch fest darumwickeln. Mit der einen Hand die Enden des Tuchs festhalten, mit der anderen das Tuch mehrmals fest ausdrücken, sodass die Sojamilch in das Mineralwasser abläuft, im Tuch verbleibt die trockene Bohnenmasse (Okara). Das Tuch eventuell ins Wasser halten und erneut ausdrücken. (Die trockene Bohnenmasse aus dem Tuch wegwerfen oder verzehren.) Die restliche Masse auf die gleiche Weise auspressen. Den feinen Schaum von der Wasseroberfläche entfernen.
3 Das große Baumwoll- oder doppelt gelegte Mulltuch in einem Sieb ausbreiten und die Sojamilch in einen Topf abseihen. Das Tuch zusammenwickeln und so viel Milch wie möglich ausdrücken. Den Topf mit der Milch in einen größeren Topf mit kochendem Wasser setzen und die Milch bei mittlerer Hitze 10–15 Minuten kochen lassen. Ab und zu den aufsteigenden Schaum abschöpfen. Die gekochte Sojamilch verströmt einen süßlich milden Duft und kann nun bereits getrunken werden. Vom Herd nehmen, abkühlen lassen.
4 Das Nigari in 1 Esslöffel Wasser in einer großen Schüssel auflösen. Die heiße Sojamilch (70–73 °C) aus reichlichem Abstand in die Schüssel gießen, sodass sie sich gleich mit dem angerührten Gerinnungsmittel vermischt. Zugedeckt 30 Minuten stehen lassen, bis die Milch leicht geronnen ist. Dieser leicht geronnene Tofu heißt Oboru-Dofu und kann in diesem Stadium bereits mit Shoyu und Wasabi verzehrt werden.
5 Den Oboru-Dofu in ein Zaru (japanisches Bambusrahmensieb) geben und 30 Minuten abtropfen lassen. Den Zaru-Dofu kann man kalt mit Shoyu essen, vermischt mit Wasabi oder mit fein geriebenem Ingwer und fein gehackter Frühlingszwiebel.

Eier-Tofu mit Garnelen

Ebi-iri tamago-dofu

Bei Eier-Tofu handelt es sich im Grunde gar nicht um Tofu, sondern um eine auflaufartige Masse aus Ei und Dashi-Brühe, deren Konsistenz an Tofu erinnert. Diese beliebte Vorspeise wird im Sommer kalt, im Winter heiß gegessen. Garnelen sorgen für zusätzlichen Geschmack und Farbe dieses einfachen Eiergerichts sowie für etwas zu beißen.

FÜR 4 PERSONEN

4 Riesengarnelen in der Schale, mithilfe eines Cocktailspießes, zwischen den Schalen eingeführt, vom Darm befreit
1 Prise Salz
1 Spritzer Sake
5 große Eier, verquirlt
300 ml kalte Dashi
1 TL helle Shoyu (japanische Sojasauce)
1 TL Meersalz
1 TL Mirin
2,5 cm frische Ingwerwurzel, geschält und fein gerieben

FÜR DIE SAUCE:

400 ml Dashi
2 EL helle Shoyu (japanische Sojasauce)
1 EL Mirin
Salz

1 Die Garnelen in wenig kochendem Wasser mit dem Salz und Sake 1–2 Minuten kochen, bis die Schalen eine leuchtend rote Farbe bekommen. Beim Kochen kringeln sich die Garnelen. Abgießen und sofort unter fließendes kaltes Wasser halten, damit der Garprozess abrupt gestoppt wird und die Garnelen schnell abkühlen. Schälen und längs halbieren.

2 Die verquirlten Eier vorsichtig mit Dashi, Shoyu, Meersalz und Mirin vermischen und durch ein feines Sieb abseihen. 2–3 Esslöffel der Eiermischung abnehmen und beiseite stellen, den Rest in eine rechteckige Metallform (etwa 18 × 15 × 6 Zentimeter) gießen. Einen Deckel darauf setzen, die Form in ein Küchentuch wickeln, in einen Dämpftopf setzen und die Eiermischung bei starker Hitze etwa 10 Minuten dämpfen, bis sie gerade fest geworden ist. Legt man zwei Hashi-Stäbchen zwischen die Form und den Boden des Dämpftopfs, kommt die größte Hitze nicht in direkten Kontakt mit dem Formboden und der Eier-Tofu wird gleichmäßiger erhitzt.

3 Sobald die Oberfläche des Eier-Tofu leicht fest geworden ist, die 8 Garnelenhälften gleichmäßig darauf verteilen. Die restlichen 2–3 Esslöffel Eiermischung darüber träufeln. Wieder in den Dämpftopf setzen und zugedeckt bei mittlerer Hitze nochmals 12–15 Minuten dämpfen. Anschließend den Deckel leicht öffnen, mit einem Baumwolltuch zudecken und weiter dämpfen. Erst wenn der Eier-Tofu ganz fest geworden ist, vom Herd nehmen und abkühlen lassen.

4 Die Zutaten für die Sauce in einem Topf zum Kochen bringen.

5 Den Eier-Tofu aus der Form stürzen und in 8 gleich große Würfel schneiden. Je 2 Würfel in 4 Schalen verteilen und die Sauce darüber gießen. Mit etwas geriebenem Ingwer garnieren und heiß oder kalt servieren.

Frittierter Tofu mit Gemüse-Dashi-Sauce

Agedashi-dofu [V]

Agedashi-Dofu *wird gewöhnlich mit einer Dashi-Sauce mit Bonitoflocken zubereitet. Da es sich hier jedoch um ein vegetarisches Gericht handelt, schlage ich stattdessen Gemüsebrühe oder das Einweichwasser von getrockneten Shiitake vor. Wer sich nicht vegetarisch ernährt, kann natürlich auch normale Fisch-Dashi verwenden.*

FÜR 4 PERSONEN

2 Blöcke fester Tofu (je 250 g)
4 EL Reismehl oder normales Weizenmehl
4 EL Kartoffelstärke (Katakuriko) oder Maisstärke
Pflanzenöl zum Frittieren
7 cm Daikon-Rettich, geschält und fein gerieben
2,5 cm frische Ingwerwurzel, geschält und fein gerieben
1–2 Frühlingszwiebeln, fein gehackt
Shiso-Blüten zum Garnieren

FÜR DIE SAUCE:

6 EL Gemüse-Dashi (Gemüsebrühe)
3 EL Shoyu (japanische Sojasauce)
2 TL Zucker

1 Zuerst so viel Wasser wie möglich aus dem Tofu herauspressen. Dafür die Tofu-Blöcke in eine Makisu (Sushi-Rollmatte aus Bambus) oder ein Baumwolltuch wickeln und auf ein leicht schräg gestelltes Schneidbrett legen (damit das Wasser ablaufen kann). Für 1 Stunde mit einem weiteren Brett und einem leichteren Gewicht darauf beschweren. Die ausgepressten Tofu-Blöcke jeweils in 4 Stücke schneiden. Das Reis- oder Weizenmehl mit der Kartoffel- oder Maisstärke vermischen und die Tofu-Stücke darin wenden. Überschüssiges Mehl abschütteln.

2 Das Öl in einem Frittiertopf auf 180 °C erhitzen. Jeweils 2–3 Tofu-Stücke vorsichtig ins heiße Öl gleiten lassen und in 3–4 Minuten goldbraun frittieren. Dabei mehrmals wenden.

3 In der Zwischenzeit die Zutaten für die Sauce in einem Topf bei mittlerer Hitze warm werden lassen, bis sich der Zucker gelöst hat. Die Sauce in 4 Schalen verteilen und je 2 frittierte Tofu-Stücke einlegen. Etwas geriebenen Daikon und Ingwer darauf häufen. Mit fein gehackten Frühlingszwiebeln bestreuen, Shiso-Blüten daneben legen und servieren.

Frittierter Koya-Dofu, gefüllt mit Fisch-Shinjo

Koya-dofu to shinjo no hasami-age

Als Shinjo *bezeichnet man fein zermahlenen Edelfisch oder Garnelen, anschließend gedämpft oder frittiert – eine Art japanische Terrine. Auch aus Hühnerfleisch wird* Shinjo *zubereitet und heißt* Tori-Shinjo *(Hühner-*Shinjo*). Für dieses Gericht wird* Shinjo *wie bei einem Sandwich zwischen zwei Scheiben* Koya-Dofu *(gefriergetrockneten Tofu) gestrichen und frittiert.*

FÜR 4 PERSONEN

FÜR DAS SHINJO:

150 g Kabeljau oder anderer weißfleischiger Fisch, Gräten und Haut entfernt
½ Eigelb, verquirlt
3 EL Pflanzenöl
2 getrocknete Shiitake, über Nacht in Wasser eingeweicht
16–24 Ginkgonüsse aus der Dose (nach Belieben)
60–75 g Krabbenfleisch
Salz und frisch gemahlener Pfeffer

4 Blöcke Koya-Dofu (gefriergetrockneter Tofu), Standardgröße etwa 7 × 5 × 2,5 cm
2–3 EL Kartoffelstärke (Katakuriko) oder Maisstärke
Pflanzenöl zum Frittieren
2 EL Sake
2 EL Mirin
2 EL helle Shoyu (japanische Sojasauce)
Salz
Grüne Salatblätter, in breite Streifen geschnitten

1 Das Fischfleisch im Suribachi (japanischen Mörser) oder einem großen herkömmlichen Mörser zu einer sehr feinen Paste zermahlen. Das verquirlte Eigelb in eine kleine Schüssel geben. Unter ständigem Rühren nach und nach das Öl hinzugießen, bis eine glatte Creme entstanden ist. Diese Eigelbcreme gründlich unter die Fischpaste mischen.

2 Die Shiitake abgießen, das Einweichwasser auffangen und beiseite stellen. Die Pilze in feine Streifen schneiden. Mit den Ginkgonüssen (falls verwendet) und dem Krabbenfleisch unter die Fischpaste mischen. Mit Salz und Pfeffer leicht würzen.

3 Den Koya-Dofu 15 Sekunden in Wasser legen, abgießen und so viel Wasser wie möglich ausdrücken. Die Stücke horizontal in 2 dünne Scheiben schneiden und in der Kartoffel- oder Maisstärke wenden. Je ein Viertel der Fischpaste auf 4 Koya-Dofu-Scheiben streichen und mit einer weiteren Scheibe bedecken, sodass 4 „Sandwiches“ entstehen. Die an den Seiten ausgetretene Fischpaste mit etwas Kartoffel- oder Maisstärke bestreuen.

4 Das Öl in einem Frittiertopf bei mittlerer Temperatur auf 160 °C erhitzen. Je 2–3 Koya-Dofu-Shinjo seitlich in das heiße Öl gleiten lassen und in 7–8 Minuten von beiden Seiten goldgelb frittieren. Mit einem Schaumlöffel herausheben und auf einem Rost oder Küchenpapier abtropfen lassen. Alle frittierten „Sandwiches“ in ein Sieb legen und mit kochend heißem Wasser übergießen, um das überschüssige Öl abzuspülen.

5 Das Einweichwasser der Shiitake in einen Topf füllen. Falls nötig, etwas Wasser für insgesamt 400 Milliliter Flüssigkeit hinzugießen. Zum Kochen bringen und mit Sake, Mirin, Shoyu und Salz würzen. Die Hitze reduzieren, die Koya-Dofu-Shinjo einlegen und unter regelmäßigem Wenden 15–20 Minuten köcheln lassen, bis die Flüssigkeit fast vollständig eingekocht ist. Vom Herd nehmen und abkühlen lassen.

6 Den Salat auf 4 Teller verteilen. Die Koya-Dofu-Shinjo in je 4 Stücke schneiden und auf dem Salat anrichten. Heiß oder kalt servieren.

Im Teigmantel gebratener Koya-Dofu

Koya-dofu no tamago tsuke yaki [V]

Koya-Dofu, *gefriergetrockneter Tofu, soll von den Mönchen des Koya-Bergs erfunden worden sein, die ihm auch den Namen gaben. Sein Geschmack unterscheidet sich deutlich von dem frischen Tofus, und dank seiner festen, elastischen Konsistenz kann er auch gut zusammen mit anderen Zutaten zubereitet werden. Der Eierteig sorgt für eine schöne Farbe und verleiht dem* Koya-Dofu *zusätzlichen Geschmack.*

FÜR 4 PERSONEN

2 Blöcke Koya-Dofu (gefriergetrockneter Tofu), Standardgröße etwa 7 × 5 × 2,5 cm
500 ml Gemüsebrühe
2 EL Shoyu (japanische Sojasauce)
1 EL Zucker
1 EL Mirin
2 TL Maisstärke
1 Prise Salz
2 Eier, verquirlt
1 EL fein gehackte Petersilie
2 EL Pflanzenöl
Etwas Rucola zum Servieren

1 Im Handel wird Koya-Dofu meist abgepackt mit einem Beutel Instant-Brühe angeboten. In dieser Brühe kann der Koya-Dofu nach Herstellerangaben gegart werden, ehe man ihn mit anderen Zutaten weiterverarbeitet. Gewöhnlich handelt es sich bei dieser Brühe um eine Fisch-Dashi. Für ein vegetarisches Gericht sollte man den Koya-Dofu jedoch in einer Mischung aus der angegebenen Gemüsebrühe (oder Einweichwasser von getrockneten Shiitake) sowie Shoyu, Zucker und Mirin garen.

2 Den gegarten Koya-Dofu behutsam ausdrücken, horizontal jeweils in 2 Scheiben und diese wiederum in je 8 kleine Dreiecke schneiden.

3 Die Maisstärke und das Salz unter die verquirlten Eier mischen und so lange rühren, bis ein glatter Teig entstanden ist. Die gehackte Petersilie untermischen. Die Koya-Dofu in den Teig tauchen.

4 Das Öl in einer Pfanne heiß werden lassen und die Dreiecke von beiden Seiten je 1–2 Minuten braten. Auf Küchenpapier abtropfen lassen. Den Rucola auf 4 Teller verteilen, je 8 Koya-Dofu-Stücke darauf anrichten und servieren.

Tofutopf mit Austern und Salat-Chrysanthemen

Kaki to shungiku no yu-dofu

Yu-Dofu, *gekochter Tofu, ist ein beliebtes Wintergericht für die ganze Familie. Meist wird der Tofu nur in Kombu-Wasser gegart und zum Verzehr in Shoyu mit geriebenem Ingwer und fein gehackten Frühlingszwiebeln getaucht. Kombiniert mit Austern und Salat-Chrysanthemen entsteht allerdings eine wesentlich gehaltvollere Speise, die gerade für heranwachsende Jugendliche sehr nahrhaft ist.*

FÜR 4 PERSONEN

250 g Tofu, in mundgerechte Stücke geschnitten
12 Austern oder Jakobsmuscheln
2–3 EL Kartoffelstärke (Katakuriko) oder Maisstärke
250 g Shungiku (Salat-Chrysanthemen) oder Spinat
10 cm getrockneter Kombu

FÜR DIE SAUCE:

8 EL Shoyu (japanische Sojasauce)
4 EL Ponzu (fertige Zitrussauce) oder frisch gepresster Zitronen- oder Limettensaft
5 cm Daikon-Rettich, geschält und gerieben
2,5 cm frische Ingwerwurzel, geschält und fein gerieben
2 Frühlingszwiebeln, sehr fein gehackt

1 Den Tofu in kochendem Wasser 30 Sekunden blanchieren, abgießen und abtropfen lassen. Austern oder Jakobsmuscheln vorsichtig waschen, in Kartoffel- oder Maisstärke wenden und überschüssige Stärke abtupfen. Salat-Chrysanthemen oder Spinat in mundgerechte Stücke schneiden.

2 Den Kombu mit reichlich Wasser in einen Donabe (Tontopf) oder einen breiten, niedrigen Topf füllen und das Wasser zum Kochen bringen. Die Hitze reduzieren und den Tofu, die Austern oder Jakobsmuscheln und die Salat-Chrysanthemen oder den Spinat hinzufügen. Bei mittlerer Hitze weitere 2–3 Minuten köcheln lassen, bis die Austern oder Jakobsmuscheln gerade gar sind. Den Topf auf den Tisch stellen.

3 Die Gäste vermischen in einer eigenen kleinen Schale jeweils 2 Esslöffel Shoyu, 1 Esslöffel Ponzu (oder Zitronen- oder Limettensaft), etwas geriebenen Daikon und Ingwer sowie gehackte Frühlingszwiebeln zu einer Sauce. Sie bedienen sich selbst mit Tofu, Austern und Salat-Chrysanthemen, die sie zum Verzehr in die Sauce tauchen.

Japanisches Omelett

Tamago-yaki [V]

Ein gutes Sushi-Restaurant soll man, wie es heißt, nach seinem Tamago-Yaki *beurteilen. Der Grund dafür liegt vielleicht darin, dass* Tamago-Yaki *der einzige Sushi-Belag ist, der im Restaurant selbst hergestellt wird, während alles Weitere aus einer anderen Quelle stammt, nämlich vom Fischmarkt. Darüber hinaus gehört* Tamago-Yaki *zu den einfachsten japanischen Speisen und zeigt am deutlichsten das Können und die Erfahrung des Kochs. Ich stelle hier die grundlegende Zubereitungsart vor.*

FÜR 4 PERSONEN

5 mittelgroße Eier oder 4 große Eier und 1 Eigelb, verquirlt
1 EL Zucker
1 EL Shoyu (japanische Sojasauce), plus mehr zum Servieren
1 EL Mirin
Pflanzenöl zum Braten
3,5 cm frischer Daikon-Rettich, geschält und fein gerieben
Gegarter Brokkoli zum Servieren

1 Die Eier mit einer Gabel nochmals gründlich verquirlen und durch ein Sieb in eine andere Schüssel abseihen. Zucker, Shoyu und Mirin hinzufügen und so lange rühren, bis sich der Zucker gelöst hat. Die Mischung nicht mit dem Schneebesen schlagen, damit sich keine Bläschen bilden.

2 Eine rechteckige Pfanne (12 × 20 Zentimeter) oder eine gewöhnliche runde Pfanne (18–24 Zentimeter Durchmesser) bei mittlerer Temperatur heiß werden lassen und etwas Öl hineingießen. Die Pfanne schwenken, sodass sich das Öl gleichmäßig auf dem Boden verteilt. Überschüssiges Öl mit Küchenpapier abwischen. (Der Pfannenboden muss jedoch gleichmäßig bedeckt sein.) Das verwendete Küchenpapier mit dem Öl auf einem Teller beiseite stellen.

3 Die Hitze reduzieren und ein Viertel der Eiermischung in die Pfanne gießen. Die Pfanne dabei schwenken, sodass die Mischung gleichmäßig verläuft. Falls sich sofort Luftblasen bilden, ist die Pfanne wahrscheinlich zu heiß. In diesem Fall die Pfanne vom Herd nehmen und erst wieder aufsetzen, wenn die Eier zu stocken beginnen. Die Luftblasen mit der Gabel aufstechen. Sobald das Ei fast fest ist, dieses mit Hashi-Stäbchen oder einer Gabel von der gegenüberliegenden Seite aus 2- bis 3-mal einrollen und den freien Pfannenboden mit dem beiseite gelegten Küchenpapier einfetten. Das eingerollte Ei auf die gefettete Seite ziehen und die restliche Fläche des Pfannenbodens mit dem Papier einfetten. Ein Drittel der übrigen Eiermischung gleichmäßig in die Pfanne gießen. Dabei die Pfanne wiederum schwenken und das eingerollte Ei anheben, sodass die Mischung auch darunter laufen kann. Sobald das Ei fest wird, dieses um das bereits eingerollte Ei rollen. Den Vorgang mit der restlichen Eiermischung noch zweimal wiederholen. Das fertig gerollte Omelett aus der Pfanne nehmen und abkühlen lassen.

4 Das Tamago-Yaki quer in 8 Stücke schneiden. Je 2 dieser Rollen auf 4 Teller verteilen. Mit gegartem Brokkoli, in kleine Röschen zerteilt, und etwas geriebenem Daikon anrichten, mit ein paar Tropfen Shoyu beträufeln und warm oder kalt servieren.

YOSHIHIRO MURATA

Horaku-Gericht mit gebackener Eiersauce

Tamago Horaku-yaki

Yoshihiro Murata, prominenter Küchenmeister und Besitzer des *Ryotei* (Gesellschaftshauses) Kikunoi in Kyoto, zeigt uns seine moderne Variante von *Horaku-Yaki*, für das man einen speziellen Tontopf benötigt. Aber auch jeder andere hitzebeständige Topf eignet sich. Die Zubereitung erscheint modern oder sogar vom Ausland beeinflusst, doch in Kyoto werden Eier schon seit alter Zeit im *Horaku* gegart.

FÜR 4 PERSONEN

1 Aal, von den Gräten befreit und filetiert
2 EL Sake
1 EL Mirin
1 EL helle Shoyu (japanische Sojasauce)
1 EL dunkle Shoyu
Oder: ½ fertig zubereiteter Kabayaki-Aal (etwa 60 g)

½ Möhre, geschält, klein gewürfelt
10 g Kikurage (Holzohrpilze), in Wasser eingeweicht und fein gehackt
110 ml Dashi
1 Yurine (Lilienzwiebel), nach Belieben, Salz
20–24 Ginkgonüsse, geschält (nach Belieben)
½ kleiner Matsutake oder 4 frische Shiitake, in dünne Scheiben geschnitten
4 Zweige Mitsuba oder Spinatblätter
Einige Spritzer frisch gepresster Yuzu- oder Zitronensaft zum Servieren

FÜR DIE EIERSAUCE:
4 Eier, verquirlt
600 ml Dashi
1 EL helle Shoyu
2 EL Mirin, 1 TL Meersalz
2 EL zerlassene Butter

Als ich in Frankreich zum ersten Mal ein Soufflé probierte, dachte ich, es handele sich um eine europäische Variante von Horaku-Yaki. *Doch die leichte, schmelzende Konsistenz eines Soufflés ist in der japanischen Küche unbekannt. Je mehr Dashi man zu der Eiermischung gibt, umso weicher wird sie natürlich, aber dennoch schien mir etwas zu fehlen. Da kam mir der Gedanke, ein wenig zerlassene Butter hinzuzufügen.* YM

1 Wird frischer Aal verwendet, in einem Topf je 1 Esslöffel Sake und Mirin sowie je ½ Esslöffel helle und dunkle Shoyu verrühren. Den Aal darin 10 Minuten schwach köcheln lassen, bis er weich ist. Vom Herd nehmen und in quadratische Stücke mit 1,5 Zentimeter Kantenlänge schneiden. Fertigen Kabayaki-Aal ebenfalls in 1,5 Zentimeter große Würfel schneiden.
2 Dashi, restlichen Sake, Mirin und Shoyu in einen Topf gießen. Möhre und Holzohrpilze darin garen. Beiseite stellen.
3 Die Lilienzwiebel (falls verwendet) mit Salz bestreuen, 10 Minuten weich dämpfen. Die einzelnen Segmente trennen.
4 Rohe Ginkgonüsse 10 Minuten in einer Schüssel in warmem Wasser einweichen. Mit der Rückseite eines Löffels auf den Schüsselboden drücken und gleichzeitig reiben. So lässt sich die feine braune Schale besser ablösen.
5 Sämtliche Zutaten für die Eiersauce verrühren.
6 Je ein Viertel des Aals, der Möhre, Holzohrpilze, Lilienzwiebel, Ginkgonüsse, Matsutake oder Shiitake sowie Mitsuba oder Spinat in 4 hitzebeständige flache Tonschalen verteilen. Die Eiersauce vorsichtig darüber gießen. Im vorgeheizten Backofen bei 160 °C in 30–40 Minuten goldbraun backen. Mit Yuzu- oder Zitronensaft beträufeln und heiß servieren.

8

Reis und Sushi

Warmes gemischtes Sushi

Mushi-zushi

Yuichi Oyama präsentiert hier ein wunderbares Sushi-Gericht. Obwohl Sushi ein Nationalgericht ist und überall in Japan mehr oder weniger die gleichen traditionellen und modernen Varianten serviert werden, gilt gemischtes Sushi immer noch als das traditionelle Sushi aus Osaka. Dieses Sushi wird nicht in verschiedene Formen gepresst, sondern man vermischt den mit Essig versetzten Reis einfach mit rohen und gegarten Zutaten. Diese Winterspezialität aus Osaka beweist auch, dass Sushi nicht unbedingt eine kalte Speise sein muss.

FÜR 4 PERSONEN

4 getrocknete Shiitake, über Nacht in Wasser eingeweicht
1 EL plus 1 Prise Zucker
2 EL Shoyu
1 EL Mirin
1–2 getrocknete Kikurage (Holzohrpilze), 30 Minuten in Wasser eingeweicht
Dashi, mit Shoyu und Mirin gewürzt
600 g Sumeshi (gekochter Sushi-Reis mit Essig , siehe Seite 152)
½ gegrillter Anago (Meeraal), in Würfel geschnitten, oder Kabayaki (fertig gegrillter Aal)
2 Eier, verquirlt
50 g weißes Fischfleisch, zermahlen
1–2 EL Pflanzenöl
1–2 EL Myoga (Japan-Ingwer) oder in Essig eingelegte Ingwerscheiben (siehe Seite 70), in dünne Streifen geschnitten, zum Garnieren

Nigiri-Zushi *(Finger-Sushi mit einem Stück rohem Fisch darauf) hat dem* Hako-Zushi, *das nur noch in wenigen Restaurants angeboten wird, an Beliebtheit längst den Rang abgelaufen. Doch eine andere Spezialität aus Osaka,* Chirashi-Zushi *(gemischtes Sushi), ist immer noch sehr beliebt. Dieses* Mushi-Zushi *ist eine Spezielle Art des* Chirashi, *wird jedoch gedämpft und heiß gegessen. Darum bezeichnet man es auch als* Nuku-Zushi *(warmes Sushi). In Osaka vermischen wir den mit Essig versetzten Reis traditionell mit* Shiitake, Kikurage *(Holzohrpilzen) und* Anago *(Meeraal) oder* Kabayaki *(gegrillter Aal), verwenden ansonsten aber unterschiedlichste Zutaten, solange Geschmack, Konsistenz und Farbe einander ergänzen.* YO

1 Die Shiitake abgießen, die Flüssigkeit auffangen. Die Pilze in einem Topf mit etwa 150 Milliliter Einweichwasser bedecken und bei mittlerer Hitze etwa 10 Minuten garen, bis die Flüssigkeit um die Hälfte eingekocht ist. Entstehenden Schaum ab und zu entfernen. Den Esslöffel Zucker einstreuen und unter ständigem Rühren die Flüssigkeit in 10 Minuten nochmals um die Hälfte einkochen lassen. Shoyu und Mirin hinzufügen und die Flüssigkeit fast vollständig reduzieren. Beiseite stellen, abkühlen lassen, anschließend die Pilze ausdrücken und fein hacken.

2 Die Holzohrpilze ebenso fein hacken und in kochendem Wasser 2–3 Minuten garen. Die Pilze abgießen, in einem Topf gerade eben mit Dashi bedecken und bei mittlerer Hitze 5 Minuten garen. Abgießen, beiseite stellen.

3 Den Sumeshi (Sushi-Reis) in einen hölzernen Reiszuber oder eine große Schüssel füllen. Shiitake und Holzohrpilze sowie Meeraal oder Kabayaki-Aal hinzufügen und mit einem Holzspatel vorsichtig unterheben, jedoch nicht rühren. Etwas von der süßen Garflüssigkeit der Shiitake hinzugießen und wiederum vorsichtig untermischen.

4 In einer kleinen Schüssel die Eier, das Fischfleisch und 1 Prise Zucker vermischen und kräftig schlagen, bis eine glatte Eiermasse entsteht. Durch ein feines Sieb passieren. In einer Pfanne etwas Öl erhitzen und die Hälfte der Eiermasse hineingießen. Dabei die Pfanne schwenken, sodass sich die Mischung gleichmäßig verteilt. Sobald die Oberfläche leicht trocken wird, den „Eierkuchen" in der Pfanne wenden und nach wenigen Sekunden auf ein Schneidbrett gleiten lassen. Mit der restlichen Eiermischung ebenso verfahren. Jeweils in dünne, etwa 5 Zentimeter lange Streifen schneiden.

5 Einen Dämpfeinsatz aus Bambus mit einem feinen Baumwolltuch auskleiden. Die Reismischung einfüllen, in einen Dämpftopf einsetzen und bei starker Hitze etwa 5 Minuten dämpfen, bis sie heiß ist. Die Eistreifen separat dämpfen. Je ein Viertel Reis in 4 große Reisschalen verteilen und darüber die Eistreifen streuen. Mit Myoga oder in Essig eingelegten Ingwerscheiben garnieren und heiß servieren.

Schwertfisch auf Reis mit Honig-Shoyu-Sauce

Kajiki no hachimitsu-joyu dare don

Kentaros Philosophie des Kochens lautet „einfach und schnell". Darum ist er bei vielen Singles und Müttern mit kleinen Kindern ein beliebter Fernsehkoch. Gerichte, die in einer Schale serviert werden, sollen gleichermaßen Vitamine, Proteine und Kohlenhydrate liefern. Dabei können verschiedenste Zutaten verwendet werden, solange das Ergebnis eine Kombination aus Fleisch oder Fisch, grünem Gemüse und Reis ist. Das hier vorgestellte Gericht kann zu jeder Tageszeit serviert werden und ist genau das Richtige für hungrige Kinder, die aus der Schule kommen.

FÜR 4 PERSONEN

4 EL Pflanzenöl
4 Knoblauchzehen, in dünne Scheiben geschnitten
4 Schwertfischsteaks, mit Küchenpapier trockengetupft
30 g Butter
2 EL Shoyu (japanische Sojasauce)
2 TL flüssiger Honig
4 große Schalen heißer gekochter Reis zum Servieren
4 Frühlingszwiebeln, fein gehackt

Schwertfisch heißt in Japan Kajiki Maguro. *Doch obwohl* Maguro *eigentlich für Thunfisch steht, handelt es sich natürlich nicht um eine Thunfischart. Das leicht rosafarbene, beinahe transparente weiße Fleisch bekommt beim Erhitzen eine ähnliche Farbe und Konsistenz wie Hähnchen. Auch geschmacklich ähnelt es der Hähnchenbrust. Schwertfisch ist etwas kalorienreicher als andere Fischarten mit weißem Fleisch, wie etwa der Meerbrassen, und enthält viel Vitamin D, das den Kalziumstoffwechsel fördert. Für dieses Gericht sollten Sie glänzend rosa bis weiß gefärbten Fisch mit festem Fleisch auswählen. Ist der Reis bereits fertig gekocht, lässt es sich in zehn Minuten zubereiten.* KK

1 In einer Pfanne 2 Esslöffel Öl erhitzen und den Knoblauch bei starker Hitze etwa 1 Minute braten, bis er goldbraun und knusprig ist. Den Knoblauch in einer Schüssel beiseite stellen.

2 Die Pfanne leicht mit Küchenpapier auswischen. Die Schwertfischsteaks im restlichen Öl bei starker Hitze von jeder Seite in 2 Minuten goldbraun braten. Die Hitze reduzieren und die Steaks in weiteren 2–3 Minuten zugedeckt bei mittlerer Hitze durchbraten. Aus der Pfanne nehmen.

3 Die Pfanne erneut leicht auswischen. Butter, Shoyu und Honig hineingeben und bei mittlerer Hitze zum Kochen bringen. Die Schwertfischsteaks wieder in die Pfanne legen und die Honig-Shoyu-Mischung gleichmäßig mit dem Löffel darüber verteilen. Vom Herd nehmen.

4 In einer Schale je 1 Fischsteak auf dem Reis anrichten und etwas von der Honig-Shoyu-Sauce darüber träufeln. Mit dem gebratenen Knoblauch und den frischen Frühlingszwiebeln bestreuen und sofort heiß servieren.

Tempura auf Reis

Kaki-age donburi

Tetsuya Saotome, Küchenmeister des *Tempura*-Restaurants Mikawa in Tokio, demonstriert hier die traditionelle Zubereitung von *Kaki-Age* auf frisch gekochtem heißem Reis – einem reichhaltigen Mittagessen. *Kaki-Age* sind *Tempura*, für die einige Zutaten zusammen frittiert werden – im Unterschied zu den einzeln frittierten Garnelen-*Tempura*. Meist enthalten sie Gemüse und kleine Garnelen.

FÜR 4 PERSONEN

200 g kleine, geschälte Garnelen
6–8 Stängel Mitsuba oder Brunnenkresse
2 Eier
Eisgekühltes Wasser
200 g Mehl, gesiebt und über Nacht im Kühlschrank aufbewahrt
Pflanzenöl zum Frittieren
Gekochter heißer Reis zum Servieren

FÜR DIE SAUCE:

5 EL Dashi
6 EL Shoyu (japanische Sojasauce)
5 EL Mirin

Die richtige Zubereitung von Tempura *ist äußerst schwierig, auch wenn es ganz einfach aussieht. Man kann es gar nicht oft genug betonen: Der Teig muss ganz locker sein, und darum stellt man das gesiebte Mehl über Nacht in den Kühlschrank, ehe es mit eisgekühltem Wasser vermischt wird. Für dieses Gericht eignen sich alle Gemüsesorten, doch dickeres Gemüse wie Möhren oder auch Bohnen muss zuvor in feine Streifen geschnitten werden.* TSa

1 Die Garnelen und Mitsuba mit Küchenpapier trockentupfen. Wird Brunnenkresse verwendet, ebenfalls trockentupfen, in 3 Zentimeter lange Stücke hacken und die dicken Stängel wegwerfen. Garnelen und Mitsuba (oder Brunnenkresse) zusammen in eine Schüssel geben. Etwas Mitsuba (oder Brunnenkresse) zum Garnieren beiseite stellen.

2 In einer Schüssel 1 Ei mit 50 Milliliter eisgekühltem Wasser verschlagen. Die Hälfte des gekühlten, gesiebten Mehles zum Ei in die Schüssel sieben. Vorsichtig untermischen, sodass ein lockerer, dünner Teig entsteht. Den Teig zu den Garnelen in die Schüssel füllen. Das zweite Ei verquirlen und hinzugießen.

3 Das restliche Mehl darüber sieben und alles mit einem Paar Hashi-Stäbchen (oder einer Gabel) leicht vermischen. Diese Mischung von Zutaten und Teig heißt Tendane, was „Tempura-Grundmischung" bedeutet.

4 In einem Tempura- oder Frittiertopf das Öl auf etwa 160 °C erhitzen. Einen Servierlöffel voll Tendane vorsichtig in das heiße Öl gleiten lassen und 2–3 Minuten frittieren, bis sie gerade eben fest wird. Einen weiteren Löffel Tendane darauf geben. Sobald die beiden Portionen aneinander haften bleiben, wenden und weitere 2–3 Minuten frittieren, bis die Masse von beiden Seiten hellgolden ist. Dabei mehrmals wenden. Die Temperatur auf 180 °C erhöhen. Weiter frittieren, bis die Masse eine goldbraune Farbe angenommen hat. Aus dem Öl heben und auf einem Rost oder Küchenpapier abtropfen lassen. Den Vorgang mit der restlichen Tendane noch dreimal wiederholen.

5 In der Zwischenzeit die Sauce zubereiten. Dafür alle Zutaten in einem Topf bei mittlerer Hitze köcheln und um ein Drittel einkochen lassen. Vom Herd nehmen und warm halten.

6 Den Reis in 4 Schalen verteilen und jede Portion mit etwas Sauce übergießen. Die frittierten Kaki-Age in die Sauce tauchen und auf dem Reis anrichten. Mit etwas Mitsuba oder Brunnenkresse garnieren und heiß servieren.

Tortilla-Sushi mit würzigem Thunfisch

Maguro no tortilla maki

Toshi Sugiura, bester Sushi-Koch von Los Angeles, bereitet Sushi für die Schulkinder in seiner Nachbarschaft zu. Er möchte ihnen die Kunst der Sushi-Herstellung näher bringen.

Die mexikanische Küche ist in Los Angeles sehr beliebt, und so kam mir ganz selbstverständlich der Gedanke, Sushi in Tortillas statt in Nori-Blätter zu rollen. Avocado passt wunderbar zu würzigem Thunfisch. Wer nicht so gern rohen Fisch isst, wird von diesen Sushi bestimmt begeistert sein. TSu

ERGIBT 2 ROLLEN, 10–12 STÜCK

2 Tortillas, leicht geröstet
300 g Sumeshi (gekochter Sushi-Reis mit Essig, siehe Seite 152)
½ Avocado, geschält, in dünnen Scheiben
½ Kästchen Kresse
½ EL Schnittlauchröllchen
Mexikanische Salsa zum Servieren

FÜR DEN WÜRZIGEN THUNFISCH:

100 g fein gehacktes Thunfischfleisch
4 EL Mayonnaise
2 EL Ponzu- oder frisch gepresster Zitronensaft
½ EL Chiliöl
1 Prise Shichimi (japanisches Sieben-Gewürze-Pulver)

1 Die Tortillas auf ein Brett legen, je 150 Gramm Sumeshi darauf verteilen.
2 Die Zutaten für den Thunfisch vermischen. Je die Hälfte der Mischung, der Avocado, Kresse und des Schnittlauchs als Strang auf den Reis geben und einrollen.
3 Die Rollen in je 5–6 Stücke schneiden. Auf einer Servierplatte anrichten, mit Salsa servieren.

Kalifornische Super-Sushi

Super California maki

Toshi Sugiura, Küchenchef des Hama in Los Angeles, betreibt direkt neben seinem Restaurant auch eine Sushi-Schule, wo zukünftige Köche drei Monate intensiv ausgebildet werden (in Japan dauert es drei Jahre).

Kalifornische Sushi bekommt man überall auf der Welt. Sushi-Restaurants suchen inzwischen nach etwas Neuem, und in meinem Restaurant, dem Hama in Los Angeles, haben wir es mit einem anderen amerikanischen Favoriten versucht: Anago Kabayaki *(gedämpftes, gegrilltes Meeraalfilet mit süßer Shoyu-Sauce). Das Ergebnis sind wirklich raffinierte Sushi. Fertigen* Kabayaki-*Aal bekommt man tiefgekühlt in Asienläden.* TSu

ERGIBT 2 ROLLEN, 10–12 STÜCK

1 Nori-Blatt, quer halbiert
400 g Sumeshi (gekochter Sushi-Reis mit Essig, siehe Seite 152)
2 EL weiße Sesamsamen
2 gegarte, ausgelöste Königs- oder Schneekrabben oder 100 g Krabbenfleisch aus der Dose
½ Avocado, in 4 Spalten geschnitten
¼ Salatgurke, in Streifen geschnitten
1 großer gegarter Kabayaki-Aal

1 Ein halbes Nori-Blatt auf ein Schneidbrett legen und 200 Gramm Sumeshi darauf verteilen. Mit 1 Esslöffel Sesamsamen bestreuen.
2 Eine Makisu (Sushi-Rollmatte aus Bambus) mit Klarsichtfolie belegen. Das Nori-Blatt mit dem Reis nach unten darauf legen. Die Hälfte des Krabbenfleischs in der Mitte des Nori-Blatts als Strang verteilen, 2 Avocadoscheiben sowie die Hälfte der Gurke dazugeben. Mithilfe der Makisu einrollen. Diese „umgekehrte" Sushi-Rolle (Reis außen) heißt Uramaki. Den Vorgang mit den übrigen Zutaten wiederholen.
3 Den Aal bei starker Hitze 30 Sekunden grillen oder in der Mikrowelle erwärmen, halbieren, auf die Rollen legen und leicht andrücken. Jede Rolle in 5–6 Stücke schneiden und servieren.

Regenbogen-Sushi

Tazuna-zushi

Hideaki Morita stellt hier dieses wunderbare Regenbogen-Sushi vor, das man in Japan schon sehr lange kennt. Inzwischen gibt es die unterschiedlichsten Sushi, traditionelle wie moderne, die vorwiegend von Küchenchefs im Ausland unter Verwendung regionaler Zutaten kreiert wurden. Die kalifornischen Rollen – mit Avocado statt rohem Fisch – sind die vielleicht berühmteste „ausländischen" Sushi, und die in Japan sehr beliebten Tempura-Sushi erfand man mit Sicherheit auch im Ausland.

ERGIBT 4 ROLLEN, 20 STÜCK

2 Nori-Blätter, jeweils quer halbiert (10 x 9 cm)
Etwa 600 g Sumeshi (gekochter Sushi-Reis mit Essig, siehe Seite 152)
1 TL Wasabi-Paste
4 gehäufte EL Mayonnaise
1 Avocado, geschält und längs in 8 Scheiben geschnitten
4 Fischstäbchen, jeweils längs halbiert
1 Thunfischsteak, etwa 100 g (10 × 6 cm)
1 Lachssteak, etwa 100 g (10 × 6 cm)
10 cm Salatgurke, längs halbiert, Samen entfernt
1 küchenfertiges Filet Shime Saba (in Essig eingelegte Makrele), ersatzweise 4 Scheiben geräucherte Forelle (je 10 × 3 cm)
1–2 EL in Essig eingelegte Ingwerscheiben (siehe seite 70) zum Servieren
Shoyu (japanische Sojasauce) zum Servieren

Tazuna *(wörtlich übersetzt „Zügel") ist ein gedrehtes Seil und gibt diesen Sushi den Namen, die mit Zutaten in verschiedenen Farben die Optik eines dicken Seiles nachahmen. Es ist auch gar nicht so leicht, diese Sushi zu rollen, doch das beeindruckende Ergebnis lohnt den Versuch und die Mühe allemal. Darüber hinaus ergibt die Kombination der kräftigen Aromen von Thunfisch, Lachs und Makrele mit frischer Gurke eines der delikatesten Sushi überhaupt.* HMo

1 Zuerst eine Uramaki (umgekehrte Sushi-Rolle, Reis außen) herstellen. Dafür ein halbes Nori-Blatt auf ein trockenes Schneidbrett legen. Etwa 150 Gramm Sumeshi mit der Hand gleichmäßig darauf verteilen. Eine Makisu (Sushi-Rollmatte aus Bambus) mit Klarsichtfolie bedecken und das Nori-Blatt mit dem Reis nach unten darauf legen. Längs entlang der Mitte des Nori-Blatts etwas Wasabi-Paste und 1 gehäuften Esslöffel Mayonnaise verteilen. 2 Avocadoscheiben und 2 halbe Fischstäbchen darauf setzen. Von einer Längsseite aus das Nori-Blatt vom Körper weg einrollen und die Zutaten dabei mit den Fingern an ihrem Platz halten. Den Vorgang für 3 weitere Uramaki wiederholen.

2 Den Thunfisch und Lachs in je 4 dünne Streifen (etwa 10 × 3 Zentimeter), die Salatgurke längs in dünne Streifen und das Makrelenfilet in 4 gleich große Streifen schneiden.

3 Die Makisu erneut mit Klarsichtfolie belegen und auf ein Schneidbrett legen. Die Fisch- und Gurkenstreifen abwechselnd diagonal so darauf legen, dass ein Rechteck von 20 × 8 Zentimeter entsteht. Dafür von links nach rechts 1 Streifen Thunfisch im 45-Grad-Winkel auf die Matte legen. 2 Gurkenstreifen Kante an Kante daneben legen, mit 1 Lachs- und 2 Gurkenstreifen fortfahren und daran 1 Makrelenstreifen anschließen. Wiederum 1 Streifen Thunfisch sowie Gurke, Lachs, Gurke und Makrele auflegen. Die obere linke und untere rechte Ecke des Rechtecks bleiben leer.

4 Eine Uramaki auf die vordere Längskante des Rechtecks aus Fisch und Gurke legen und diese mithilfe der Makisu vom Körper weg einrollen. Die Makisu dabei fest zusammendrücken, sodass eine kompakte Sushi-Rolle entsteht. Den beschriebenen Vorgang mit den übrigen Zutaten noch dreimal wiederholen.

5 Die fertigen Regenbogen-Sushi in je 5 Stücke schneiden und dabei die Messerklinge stets in den Fischstreifen, nicht in der Gurke ansetzen. Mit etwas eingelegtem Ingwer auf einer großen Servierplatte anrichten. Mit kleinen Tellern und einem kleinen Krug Shoyu zum Beträufeln servieren.

Pariser Seafood-Reis

Pari-fu gyokai maze-gohan

Minoru Odajima arbeitete in den späten 1960er-Jahren in Paris und liebt die Stadt immer noch sehr, darum kehrt er jedes zweite Jahr für einen Monat dorthin zurück. Dies ist sein Rezeptvorschlag auf meine Bitte nach einem Reisgericht, zu dem ihn Paris inspiriert hat. Abalonen oder Meerohren sind größere Meeresschnecken und gelten in Südostasien als Delikatesse.

FÜR 4 PERSONEN

400 g Langkornreis, gewaschen
300 g frische Abalonen (nach Belieben)
225 ml Weißwein, plus etwas mehr
12 Garnelen mit der Schale
100 g Miesmuscheln
8 Spargelspitzen
200 g Shimeji oder Austernpilze
Salz
100 g Seeigeleierstöcke (nach Belieben)
2 EL natives Olivenöl extra
3 EL Shoyu (japanische Sojasauce)
Frisch gemahlener schwarzer Pfeffer
90 g grüne oder schwarze Oliven
100 g Ikura (Lachsrogen)

In der japanischen Küche verwenden wir stets Rundkornreis, auch wenn wir den Reis zusammen mit anderen Zutaten garen. Wird der Reis jedoch mit so vielen Zutaten unterschiedlicher Aromen und Texturen vermischt wie in diesem Rezept, ist der kräftigere Langkornreis besser geeignet. Frisch gekochten japanischen Reis schätzt man vor allem wegen seines feinen Geschmacks und der angenehm weichen Konsistenz. MO

1 Den Reis mit 500 Milliliter Wasser in einen Topf füllen. Zugedeckt aufkochen. Die Hitze reduzieren und den Reis 10–12 Minuten zugedeckt köcheln lassen, bis er das gesamte Wasser aufgenommen hat. Zugedeckt warm halten.

2 Die Abalonen (falls verwendet) in 1 Liter Wasser und dem Weißwein bei schwacher Hitze in etwa 2 Stunden weich garen. Abgießen und quer in dünne, mundgerechte Scheiben schneiden. Dabei das Messer leicht diagonal ansetzen.

3 Die Garnelen, Miesmuscheln, Spargelspitzen und Pilze jeweils separat in leicht gesalzenem kochendem Wasser bissfest garen. Abgießen und beiseite stellen.

4 Werden Seeigeleierstöcke verwendet, diese gerade eben mit etwas Weißwein bedecken und zugedeckt 3 Minuten köcheln lassen. Abgießen, beiseite stellen.

5 Einen Reiszuber aus Holz oder eine große Schüssel mit etwas Olivenöl ausreiben und den gekochten Reis hineingeben. Das restliche Olivenöl und 1 Esslöffel Shoyu über den noch dampfenden Reis träufeln. Mit einem Holzspatel hineinschneiden (keinesfalls rühren) und dabei mit einem Fächer wedeln, bis der Reis abgekühlt ist und die Körner nicht mehr aneinander haften.

6 Die Pilze mit der übrigen Shoyu würzen. Mit den Garnelen, Miesmuscheln und Spargelspitzen unter den Reis mischen, salzen, pfeffern, auf 4 Tellern anrichten. Mit Seeigeleierstock, Oliven und Lachsrogen garnieren und servieren.

Dreierlei in Nori gerollte Sushi

Ume-jiso, natto-no oshinko-maki [V]

Make-Zushi *(gerollte Sushi) bereitet man eher zu Hause zu, als dass man sie im Restaurant bestellt. Die traditionellen Farben sind das Grün der Gurke, das Gelb vom* Takuan *(eingelegtem Daikon) und das Rot vom Thunfisch. Hier jedoch drei andere Farbvarianten.*

ERGIBT 6 ROLLEN, 36 STÜCK

FÜR DEN SUMESHI
(GEKOCHTER SUSHI-REIS MIT ESSIG):

400 g japanischer Rundkornreis
5 cm getrockneter Kombu (nach Belieben), mit feuchtem Küchenpapier abgewischt
5 EL japanischer Reisessig
2 EL Zucker
2 EL Meersalz

3 Nori-Blätter, jeweils quer halbiert (in 20 × 10 cm Größe)
2–4 Umeboshi (gesalzene, getrocknete Japanische Aprikosen), entsteint
2–4 Shiso-Blätter, in Streifen geschnitten
25 g Natto (fermentierte Sojabohnen), fein gehackt
1 Frühlingszwiebel, fein gehackt
Salz
Shoyu (japanische Sojasauce) zum Würzen und Servieren
5 cm Salatgurke, längs geviertelt
10 cm Takuan (eingelegter Daikon-Rettich), längs geviertelt
2,5–5 cm Möhre, geschält und in feine Streifen geschnitten
1–2 EL in Essig eingelegte Ingwerscheiben (siehe Seite 70) zum Garnieren

1 Den Reis in kaltem Wasser waschen. Dabei das Wasser mehrmals erneuern, bis es klar bleibt. In ein feines Sieb abgießen, 1 Stunde stehen lassen. (So können die Reiskörner die richtige Menge Wasser aufnehmen.) Den Reis in einen tiefen Topf füllen, 500 Milliliter kaltes Wasser dazugießen, den Kombu (falls verwendet) obenauf legen. Zugedeckt bei starker Hitze aufkochen und 1 Minute kochen lassen. Den Kombu herausnehmen und wegwerfen. Den Reis bei niedrigster Hitze zugedeckt 13–15 Minuten köcheln lassen, bis er das gesamte Wasser aufgenommen hat. Vom Herd nehmen und zugedeckt 5 Minuten stehen lassen. Mit einem Holzspatel den Reis wenden, damit die Körner nicht aneinander haften und der Reis nicht zu fest wird. Mit einem sauberen Küchentuch bedecken (zum Aufnehmen der Feuchtigkeit), den Deckel darauf setzen und für 10–15 Minuten beiseite stellen.

2 Für den Sumeshi (Sushi-Reis) den gekochten Reis in einen feuchten Holzzuber oder eine große Schüssel füllen. Reisessig, Zucker und Salz vermischen und portionsweise gleichmäßig über den Reis träufeln. Mit dem Holzspatel die Essigmischung vorsichtig hineinschneiden (nicht rühren) und den Reis dabei ständig mit einem Fächer kühlen. Auf Körpertemperatur abkühlen lassen.

3 Zuerst die Ume-Jiso zubereiten. Dafür eine Makisu (Sushi-Rollmatte aus Bambus) auf ein Schneidbrett und darauf horizontal ein halbes Nori-Blatt legen. 1 Hand voll Sumeshi zu einer dicken Wurst formen, auf das Nori-Blatt setzen und mit den Fingern gleichmäßig darauf verteilen. Dabei an der gegenüberliegenden Seite einen 1 Zentimeter breiten Rand frei lassen. Freie Stellen mit zusätzlichem Reis füllen. 1–2 Umeboshi in der Mitte in einer Reihe auf den Reis und darauf die Hälfte der Shiso-Streifen legen. Vom Körper weg fest einrollen und die Zutaten dabei mit den Fingern im Innern halten. Aus der Rollmatte nehmen, beiseite legen. Den Vorgang für eine weitere Rolle wiederholen.

4 Für die Natto-Maki gehackte Natto und Frühlingszwiebel vermischen und mit etwas Salz und Shoyu würzen. Den weißen Teil der Gurke großzügig wegschneiden und wegwerfen. Den grünen Teil in feine Streifen schneiden. Etwas Reis, wie in Arbeitsschritt 3 beschrieben, auf einem Nori-Blatt verteilen. Die Hälfte der Natto-Mischung in einem schmalen Strang in die Mitte geben und mit der Hälfte der Gurkenstreifen bedecken. Wie oben einrollen und eine weitere Rolle herstellen.

5 Für die Oshinko-Maki den geviertelten Takuan in 1 Zentimeter breite Zylinder schneiden. Wiederum ein Nori-Blatt mit Reis bedecken und in die Mitte 2 Takuan-Stücke nebeneinander legen. Die Hälfte der Möhrenstreifen darüber verteilen. Einrollen und eine weitere Rolle herstellen.

6 Die einzelnen Rollen in je 6 Stücke schneiden und mit Ingwer garniert servieren. Dazu Shoyu auf einem kleinen Teller reichen.

Sushi mit Meerbrassen aus der Pressform

Kodai no oshi-zushi

Yuichi Oyama, Küchenchef im Yoshino Sushi in Osaka, zeigt hier eine Variante dieses in Japan sehr beliebten Gerichts. Tokio und Osaka sind in vielerlei Hinsicht äußerst gegensätzliche Städte, am deutlichsten sind jedoch die kulinarischen Unterschiede. Osakas bodenständige Küche zeigt sich in den zahlreichen Restaurants, die überall entstehen, vor allem in einer Gegend, die „Essen-bis-zum-Bankrott“ genannt wird. Während Finger-Sushi mit einer Scheibe rohem Fisch eine relativ neue Tokioter Kreation sind, stammen gepresste und gemischte Sushi-Arten, etwa *Hako-Zushi*, aus Osaka.

ERGIBT 1 FORM

1 kleines Rotbrassenfilet (etwa 150 g)
Salz
Reisessig zum Marinieren
300 g Sumeshi (gekochter Sushi-Reis mit Essig, siehe Seite 152)
1 Nori-Blatt, auf die Größe der Sushi-Form zugeschnitten

Hako-Zushi *wird gern „*Kaiseki *auf acht Zentimetern“ genannt und besteht – jeweils in eine acht Zentimeter große quadratische Form gepresst – aus drei der besten Sushi-Arten:* Meerbrassen-, Anago-*Sushi (Meeraal) sowie* Kokera-Zushi *(Eieromelett, Shiitake und Garnelen). Dieses Rezept wurde von der dritten Generation der Besitzer des Yoshino Sushi 1890 kreiert. Und bis in die 1950er-Jahre war es so populär, dass man es in allen Sushi-Restaurants in Osaka bekam. Es freut mich sehr, dass ich hier eines unserer legendären* Hako-Zushi *vorstellen kann.* YO

1 Mit der Zubereitung 1 Tag im Voraus beginnen. Das Fischfilet leicht einsalzen und 1 Stunde stehen lassen. Das Filet unter fließendem kaltem Wasser abspülen, mit Küchenpapier trockentupfen und in Reisessig 10–15 Minuten marinieren, bis das Filet milchig weiß wird. Aus dem Essig nehmen und erneut trockentupfen. In Klarsichtfolie einwickeln und über Nacht in den Kühlschrank legen.

2 Das Fischfilet horizontal in 4 dünne Scheiben, die Scheibe mit der Haut nochmals längs in 3 Streifen schneiden. Eine quadratische hölzerne Sushi-Pressform (8 × 8 Zentimeter) oder einen entsprechend großen Kunststoffbehälter so mit Klarsichtfolie auskleiden, dass diese 5–6 Zentimeter über den Rand hängt. 2 der am schönsten rot gefärbten Filetstreifen mit der Haut nach unten außen an zwei gegenüberliegende Seiten legen. Den gesamten Zwischenraum mit den weißen Fischscheiben füllen. (Übrige Hautstücke wegwerfen oder mit ein wenig Sumeshi verzehren.)

3 So viel Sumeshi auf dem Fisch verteilen, dass die Form in halber Höhe gefüllt ist. Das Nori-Blatt darauf legen, mit dem restlichen Reis die Form vollends füllen, die Folie darüber schlagen und den Holzdeckel fest darauf pressen. Wird ein Kunststoffbehälter verwendet, ein hartes Brett so zurechtschneiden und darauf setzen, dass es genau in den Behälter passt; mit einem Gewicht beschweren und mit den Händen fest darauf drücken oder das Gewicht bis zu 24 Stunden darauf belassen.

4 Zum Servieren aus der Form oder dem Behälter stürzen, die Fischseite ist oben. Vorsichtig in mundgerechte quadratische Stücke schneiden und die Sushi auf einer großen Servierplatte anrichten. Nach Belieben mit Brunnenkresse und Limettenspalten garnieren und mit etwas Shoyu in einer kleinen Schale servieren.

Reissuppe mit Wachtel

Uzura zousui

Eiichi Takahashi, der in der 14. Generation das Hyotei als Küchenmeister leitet, demonstriert hier die Zubereitung von Wachtel-*Zousui*. Das Hyotei, auf dem Anwesen des Nanzenji-Tempels in Kyoto errichtet, begann 1837 als Teehaus, um die Aufmerksamkeit der Tempelbesucher auf sich zu ziehen. Es hatte Erfolg und wurde zu einem der etabliertesten *Ryotei* (Gesellschaftshäuser), das von reichen Kaufleuten aus Osaka besucht wurde. Auf ihrem Heimweg von nächtlichen Vergnügungen in den nahe gelegenen Geisha-Häusern kamen sie gewöhnlich sehr früh am Morgen vorbei. War das Haus so früh auch noch nicht geöffnet, musste das *Ryotei* ihnen doch etwas zu essen anbieten, denn sie waren gute, regelmäßige Kunden. Und so begann die Tradition der *Asa-Gayu* (der morgendlichen Reisschleimsuppe), die den Gästen auch heute noch zum späten Frühstück angeboten wird. Im Winter serviert man dagegen den reichhaltigeren *Zousui*, in Brühe gekochten Reis.

FÜR 4 PERSONEN

2 Wachteln, entbeint und enthäutet
2 EL dunkle Shoyu (japanische Sojasauce)
400 g kalter gekochter Reis
500 ml Hühnerbrühe
500 ml Dashi
1 EL helle Shoyu (japanische Sojasauce)
Salz
1 Bund Mitsuba oder Schnittlauch, in 1,5 cm lange Stücke geschnitten

Wir haben Asa-Gayu *erstmals in den 1870er-Jahren serviert. Das Geheimnis liegt in der* Yoshino Kuzu-An *(eingedickte Dashi-Brühe), die über den Reisschleim gegossen wird, was ihn nach einer trinkfreudigen Nacht bekömmlicher macht.* Uzura-Gayu *(=* Zousui, *doch wir nennen das Gericht immer noch* Uzura-Gayu, *als Unterscheidung zu* Asa-Gayu*) hat mehr Biss, da Wachtelfleisch dafür verwendet wird sowie kalter Reis.* ET

1 Das Wachtelfleisch in 5 Millimeter große Würfel schneiden und mit dunkler Shoyu beträufeln. Mindestens 10 Minuten marinieren lassen. (Dies mindert den Geruch des Vogels.)

2 Den Reis in einem feinen Sieb unter fließendem Wasser waschen, um die Körner voneinander zu trennen.

3 Hühnerbrühe und Dashi in einem Topf bei starker Hitze zum Kochen bringen. Den gewaschenen Reis hineingeben, erneut aufkochen und bei schwacher Hitze etwa 5 Minuten köcheln lassen. Das Wachtelfleisch hinzufügen und mit heller Shoyu und 1 Prise Salz würzen. Sobald der Reis aufquillt und die Suppe eindickt, Mitsuba oder Schnittlauch dazugeben und sofort vom Herd nehmen. Alles gut vermischen, die Suppe in 4 Reisschalen verteilen und servieren.

Makunouchi-Bento mit Koya-Dofu, Ei und Gemüse

Makunouchi bento [V]

Makunouchi *bedeutet wörtlich „im Vorhang" und ist ein Sumo-Begriff für Ringer über einer bestimmten Leistungsstufe. Der* Bento, *die japanische Lunchbox, wird meist dann verzehrt, wenn hoch eingestufte Sumo-Ringer ihren Kampf beginnen – daher der Name. Dies ist die reichhaltigste* Bento-*Variante, sie wird traditionell in einer unterteilten Lackdose serviert. Dazu gehören Reis, gebratene, gegrillte und gekochte Speisen, Salat, Pickles und auch Früchte. Man reicht dazu Sake, Bier und/oder Miso-Suppe.*

ERGIBT 2 BENTOS

200 g japanischer Rundkornreis
Sesamsamen, leicht geröstet, zum Bestreuen
2 große getrocknete Shiitake, über Nacht in Wasser eingeweicht
2 Blöcke Koya-Dofu (gefriergetrockneter Tofu)
1 EL Shoyu (japanische Sojasauce)
1 EL Mirin
2 EL Zucker
Einige Pickles
Gemüse-Tempura (siehe Seite 60), 2–3 pro Bento
10–12 Ginnan (gegarte Ginkgonüsse im Glas oder in der Dose)
Tamago-Yaki (japanisches Omelett, siehe Seite 139), 2 pro Bento
Möhre, in Blütenform geschnitten und gegart
Sake oder Miso-Suppe zum Servieren

1 Den Reis kochen, wie auf Seite 152 beschrieben. Zu Blüten oder kleinen Häufchen formen. Mit Sesamsamen bestreuen.
2 Die Shiitake abgießen, das Wasser auffangen. Die Stiele abschneiden und wegwerfen. Koya-Dofu 5 Minuten in Wasser einweichen, abgießen und ausdrücken. Etwa 100 Milliliter des Pilzwassers in einem flachen Topf aufkochen und mit Shoyu, Mirin und Zucker würzen. Shiitake und Koya-Dofu 7–8 Minuten darin köcheln lassen, bis sie das Aroma aufgenommen haben. Abgießen und beiseite stellen.
3 Die einzelnen Zutaten in einem Makunouchi-Bento anrichten: Reis und Pickles, Koya-Dofu und Shiitake, Gemüse-Tempura und Ginkgonüsse, Tamago-Yaki mit Möhren darauf. Mit Sake oder 1 Schale Miso-Suppe servieren.

Bento mit Hackfleisch und Rührei

Soboro bento

Soboro *ist ein japanischer Begriff für Speisen von sehr lockerer Konsistenz, wie etwa gegarter zermahlener Fisch mit weißem Fleisch. Hackfleisch, das auf die gleiche Weise zubereitet wird, heißt ebenfalls* Soboro, *auch wenn das Ergebnis – Fleisch statt Fisch – nicht ganz dasselbe ist. Dieser* Bento *(Lunchbox) mit Reis,* Soboro *aus Hühnchen und Rührei lässt sich leicht zubereiten, und durch die kontrastierenden Farben sieht er auch besonders attraktiv aus. Der Reis wird mit etwas Shoyu gekocht, wodurch er eine dunklere Farbe bekommt. Man nennt diesen gefärbten Reis* Cha-Meshi *– Teereis, da die Farbe an Tee erinnert.*

FÜR 4 PERSONEN

FÜR DEN REIS:
400 g japanischer Rundkornreis
1 TL Zucker
1 EL Shoyu (japanische Sojasauce)
½ TL Salz
1 EL Sake

Öl zum Braten
200 g gehacktes Hühnerfleisch
3 EL Sake
2 EL Shoyu (japanische Sojasauce)
4 EL Zucker
3 große Eier, verquirlt
⅔ TL Salz
12 Zuckerschoten, gegart und in Streifen geschnitten
1–2 EL in Essig eingelegte Ingwerscheiben (siehe Seite 70), in Streifen geschnitten

1 Den Reis gründlich in kaltem Wasser waschen. Dabei das Wasser mehrmals erneuern, bis es klar bleibt. Den Reis abtropfen und 30 Minuten stehen lassen. Mit 500 Milliliter Wasser in einen tiefen Topf füllen, Zucker, Shoyu, Salz und Sake einrühren. Zugedeckt bei starker Hitze zum Kochen bringen. Die Hitze reduzieren und den Reis bei niedrigster Temperatur 13–15 Minuten köcheln lassen, bis er das gesamte Wasser aufgesogen hat. Vom Herd nehmen und zugedeckt 5 Minuten ruhen lassen. Den Reis mit einem Holzspatel wenden, um die Körner voneinander zu trennen. Den Topf mit einem sauberen Küchentuch abdecken, den Deckel wieder aufsetzen und den Reis 10–15 Minuten stehen lassen.

2 Eine Pfanne erhitzen und etwas Öl gleichmäßig darin verlaufen lassen. Das Hühnerfleisch mit dem Sake, der Shoyu und je 1 Esslöffel Zucker und Wasser hineingeben und ständig mit einer Gabel rühren, bis das gehackte Fleisch krümelig zerfällt. Aus der Pfanne nehmen und beiseite stellen.

3 Für das süße Rührei die Eier mit dem restlichen Zucker und dem Salz verrühren und in die heiße Pfanne gießen. Unter ständigem Rühren braten, sodass ein flockiges Rührei entsteht.

4 Je ein Viertel gekochten Reis in 4 Bentos oder Nudelschalen verteilen. Jeweils eine Hälfte der Reisoberfläche mit einem Viertel Fleisch und die andere Hälfte mit einem Viertel Rührei bedecken. Dazwischen quasi als Trennlinie je ein Viertel der Zuckerschoten arrangieren und etwas eingelegten Ingwer in die Mitte setzen. Heiß oder kalt servieren.

Gemischtes Sushi für Vegetarier

Chirashi-zushi [V]

Es gibt zweierlei Chirashi-Zushi *(„verstreutes Sushi"): Sushi-Reis mit rohen und/oder gegarten Zutaten sowie eine Reisschale mit verschiedenen* Sashimi *darauf. Die erste Variante ist ein beliebtes Familien- oder Partygericht – ideal für viele Gäste –, denn man kann fast alles mit dem Reis vermischen, solange man auf eine schöne Farbkombination achtet. Wer nicht vegetarisch isst, kann geräucherten Fisch, etwa Lachs, Forelle oder Aal, verwenden, aber auch Schinken, Würstchen oder* Soboro *aus Hackfleisch (siehe Seite 158).*

FÜR 4–8 PERSONEN

FÜR DEN SUMESHI
(GEKOCHTER SUSHI-REIS MIT ESSIG):

400 g japanischer Rundkornreis
5 cm getrockneter Kombu (nach Belieben), mit feuchtem Küchenpapier abgewischt
5 EL japanischer Reisessig
2 EL Zucker
2 TL Meersalz

4–5 getrocknete Shiitake, über Nacht in reichlich Wasser eingeweicht
4½ EL Shoyu (japanische Sojasauce)
3 EL Mirin
6 TL Zucker
1 kleine Möhre, geschält und in feine Streifen geschnitten
Salz
7 g Kanpyo (getrocknete Kürbisstreifen), nach Belieben
50 g Zuckerschoten, Enden weggeschnitten
2 EL weiße Sesamsamen
Pflanzenöl zum Braten
2 Eier, verquirlt
½ Nori-Blatt, in dünne Streifen geschnitten
5 cm Takuan (eingelegter Daikon-Rettich), in feine Streifen geschnitten, ersatzweise ein anderes eingelegtes Gemüse aus dem Asienladen

1 Den Reis kochen und den Sumeshi (Sushi-Reis) zubereiten, wie auf Seite 152 (Dreierlei in Nori gerollte Sushi) beschrieben. Beiseite stellen.

2 Die eingeweichten Shiitake abgießen, das Wasser auffangen und aufbewahren. Die Stiele abschneiden und wegwerfen. Die Hüte in dünne Streifen schneiden, dabei das Messer im 45-Grad-Winkel ansetzen. Etwa 100 Milliliter des Einweichwassers in einen kleinen Topf füllen, bei starker Hitze zum Kochen bringen. 1½ Esslöffel Shoyu, 1 Esslöffel Mirin und 2 Teelöffel Zucker einrühren. Die Shiitakestreifen darin bei mittlerer Hitze 10 Minuten köcheln lassen, bis die Flüssigkeit um die Hälfte eingekocht ist. Abkühlen lassen.

3 Die Möhrenstreifen in leicht gesalzenem Wasser 2 Minuten kochen und abgießen. Wie die Shiitake mit denselben Mengen Einweichwasser, Shoyu, Mirin und Zucker garen. Zum Abkühlen beiseite stellen.

4 Die Kürbisstreifen (falls verwendet) mit Salz einreiben. In kaltem Wasser abspülen und dabei mit der Hand ausdrücken. In kochendem Wasser 10 Minuten garen (die Kürbisstreifen sollten gerade bedeckt sein), bis sie beinahe transparent sind. Abgießen und in 2,5 Zentimeter lange Streifen schneiden. Ebenso wie die Shiitake und Möhre garen, beiseite stellen.

5 Die Zuckerschoten in leicht gesalzenem Wasser 1–2 Minuten bissfest kochen. Abgießen und unter fließendes kaltes Wasser halten (so behalten sie ihre leuchtend grüne Farbe). Mit Küchenpapier trockentupfen und jeweils leicht diagonal in zwei Hälften schneiden. Einen Topf ohne Fett stark erhitzen und die Sesamsamen darin unter Schwenken rösten, bis sie zu springen beginnen.

6 Eine Pfanne stark erhitzen und etwas Öl gleichmäßig darin verlaufen lassen. Die Pfanne mit Küchenpapier so ausreiben, dass der Boden nur noch dünn mit Öl bedeckt ist. Die Hitze reduzieren und die Hälfte der mit 1 Prise Salz verquirlten Eier hineingießen. Dabei die Pfanne schwenken, damit sich das Ei gleichmäßig dünn verteilt. Sobald das Ei fest ist, auf ein Brett gleiten lassen und den Vorgang mit dem übrigen Ei wiederholen. Die beiden Omeletts in 5 Zentimeter lange, dünne Streifen schneiden.

7 Shiitake-, Möhren- und Kürbisstreifen, Zuckerschoten und Takuan mit einem Holzspatel vorsichtig unter den Reis heben (nicht drücken). Mit Sesam bestreuen und die Eierstreifen darüber verteilen. Auf Tellern anrichten oder in einem hölzernen Reiszuber oder auf einer Platte servieren.

HISASHI TAOKA

Makrelen-Sushi

Battera

Hisashi Taoka ist Fischhändler und Besitzer des Kiku-Restaurants in London. *Battera*, auch als *Saba-Zushi* bekannt, gehört zu den beliebtesten gerollten Sushi-Spezialitäten und lässt sich ganz einfach zubereiten. Es kann mit jedem haltbar gemachten Fisch, etwa Meerbrassen, Forelle oder Lachs, zubereitet werden. Forelle oder Lachs sollte man geräuchert verwenden, statt sie frisch einzusalzen. Eingesalzene, in Essig marinierte Makrele wie in diesem Rezept kann man auch pur mit heißem Reis verzehren. Hier nun das authentische *Battera*-Rezept, das eine Spezialität aus Kyoto ist.

FÜR 4 PERSONEN

Salz
2 Makrelenfilets (je 200 g)
225 ml Essig
1 EL Zucker
2 TL Wasabi-Paste
650 g Sumeshi (gekochter Sushi-Reis mit Essig, siehe Seite 152)
1–2 EL in Essig eingelegte Ingwerscheiben (siehe Seite 70) zum Garnieren
2 Stück Battera-Kombu (nach Belieben; 10 × 20 cm) sowie etwas Essig, Zucker, Mirin und 1 Prise Salz

Die Makrele ist ein wunderbarer Fisch: Sie sieht hübsch aus, schmeckt delikat und ist dabei auch noch preisgünstig. Für Sushi muss sie natürlich taufrisch sein. Der transparente Battera-Kombu *betont die schöne silbrige Haut der Makrele.* HT

1 In einer flachen Schale reichlich Salz verteilen. Die Makrelenfilets nebeneinander hineinlegen und mit Salz vollständig bedecken. Über Nacht im Kühlschrank Wasser ziehen lassen.
2 Die Makrelenfilets unter fließendem kaltem Wasser abspülen, mit Küchenpapier trockentupfen. Mit der Haut nach unten auf einen Teller legen und mit einer Pinzette sämtliche Gräten entfernen, auch die kleineren unter der Mittelgräte. Blutige Stellen entfernen und mit den Fingern die äußere Haut vorsichtig abziehen, sodass die silbrigen Streifen intakt bleiben.
3 Essig und Zucker verrühren und die Filets 10–20 Minuten darin marinieren lassen. Abgießen und trockentupfen.
4 Die Filets mit der Haut nach unten auf ein Brett legen. Mit parallel zum Brett geführter Klinge eine dicke Scheibe (vom Schwanz bis zum Kopf) abschneiden und diese im Verhältnis 7:3 (Kopfende zu Schwanzende) in 2 Stücke schneiden. Die Haut im Zickzackmuster leicht einritzen.
5 Ein feuchtes Tuch auf eine Makisu (Sushi-Rollmatte aus Bambus) und darauf ein Filet mit der Haut nach unten legen. Von der abgeschnittenen Scheibe das größere Stück längs neben das Schwanzende legen, das kleinere neben das breite Bauchende. Auf diese Weise fortfahren, bis ein geschlossenes Rechteck entstanden ist.
6 Ein wenig Wasabi-Paste entlang der Mitte verteilen. Die Hälfte des Sumeshi mit den Händen zu einer länglichen Wurst formen. Auf die Makrele geben und so einrollen, dass Fisch und Reis zusammenhalten, dabei den Reis an beiden Seiten der Makisu hineindrücken. Makisu und Tuch entfernen und die Rolle in 1,5 Zentimeter dicke Stücke schneiden. Auf dieselbe Weise eine zweite Rolle fertig stellen. Gleichmäßig auf 4 Teller verteilen, mit Ingwer garnieren und servieren.
7 Wird Battera-Kombu verwendet, diesen 10 Minuten in heißem Wasser einweichen. In einer Mischung aus Essig, Zucker, Mirin und Salz 5 Minuten köcheln lassen. Die Sushi-Rolle vor dem Schneiden darin einschlagen.

9

Nudeln

Kalte Udon-Nudeln mit Meeresfrüchten

Umi no sachi no udon pasta

Minoru Odajima serviert den Gästen in seinem Restaurant in Sangenjaya, Tokio, ein spezielles Menü, das monatlich wechselt und von ihm bescheiden *Kappoh* genannt wird. *Kappoh* heißt wörtlich übersetzt „schneiden und kochen" und ist ein alter Ausdruck für ein vor den Gästen frisch zubereitetes Essen. Es handelt sich um eine Art schnelles *Mini-Kaiseki* (ein formelles mehrgängiges Mahl). Das Menü besteht aus einem Appetithappen, einem kleinen Gericht, einer Vorspeise, Suppe, *Sashimi*, gegrilltem Fisch, einer westlichen Speise (Fleisch), Miso-Suppe, Nudeln und eingelegtem Gemüse sowie einem Dessert. Dieses sehr einfache *Udon*-Gericht wird in Odajimas Restaurant nicht als Nudelgericht serviert, sondern ist eine kleine Vorspeise, eine Gaumenfreude für die Gäste vor den Hauptgängen.

FÜR 4 PERSONEN

1 Kalmar, küchenfertig
8 mittelgroße Garnelen, geschält
8 Miesmuscheln
100 g Venusmuscheln
4 Seeigel, küchenfertig
Salz
1 kleiner Brokkoli, in Röschen zerteilt
4 grüne Spargelstangen
250–300 g getrocknete Udon
  (dicke Weizennudeln)
Frisch gemahlener Pfeffer
Olivenöl zum Beträufeln

Da Udon-*Nudeln sehr dick sind, werden sie gewöhnlich nicht kalt verzehrt – man gart sie vielmehr in einer kräftigen Brühe, um ihnen Geschmack zu verleihen. Für dieses Gericht werden sie wie Pasta verwendet, und da die folgenden Gänge sehr pikant sind, ergeben die* Udon *mit dem feinen Meeresfrüchte-Aroma eine leichte, den ersten Appetit stillende Vorspeise und eine gute Grundlage für die späteren Weine. Dieses Rezept ist allerdings eine etwas reichhaltigere Variante und nicht unbedingt eine Vorspeise wie in meinem Restaurant, sondern schon fast ein Hauptgericht.* MO

1 Die Meeresfrüchte waschen. Separat in leicht gesalzenes kochendes Wasser einlegen und garen. Den Kalmar in dünne Ringe schneiden.

2 Das Gemüse ebenfalls separat in leicht gesalzenem kochendem Wasser garen. Abgießen und abtropfen lassen. Die Spargelstangen diagonal in je 4–5 Stücke schneiden.

3 Die Udon-Nudeln nach Herstellerangabe in Wasser kochen – in der Regel 10–13 Minuten. Nicht zu lange kochen, damit sie nicht weich werden. Abgießen und sofort unter fließendes kaltes Wasser halten, um die Stärke abzuspülen. Wiederum abgießen und abkühlen lassen.

4 Je ein Viertel der abgekühlten Nudeln auf große Pasta-Teller verteilen und die verschiedenen Meeresfrüchte gleichmäßig darauf anrichten. Je ein Viertel der Brokkoliröschen und Spargelabschnitte dekorativ dazwischen arrangieren. Mit Salz und Pfeffer bestreuen und etwas Olivenöl darüber träufeln. Kalt servieren.

Udon-Nudeltopf mit Gemüse, Fisch und Fleisch

Udon-suki

Hisashi Taoka, Chef des Kiku-Restaurants Mayfair in London, zeigt hier eines seiner *Nabe-Mono* (Eintopfgerichte). Das japanische Verständnis von gutem Essen heißt: ganz frisch vom Koch selbst zubereitete Gerichte oder direkt aus dem Topf. In guten Restaurants gibt es darum stets Plätze an der Theke, von denen aus man sehen kann, wie Sushi, Tempura oder *Tonkatsu* zubereitet und serviert werden. Oder man bereitet das Essen selbst im *Nabe* (Tontopf) zu.

FÜR 4 PERSONEN

8 Blätter Hakusai (Chinakohl), Salz
1 Bund Mitsuba oder 150 g Spinat
1 mittelgroße Möhre
10 cm Daikon-Rettich
200 g Lachs mit Haut
200 g Fisch mit weißem Fleisch, etwa Kabeljau, Schellfisch oder Heilbutt, mit Haut
200 g Hühnerfleisch, in mundgerechte Stücke geschnitten
90 g Shimeji oder Shiitake, geputzt
90 g Enoki-Pilze, geputzt
1 Bund Frühlingszwiebeln, in 5 cm lange Stücke geschnitten
1 Block Tofu, in 8 Würfel geschnitten
8–12 Venusmuscheln mit Schale (nach Belieben)
400 g gekochte Udon (dicke Weizennudeln)
Momiji-Fu (Glutenkuchen in Ahornblattform), nach Belieben
Yuzu- oder Zitronensaft zum Servieren

FÜR DIE BRÜHE:
700 ml Dashi
3 EL helle Shoyu (japanische Sojasauce)
2 ½ EL Mirin, 1 EL Sake

Das Schöne an Nabe-Mono *ist, dass man nicht auf bestimmte Zutaten beschränkt ist, solange man einen Proteinlieferanten wie Fleisch, Fisch oder Tofu und verschiedene Gemüsesorten verwendet. Die bekanntesten* Nabe-Mono *sind wahrscheinlich* Sukiyaki *und* Shabu-Shabu, *deren wichtigste Zutat jeweils dünn aufgeschnittenes Rindfleisch ist. Verwendet man stattdessen Fisch, etwa Seeteufel, sowie die gleichen Gemüsesorten, heißt das Gericht* Anko-Nabe, *und mit Hühnchen wird daraus* Tori-Suki. *Dieses* Udon-Suki *ist ein wunderbarer* Udon-Nabe *mit Huhn, Fisch und Tofu sowie verschiedenem Gemüse. Am besten eignen sich Hühner- oder Gemüsebrühe und jegliches Saisongemüse.* HT

1 Die Hakusai-Blätter in leicht gesalzenem kochendem Wasser 30 Sekunden blanchieren. Abgießen und sofort unter fließendes kaltes Wasser halten. Mitsuba oder Spinat genauso vorbereiten. Möhre und Daikon in je 8 Stücke, 5 Millimeter dick, schneiden, deren Länge und Breite dem weißen Teil der Hakusai entspricht. In leicht gesalzenem Wasser bei starker Hitze 1 Minute kochen und abgießen.

2 Ein Hakusai-Blatt mit der Unterseite auf eine Makisu (Sushi-Rollmatte aus Bambus) legen. Je ein Stück Möhre und Daikon und ein Achtel von Mitsuba oder Spinat auf das dicke weiße Ende legen und das Blatt mithilfe der Makisu einrollen. Den Vorgang mit den übrigen Zutaten für weitere 7 Hakusai-Rollen wiederholen. Die Rollen in je 2–3 Stücke schneiden, beiseite stellen.

3 Lachs, Kabeljau (oder anderen Fisch) und Hühnerfleisch separat je 1 Minute in kochendem Wasser blanchieren. Abgießen, sofort in eisgekühltes Wasser geben. Mit Küchenpapier trockentupfen. Den Fisch mit etwas Haut in mundgerechte Stücke schneiden.

4 Die Zutaten für die Brühe in einem Topf bei starker Hitze aufkochen. Vom Herd nehmen, warm halten.

5 Je ein Viertel der Hakusai-Röllchen sowie von Lachs, Kabeljau, Huhn, Shimeji (oder Shiitake), Enoki, Frühlingszwiebeln, Tofu, Venusmuscheln (falls verwendet), Udon-Nudeln und Momiji-Fu (falls verwendet) in einen Donabe (Tontopf) füllen und die Brühe darüber gießen. Bei starker Hitze aufkochen, eventuell nachwürzen. Den Donabe auf einem Rechaud auf den Tisch stellen. Die Gäste bedienen sich selbst und beträufeln die Zutaten in ihren Schalen mit Yuzu- oder Zitronensaft. Während des Essens weitere Zutaten in der Brühe im Donabe garen.

Kalte Ramen-Nudeln mit Schinken, Ei und Gurke

Hiyashi chuka

Obwohl man Ramen *(sehr feine Weizennudeln) in heißer Suppe das ganze Jahr hindurch bekommen kann, sind die kalten Weizennudeln im heißen, feuchten japanischen Sommer ein beliebtes Gericht. Auf den kalten* Ramen *werden verschiedenste Zutaten angerichtet, etwa* Chasu *(lange gegartes Schweinefleisch), Schinken, Gurke und Ei, und mit erfrischend säuerlicher* Tare *(Shoyu-Sauce) übergossen. Man kann die Zutaten aber auch einzeln servieren und die* Ramen *in die Sauce dippen.*

FÜR 4 PERSONEN

FÜR DIE TARE-SAUCE:
225 ml Hühnerbrühe
7 EL Shoyu (japanische Sojasauce)
7 EL Essig
7 EL Zucker
1 EL frisch gepresster Ingwersaft
2 EL Sesamöl

400 g getrocknete Ramen (feine Weizennudeln)
4 getrocknete Shiitake, über Nacht in Wasser eingeweicht
2 EL Shoyu (japanische Sojasauce)
1 EL Zucker
1 EL Mirin
Pflanzenöl zum Braten
2 Eier, verquirlt
Salz
½ Salatgurke, von den Samen befreit, in dünne Streifen geschnitten
200 g Schinken, in Streifen geschnitten
10 g Ito-Kanten (Agar-Agar-Fäden), nach Belieben

1 Die Zutaten für die Tare-Sauce so lange in einer Schüssel verrühren, bis sich der Zucker gelöst hat. Über Nacht in den Kühlschrank stellen. Dadurch verliert der Essig seine Schärfe.

2 Reichlich Wasser in einem Topf zum Kochen bringen. Die Ramen hineingeben und das Wasser wieder aufkochen. Die Hitze leicht reduzieren, sodass das Wasser nicht überkocht, aber doch möglichst stark sprudelt. Die Garzeit richtet sich nach der Herstellerangabe – in der Regel 4–5 Minuten. Die Nudeln abgießen und sofort unter fließendes kaltes Wasser halten, um die Stärke abzuspülen.

3 Die eingeweichten Shiitake abgießen, das Wasser auffangen und beiseite stellen. Die Shiitake in dünne Streifen schneiden. Etwa 125 Milliliter Einweichwasser in einen Topf füllen und bei starker Hitze zum Kochen bringen. Die Hitze reduzieren und Shoyu, Zucker und Mirin einrühren. Die Shiitake 7–8 Minuten darin köcheln lassen, bis die Flüssigkeit um die Hälfte eingekocht ist. In der Flüssigkeit abkühlen lassen.

4 Eine Pfanne stark erhitzen. Etwas Öl hineingießen und die Pfanne dabei schwenken, sodass der Boden gleichmäßig mit Öl überzogen ist. Überschüssiges Öl mit Küchenpapier abwischen. Die Eier mit 1 Prise Salz verquirlen. Die Hälfte der Eier in die Pfanne gießen und diese dabei schwenken, damit sich das Ei gleichmäßig dünn verteilt. 30 Sekunden braten, bis das Ei fest ist, und auf ein Schneidbrett gleiten lassen. Mit dem übrigen Ei ebenso verfahren. Die Omeletts in 5–6 Zentimeter lange, dünne Streifen schneiden.

5 Die Nudeln in eisgekühltes Wasser legen, abgießen und abtropfen lassen. Auf 4 Teller verteilen und je ein Viertel der Shiitake, Eistreifen, Gurke, Schinken und Ito-Kanten (falls verwendet) darauf anrichten. Die Tare-Sauce darüber gießen, kalt servieren.

Ramen-Nudeln mit Pilzen

Kinoko ramen [V]

Ramen *sind Nudeln nach chinesischer Art, sie unterscheiden sich von anderen japanischen Nudeln durch ihre Geschmeidigkeit. Diese wird durch* Kansui, *alkalisches Wasser, erreicht, das dem Weizenmehl und manchmal auch Eiern zugefügt wird.* Ramen *isst man gewöhnlich zu einer ganzen Reihe von Speisen, einschließlich Fleisch, und da sie reichhaltiger sind als* Udon- *und* Soba-*Nudeln, sind sie in Japan inzwischen viel beliebter. Auch im Westen nimmt die Begeisterung für* Ramen *auffallend zu. Hier nun ein schmackhaftes vegetarisches* Ramen-*Gericht, das mit der Einweichflüssigkeit von Shiitake bereitet wird. Wer nicht vegetarisch isst, kann auch eine kräftige Hühnerbrühe verwenden.*

FÜR 4 PERSONEN

1 Büschel Shimeji-Pilze, geputzt
1 Büschel Enoki-Pilze, geputzt
4–6 frische Shiitake, geputzt, oder getrocknete Shiitake, 1 Stunde in Wasser eingeweicht
30 g getrockneter Wakame (Algenart) oder 150 g junge Spinatblätter
Salz
100 g getrocknete Ramen-Nudeln
Etwas Pflanzenöl zum Pfannenrühren
100–150 g gekochtes Zenmai (japanisches Berggemüse), nach Belieben
100 g Nameko-Pilze (nach Belieben)
Frisch gemahlener Pfeffer

FÜR DIE BRÜHE:

1⅛ l Einweichwasser von getrockneten Shiitake
1,5 cm frische Ingwerwurzel, geschält und angedrückt
2 Knoblauchzehen, geschält und angedrückt
6 EL Shoyu (japanische Sojasauce)
Salz und frisch gemahlener Pfeffer

1 Die Shimeji- und Enoki-Büschel in einzelne Pilze brechen. Größere Enoki halbieren und die Shiitake in feine Streifen schneiden. Werden getrocknete Shiitake verwendet, das Einweichwasser für die Brühe aufbewahren.

2 Getrockneten Wakame etwa 10 Minuten in Wasser einweichen, bis er ganz aufgegangen ist, abgießen und in mundgerechte Stücke schneiden. Wird Spinat verwendet, diesen 1 Minute in leicht gesalzenem kochendem Wasser blanchieren. Abgießen und sofort unter fließendes kaltes Wasser halten – dies erhält die leuchtend grüne Farbe. Den Spinat mit den Händen ausdrücken und in mundgerechte Stücke schneiden.

3 Reichlich Wasser in einem großen Topf zum Kochen bringen. Die Nudeln hineingeben und das Wasser wieder aufkochen. Die Hitze leicht reduzieren, sodass das Wasser nicht überkocht, aber doch möglichst stark sprudelt. Die Garzeit richtet sich nach der Herstellerangabe – in der Regel 4–5 Minuten. Abgießen und sofort unter fließendes kaltes Wasser halten, um die Stärke abzuspülen.

4 Für die Brühe das Einweichwasser der Shiitake mit dem angedrückten Ingwer und Knoblauch in einem Topf erhitzen und bei mittlerer Temperatur 5 Minuten köcheln lassen. Ingwer und Knoblauch herausnehmen und wegwerfen, die Shoyu hinzugießen und die gegarten Ramen darin erwärmen. Mit Salz und Pfeffer abschmecken.

5 In einer Pfanne oder einem Wok etwas Öl heiß werden lassen und Shimeji, Enoki, Shiitake sowie Zenmai und Nameko (falls verwendet) darin zügig pfannenrühren, bis die Pilze gerade weich sind. Mit Salz und Pfeffer würzen.

6 Ramen und Brühe in 4 Nudelschalen verteilen und je ein Viertel der Pfannenmischung sowie Wakame oder Spinat darauf anrichten. Heiß servieren.

Kalte Soba-Nudeln mit Nori und Shiitake-Dipsauce

Shiitake zaru soba [V]

Traditionelle Zaru Soba *sind ein einfaches Gericht: Die* Soba *werden zum Verzehr mit Nori, gehackter Frühlingszwiebel und Wasabi einfach in eine Sauce auf Dashi-Basis gedippt. Vegetarier verwenden die Einweichflüssigkeit der getrockneten Shiitake.*

FÜR 4 PERSONEN

400 g Soba (Buchweizennudeln)
6–8 getrocknete Shiitake, über Nacht in 700 ml Wasser eingeweicht
8 EL Shoyu (japanische Sojasauce)
4 EL Mirin
1 EL Zucker
½ Nori-Blatt, leicht geröstet, in 2,5 cm lange, dünne Streifen geschnitten
2 Frühlingszwiebeln, fein gehackt
2 TL Wasabi-Paste

1 In reichlich kochendem Wasser die Soba-Nudeln 5–6 Minuten kochen. Abgießen, die Stärke unter fließendem kaltem Wasser abspülen.
2 Die Shiitake ausdrücken (Einweichwasser aufbewahren) und in feine Streifen schneiden. 110 Milliliter Einweichwasser in einem Topf bei starker Hitze aufkochen. Die Hitze reduzieren, 2 Esslöffel Shoyu, 1 Esslöffel Mirin, den Zucker und die Shiitake dazugeben und 8 Minuten köcheln, dann abkühlen lassen.
3 Für die Dipsauce übrige Shoyu und Mirin sowie das restliche Einweichwasser in den Topf füllen, zum Kochen bringen und vom Herd nehmen. In 4 Teeschalen füllen.
4 Die Soba kurz unter fließendes kaltes Wasser halten, abtropfen lassen und auf 4 Tellern anrichten. Die Nori-Streifen über die Nudeln streuen. Dazu kleine Teller mit Frühlingszwiebeln, Wasabi-Paste und die Dipsauce reichen. Zum Essen die Nudeln in die Sauce dippen.

Udon-Nudeltopf mit Tempura, Gemüse und Ei

Nabeyaki udon

Da Udon *sehr dicke Nudeln sind, schmecken sie am besten in Brühe gegart, denn dabei nehmen sie das Aroma der Brühe auf. Dieser Nudeltopf ist ein wunderbares Gericht für kalte Wintermonate.*

ERGIBT 2 TÖPFE

2 Garnelen-Tempura (siehe Seite 86)
100 g Spinat, Salz
200 g getrocknete Udon-Nudeln
2–4 frische Shiitake, Stiele abgeschnitten
2 Scheiben Kamaboko (Fischpaste), nach Belieben
2 Eier

FÜR DIE BRÜHE:
560 ml Dashi, ½ TL Meersalz
2 EL Shoyu (japanische Sojasauce)
2 EL Mirin

1 Die Garnelen-Tempura zubereiten (siehe Seite 86) und beiseite stellen.
2 Den Spinat in kochendem Salzwasser 30 Sekunden blanchieren. Abgießen, kalt abschrecken, abtropfen lassen und beiseite stellen.
3 Reichlich Wasser in einem großen Topf zum Kochen bringen, die Udon-Nudeln hineingeben und erneut aufkochen, anschließend die Hitze leicht reduzieren, das Wasser soll aber sprudeln. Die Nudeln 10–13 Minuten kochen. Abgießen und sofort unter fließendes kaltes Wasser halten, um die Stärke abzuspülen. Abtropfen lassen und in 2 Donabe (Tontöpfe) verteilen oder in einen gewöhnlichen großen Topf füllen. In der Zwischenzeit die Zutaten für die Brühe aufkochen.
4 Je 1 Garnelen-Tempura sowie die Hälfte des Spinats, der Shiitake und Kamaboko zu den Nudeln in den Donabe oder alles in den großen Topf geben. Die Brühe darüber gießen. Je 1 Ei in den Tontopf oder beide in den großen Topf aufschlagen. Zugedeckt bei starker Hitze zum Kochen bringen. Die Hitze reduzieren und 5–6 Minuten köcheln lassen, bis die Eier gestockt sind. Heiß servieren.

Soba-Nudeln mit Berggemüse

Sansai soba [V]

Japan ist ein sehr gebirgiges Land, und viele Arten von Sansai *(wildem Berggemüse) werden in ganz Japan für die tägliche Küche genutzt. Inzwischen kultiviert man* Sansai, *wie etwa Adlerfarn oder Schachtelhalm, die abgepackt in Asienläden erhältlich sind.*

FÜR 4 PERSONEN

400 g getrocknete Soba (Buchweizennudeln)
12 Zuckerschoten, Salz
100 g Shimeji-Pilze (nach Belieben)
300 g gegarte Sansai (fertig abgepacktes japanisches Berggemüse) oder anderes Gemüse

FÜR DIE BRÜHE:

1,1 l Gemüsebrühe
4 EL Shoyu (japanische Sojasauce)
2 EL Mirin, ⅔ TL Meersalz

1 Reichlich Wasser in einem großen Topf zum Kochen bringen. Die Soba-Nudeln hineingeben und 5–6 Minuten sprudelnd kochen. Abgießen und sofort unter fließendes kaltes Wasser halten, um die Stärke abzuspülen.
2 Die Zuckerschoten in leicht gesalzenem kochendem Wasser 1 Minute blanchieren. Abgießen.
3 Die Zutaten für die Brühe mit Ausnahme vom Salz in einem Topf aufkochen. Die Hitze reduzieren, die Brühe köcheln lassen. Werden ungewürzte Sansai verwendet, die Brühe salzen. Bei gesalzenen Sansai darauf verzichten. Die Shimeji (falls verwendet) hinzufügen und 2–3 Minuten garen. Herausnehmen, warm halten.
4 Sansai mit 1 Schöpfkelle heißer Brühe in einen Topf füllen. Leicht erhitzen, vom Herd nehmen, warm halten.
5 Die Nudeln zum Erwärmen in kochendes Wasser geben, sofort abgießen und in 4 Schalen verteilen. Je ein Viertel Sansai mit ihrer Brühe sowie die Shimeji darauf anrichten, reichlich Brühe zugießen. Mit Zuckerschoten garniert heiß servieren.

Eiersuppe mit Udon-Nudeln

Kakitama udon

Udon, *die dicken Weizennudeln, werden meist in heißer Brühe angerichtet.* Kakitama *nennt man das in eine Suppe eingerührte Ei, hier in eine gebundene Dashi-Suppe. Dieses Gericht ist ein ideales Mittagessen nach der Schule oder ein Snack für jugendliche Nachtschwärmer.*

FÜR 4 PERSONEN

400 g getrocknete Udon (dicke Weizennudeln)
4 Eier, verquirlt
Gehackte Frühlingszwiebeln zum Garnieren

FÜR DIE SUPPE:

1,1 l Dashi
4 EL Shoyu (japanische Sojasauce)
3 EL Mirin, ¾ TL Meersalz
3 EL Kartoffelstärke (Katakuriko) oder 5 EL Maisstärke

1 Reichlich Wasser in einem großen Topf zum Kochen bringen. Die Udon-Nudeln hineingeben und 10–13 Minuten sprudelnd kochen. Abgießen und sofort unter fließendes kaltes Wasser halten, um die Stärke abzuspülen.
2 Für die Suppe Dashi, Shoyu, Mirin und Salz in einen großen Topf füllen, zum Kochen bringen und die Hitze reduzieren. Die Kartoffel-oder Maisstärke in der jeweils gleichen Menge Wasser auflösen und nach und nach in die Suppe rühren, sodass diese leicht bindet.
3 Die verquirlten Eier langsam in die gebundene Suppe gießen und 2–3 Minuten bei mittlerer Hitze stocken lassen, bis sie an die Oberfläche steigen. Nur ganz leicht umrühren, um das Ei zu zerteilen, und vom Herd nehmen.
4 Die Nudeln zum Erwärmen nochmals kurz in kochendes Wasser geben. Rasch wieder abgießen und in 4 Nudelschalen verteilen. Je ein Viertel der Eiersuppe darüber gießen. Mit den fein gehackten Frühlingszwiebeln garnieren und sofort heiß servieren.

EIICHI TAKAHASHI

Somen-Nudeln in Brühe mit Meerbrassen

Tai nyumen

Eiichi Takahashi vom legendären Hyotei in Kyoto kocht hier *Somen* (sehr feine Weizennudeln) in einer Brühe mit einem Stück *Tai* darauf. In Japan wird *Tai* (Meerbrassen) für ein festliches Essen, etwa zu einem Hochzeitsempfang, einer Geburt oder einer Schulabschlussfeier, im Ganzen gegrillt, denn er hat eine schöne Form und eine herrlich rote Farbe. Die Kombination von weißen *Somen* und Rotbrassen macht dieses Gericht so attraktiv.

FÜR 4 PERSONEN

1 Meerbrassen (vorzugsweise Rotbrassen), geschuppt
Salz
4 Stängel Mitsuba oder Brunnenkresse
4 Portionen Somen (feine Weizennudeln), etwa 350 g

FÜR DIE FISCHBRÜHE:
Salz
1 l Wasser
5 x 5 cm getrockneter Kombu
3 EL Shoyu (japanische Sojasauce)
3 EL Sake
1 TL Meersalz

Schnur zum Binden der Nudeln

Nyumen, *heiße Suppennudeln, sind in Japan eine etablierte Spezialität, denn sie spielen im* Kaiseki-*Mahl eine wichtige Rolle. Man kann sie zu Beginn des Mahls in klarer Brühe servieren, zwischen den Gängen, um den Gaumen zu erfrischen, oder als gegartes Gericht sowie als Reisersatz am Ende. Die delikaten* Somen *dürfen keinesfalls zu lange gekocht werden und harmonieren am besten mit einer kräftigen Brühe.* ET

1 Den Meerbrassen filetieren, Kopf, Gräten und Schwanz für die Brühe aufbewahren. Jedes Filet in zwei gleichmäßige Stücke schneiden, die in die Suppenschalen passen. Je 2 Metallspieße durch die Fischstücke stecken, mit Salz bestreuen und über direkter Hitze mit der Hautseite zuerst in 3–4 Minuten goldbraun grillen. Wenden und die andere Seite genauso grillen. Der Fisch soll innen gar sein.

2 Für die Brühe die Fischkarkasse mit Salz bestreuen und 10–15 Minuten stehen lassen. Mit kochend heißem Wasser übergießen. Die Fischkarkasse mit dem Wasser und Kombu in einen Topf füllen, bis fast zum Siedepunkt erhitzen, den Kombu wieder herausnehmen und wegwerfen. Die Hitze reduzieren, 20 Minuten köcheln lassen. Ständig den aufsteigenden Schaum abschöpfen. Mit Shoyu, Sake und Meersalz würzen. Vom Herd nehmen und warm halten.

3 Mitsuba oder Brunnenkresse in kochendes Wasser tauchen und sofort unter fließendes kaltes Wasser halten. Mit Küchenpapier trockentupfen. In 5 Zentimeter lange Stücke schneiden.

4 Die Somen-Portionen jeweils an einem Ende mit Schnur zusammenbinden. In reichlich kochendem Wasser 1–3 Minuten kochen. Sobald das Wasser zu stark kocht, etwas kaltes Wasser nachgießen. Vorsichtig umrühren, damit die Nudeln nicht zusammenkleben. Abgießen und die Stärke in kaltem Wasser abspülen. Erneut abgießen. Die Somen am zusammengebundenen (nicht gegarten) Ende fassen und in die heiße Brühe tauchen.

5 Die Nudeln unterhalb der Schnur fassen, lockern und dekorativ in 4 Suppenschalen legen. Die Enden samt Schnur abschneiden und wegwerfen. Gegrillten Fisch und Mitsuba oder Brunnenkresse auf den Nudeln anrichten und mit der Brühe übergießen. Sofort heiß servieren.

10

Desserts

Feigen mit Cranberrysauce

Ichijiku no budo an-kake [V]

Kazunari Yanagihara, Experte des *Cha-Kaiseki* (des Mahls zur Teezeremonie), Lehrer und Fernsehkoch, verwandelt hier eine einfache Frucht in ein wunderschönes, ergiebiges Dessert. In der japanischen Küche sind Desserts eher von untergeordneter Bedeutung, da zum Ausklang eines Mahls meist nur frisches Obst verzehrt wird. Die schweren Kuchen isst man dagegen zur Teezeit oder Teezeremonie, begleitet von einer Schale grünem Tee.

FÜR 4 PERSONEN

4 große, 8 mittelgroße oder 12 kleine reife Feigen
110 ml Cranberrysaft (ersatzweise Preiselbeersaft)
120 ml Wasser
5 EL Zucker
1 EL Kartoffelstärke (Katakuriko) oder Pfeilwurzelmehl (Arrowroot), in 1 EL Wasser aufgelöst
Etwas brauner Zucker zum Bestreuen

Feigen werden inzwischen vielerorts in Japan angeboten und haben eine lange Saison, von Sommer bis Spätherbst, entsprechend vielseitig ist auch ihre Verwendung. Schaut man sich die Früchte an, scheinen Feigen keine sichtbaren Blüten zu tragen; darum verweist das chinesische Zeichen für diese Frucht auch auf solche ohne Blüten, doch die rötlichen Teile im Innern sind im Grunde aus deren Blüten hervorgegangen. Wählen Sie reife Feigen mit roter Schale aus, sie haben einen süßeren Geschmack. KY

1 Jeweils ein Stück vom oberen und unteren Ende der Feigen gerade abschneiden, sodass sie gut auf einem Teller stehen und von oben der Saft eindringen kann. Die Feigen in kochendes Wasser tauchen und sofort wieder herausnehmen. Abtropfen lassen und vorsichtig die äußere Haut entfernen. Die Feigen in den Kühlschrank stellen und in der Zwischenzeit die Sauce zubereiten.

2 Cranberrysaft und Wasser in einem Topf vermischen und zum Kochen bringen. Die Hitze reduzieren, den Zucker einstreuen und so lange rühren, bis er sich gelöst hat. Nach und nach die aufgelöste Kartoffelstärke einrühren, um den Saft zu binden, und noch einmal aufkochen lassen. Vom Herd nehmen und den Topf in halber Höhe in kaltes Wasser setzen, um die Sauce rasch abzukühlen.

3 Die gekühlten Feigen in der Mitte von 4 Tellern anrichten. Mit der Sauce übergießen, mit etwas braunem Zucker bestreuen und servieren.

Gelee aus Kokosmilch und roter Bohnenpaste

Coconut milk to anko no jelly-yose

Hiroshi Miura, Chefkoch des Unkai-Restaurants im ANA-Hotel in Sydney, präsentiert hier eine seiner besonderen Kreationen. Zu einem japanischen Menü gehört normalerweise kein Dessert – nach einem reichhaltigen Essen ist man mit Früchten und grünem Tee vollauf zufrieden. Doch im Ausland müssen sich japanische Küchenchefs interessante Desserts für ihre nichtjapanischen Gäste einfallen lassen.

FÜR 4 PERSONEN

60–75 g Azukibohnen, über Nacht in reichlich Wasser eingeweicht, oder 200–225 g fertige süße Azukibohnenpaste
3–4 EL plus 4 TL Zucker
1 Prise Meersalz
15 g Gelatine, in kaltem Wasser eingeweicht
6 EL Kokosmilch oder Kuhmilch
1 kleines Ei, hart gekocht (nur das Eigelb)
Verschiedene Früchte, etwa Melone, Orange und Erdbeeren, zum Garnieren

An, *eine süße rote Bohnenpaste, ist die häufigste Zutat für japanische Kuchen und Süßigkeiten, doch im Ausland ist die Spezialität weniger beliebt – vermutlich wegen ihrer zähen Konsistenz und der ganz eigenen Süße. Ich habe die Konsistenz ein wenig verändert und die frisch zubereitete Paste mit Gelatine aufgelockert. Das Ergebnis ist ein bemerkenswert erfrischendes und weniger süßes Dessert. Die Kombination mit Kokosmilchgelee spricht mit ihrem beeindruckenden Farbkontrast Japaner wie Nicht-Japaner an. In unserem Restaurant vermischen wir zwei Teile Kuhmilch mit einem Teil Kokosmilch, um das dominante Kokosaroma abzuschwächen. Da man aber zu Hause nur eine geringe Menge benötigt, kann man entweder nur Kokosmilch oder nur gewöhnliche Milch verwenden. In unserem Restaurant servieren wir zu diesem Dessert* Matcha-*Eiscreme (Eiscreme aus pulverisiertem Tee) und eine Auswahl an Früchten. Für* Matcha-*Eiscreme verrühren Sie 1 Teelöffel pulverisierten grünen Tee in etwas Wasser und mischen dies unter 500 Milliliter Vanilleeis.* HMi

1 Für die Zubereitung von Azukibohnenpaste die Bohnen mit dem Einweichwasser in einen Topf füllen und bei starker Hitze zum Kochen bringen. Sobald sie kochen, etwa 1 Esslöffel Wasser hinzufügen, vom Herd nehmen. 10 Minuten im heißen Wasser quellen lassen, dann abgießen. Die Bohnen zurück in den Topf füllen, gerade mit Wasser bedecken und erneut zum Kochen bringen. Die Hitze reduzieren und die Bohnen etwa 30 Minuten schwach köcheln lassen. Ab und zu etwas Wasser nachgießen. Sobald das meiste Wasser verdampft ist, 3–4 Esslöffel Zucker und das Meersalz einstreuen und die Bohnen unter ständigem Rühren weiterköcheln lassen. Die Paste sollte nicht zu fest, sondern leicht flüssig werden, darum bei Bedarf etwas Wasser hinzugießen. Wird fertige Bohnenpaste verwendet, etwas Wasser dazugeben, die Paste bei mittlerer Hitze leicht köcheln lassen und alles gut vermischen. Vom Herd nehmen und leicht abkühlen lassen.

2 Die Paste mit der Hälfte der Gelatine vermischen und beiseite stellen.

3 Die Kokosmilch (oder Kuhmilch) in einem Topf bei mittlerer Temperatur heiß werden lassen und 3 Teelöffel Zucker dazugeben. Vom Herd nehmen und die restliche Gelatine gründlich einrühren. Etwas von dieser Milch in 4 kleine Puddingförmchen gießen (etwa 5 Millimeter hoch), dabei die Milch über einen Löffelrücken laufen lassen. Im Kühlschrank erstarren lassen, dann die Förmchen mit der Bohnenpaste auffüllen. Erneut im Kühlschrank fest werden lassen.

4 Das hart gekochte Eigelb durch ein feines Sieb passieren und mit 1 Teelöffel Zucker vermischen. 1 Teelöffel der Masse mit den Händen zu einer kleinen Kugel formen. Weitere 3 Kugeln herstellen.

5 Das Kokos-Bohnenpasten-Gelee auf Teller stürzen und je 1 Eigelbkugel obenauf setzen. Mit Melonenkügelchen, Orangenspalten und/oder einigen Erdbeeren garnieren und servieren.

Reisbällchen in Azukibohnenpaste

Ohagi [V]

Azukibohnen werden oft für Süßigkeiten verwendet, was vermutlich mit ihrer leuchtend roten Farbe zusammenhängt. Man kann auch gemahlene Azukibohnen kaufen und mit Zucker vermischen oder fertige Azukibohnenpaste aus der Dose verwenden.

ERGIBT 12 BÄLLCHEN

200 g getrocknete Azukibohnen, über Nacht in Wasser eingeweicht
180 g Zucker
1 Prise Salz
150 g Klebreis
40 g japanischer Rundkornreis
1–2 EL eingelegtes Gemüse zum Garnieren

1 Die Bohnen mit dem Wasser in einen Topf füllen, aufkochen. 2 Esslöffel kaltes Wasser hinzufügen, vom Herd nehmen und zugedeckt 10 Minuten quellen lassen. Abgießen, mit reichlich Wasser zurück in den Topf füllen. Aufkochen, bei reduzierter Hitze 1 Stunde schwach köcheln lassen. Bei Bedarf Wasser hinzugießen, sodass die Bohnen gerade bedeckt sind.
2 Den Zucker und das Salz einrühren, vom Herd nehmen. Die Bohnen in der Garflüssigkeit zerstampfen. Ist die Paste zu flüssig, unter Rühren schwach erhitzen, damit die überschüssige Flüssigkeit verdampft.
3 Kleb- und Rundkornreis zusammen waschen. Abgießen, 1 Stunde stehen lassen. Mit 225 Milliliter Wasser zugedeckt aufkochen, die Hitze reduzieren, 13 Minuten köcheln lassen. Zugedeckt für 10 Minuten beiseite stellen.
4 Je 1 Hand voll Reis zu 12 ovalen, 4–5 Zentimeter langen Bällchen formen. 1 gehäuften Esslöffel Bohnenpaste auf einem sauberen, feuchten Tuch zu einem Kreis (Durchmesser 12–15 Zentimeter) verstreichen. Ein Bällchen in die Mitte setzen und mithilfe des Tuchs in die Paste einwickeln. Den Vorgang wiederholen. Mit Gemüse-Pickles servieren.

Gedämpfte Eiweißcreme mit Ingwersauce

Gyunyu chawan-mushi [V]

In der traditionellen japanischen Küche haben Milchprodukte keine große Bedeutung, doch für Desserts wird Milch gern verwendet.

FÜR 4 PERSONEN

500 ml Milch
2 EL Mehl, 1 EL Honig
2 Eiweiß, verquirlt

FÜR DIE INGWERSAUCE:
5 cm frische Ingwerwurzel, geschält, in dünne Scheiben geschnitten
560 ml Wasser
2 EL Mehl, 1 TL Honig

1 Die Milch mit dem Mehl und Honig in einem Topf vermischen und bei mittlerer Temperatur auf etwa 82 °C erhitzen. Dabei ständig rühren. Vom Herd nehmen und abkühlen lassen.
2 Die Milchmischung unter das verquirlte Eiweiß rühren und durch ein feines Sieb gießen. Die Mischung in 4 hitzebeständige Glasschalen verteilen, diese in einen Dämpftopf einsetzen und die Creme bei mittlerer Hitze 15 Minuten dämpfen.
3 Inzwischen für die Sauce die Ingwerscheiben in einem Topf mit kaltem Wasser bedecken, zum Kochen bringen und 5 Minuten bei starker Hitze kochen. Abgießen. Das Ingwerwasser mit dem frischen Wasser, Mehl und Honig bei mittlerer Temperatur erhitzen, bis die Sauce auf ein Drittel eingekocht ist.
4 Je ein Viertel der Sauce auf die Eiweißcreme gießen und im Dämpftopf kurz durchwärmen. Heiß servieren.

Süßes Azukibohnengelee

Mizu yokan [V]

Yokan, *eine feste Azukibohnenpaste, ist in Japan sehr beliebt und wird fertig in* Wagashi-*Läden (Süßwarengeschäften) und Supermärkten verkauft. Diese Variante mit* Mizu *(Wasser) ist sehr viel weicher und lockerer und wird kalt gegessen – ideal für den Sommer.*

FÜR 6–12 PERSONEN

7–8 g Kanten (Agar-Agar-Stäbchen), 1 Stunde in Wasser eingeweicht
450 ml Wasser
200 g Zucker
300 g fertige süße Azukibohnenpaste
Shiso-Blätter zum Garnieren

1 Kanten abgießen, überschüssiges Wasser ausdrücken. Mit dem frischen Wasser aufkochen und 15–20 Minuten leicht köcheln lassen, bis sich der Kanten vollständig gelöst hat. Den Zucker einrühren und lösen. Durch ein feines Sieb in eine Schüssel abseihen.
2 Die Bohnenpaste in die gesüßte Flüssigkeit einrühren, bis alles gleichmäßig vermischt ist. Die Schüssel in ein kaltes Wasserbad stellen und die Mischung vorsichtig umrühren, während sie abkühlt. So sinkt die Paste nicht wieder zum Boden ab.
3 Wird die Mischung nach etwa 15 Minuten fest, eine Kanten-Form aus Metall oder einen Kunststoffbehälter (etwa 20 × 15 Zentimeter) mit Klarsichtfolie auskleiden und die Mischung einfüllen. Auf Raumtemperatur abkühlen lassen.
4 Das Gelee mithilfe der Folie aus der Form nehmen, in 6–12 Stücke schneiden. Mit Shiso-Blättern garniert servieren.

Obst-Kanten-Salat mit Cranberrysirup

Frucht kanten [V]

Kanten, *Agar-Agar, wird nicht nur zum Gelieren verwendet, sondern schmeckt als Geleestäbchen auch ohne weitere Beigaben sehr gut. In Japan isst man gern* Kanten-*Würfelchen, vermischt mit Sirup und ein paar roten Bohnen. Die Spezialität heißt* Mitsumame.

FÜR 4 PERSONEN

3–4 g Kanten (Agar-Agar-Stäbchen)
1 EL Zucker
1 kleiner roter Apfel, entkernt, in 8 Spalten geschnitten, Salz
1 Sharon, Birne oder Nektarine
1–2 Bananen, geschält, in dünnen Scheiben
20 weiße Weintrauben, halbiert, entkernt
10 Erdbeeren, halbiert
Flüssige Sahne zum Servieren

FÜR DEN CRANBERRYSIRUP:
225 ml Cranberrysaft
6 EL flüssiger Zuckersirup

1 Kanten 1 Stunde in Wasser einweichen. Abgießen, überschüssiges Wasser ausdrücken. Kanten in kleine Stücke rupfen. Mit 225 Milliliter Wasser in einen Topf füllen und bei mittlerer Hitze kochen lassen, bis sich der Kanten auflöst. Den Zucker einrühren und lösen. Eine quadratische Form oder einen Kunststoffbehälter (500 Milliliter Inhalt) mit Klarsichtfolie auskleiden und die Mischung durch ein Sieb hineingießen. Abkühlen lassen. (Kanten wird bei Raumtemperatur schnell fest.) Im Kühlschrank kalt stellen.
2 Für den Sirup den Cranberrysaft und Zuckersirup verrühren und bei mittlerer Temperatur heiß werden lassen, aber nicht kochen. Vom Herd nehmen. Im Kühlschrank kalt stellen.
3 Die Apfelspalten fächerartig quer einschneiden und in gesalzenes Wasser legen, damit sie sich nicht verfärben. Abgießen, trockentupfen. Die Sharon, Birne oder Nektarine in Stücke schneiden.
4 Fest gewordenen Kanten mithilfe der Folie aus der Form nehmen, in 1,5 Zentimeter große Würfel schneiden. Diese und alle Früchte in eine große Salatschüssel füllen. Den Cranberrysirup darüber gießen und unterheben. Mit einem Krug süßer Sahne servieren.

NOBUO IWASEYA

Feigen und Trauben in Midori-Gelee

Midori likyuru no kanten-yose [V]

Nobuo Iwaseya, Chefkoch aller Suntory-Restaurants im Ausland, zeigt hier, wie man grünes Gelee aus *Kanten* (Agar-Agar) zubereitet, einer vegetarischen Alternative zu tierischer Gelatine. *Midori*, das vielleicht bekannteste Produkt von Suntory außerhalb Japans, ist ein Melonenlikör. Dank seiner schönen grünen Farbe lassen sich damit farbenprächtige Cocktails mixen. Das verwendete vegetarische Geliermittel wird bereits bei höherer Raumtemperatur fest, deshalb sollte der *Kanten* erst gekocht werden, wenn die anderen Zutaten fertig vorbereitet sind.

FÜR 4 PERSONEN

2–3 Feigen, geschält
Frisch gepresster Saft von ½ Zitrone
12 kernlose weiße Trauben, enthäutet
110 ml Midori-Likör
10 g Kanten (Agar-Agar-Stäbchen), 5 Minuten in reichlich Wasser eingeweicht
450 ml Mineralwasser
4 EL Zucker
12 Heidelbeeren
6 kleine Erdbeeren
3–4 weiße Marshmallows (Schaumzucker), nach Belieben

Statt Kanten *kann man für dieses Dessert natürlich auch Gelatine verwenden, doch muss man das Gelee dann in einzelnen Schälchen bereiten. Für Gelee in einem großen Stück, das dann in Würfel geschnitten wird, ist* Kanten *viel besser geeignet.* Midori *ist ein hochprozentiger Likör, der vor der Verwendung gekocht werden muss, damit der Alkohol vollständig verdampft, denn sonst wird das Gelee nicht richtig fest. Für dieses schöne grüne Gelee kann jegliches Obst oder eine Kombination aus zwei oder drei Früchten verwendet werden.* NI

1 Zuerst die Früchte vorbereiten. Für die Feigen den Zitronensaft und 2–3 Esslöffel Wasser in einer kleinen Schale verrühren, die Feigen hineintauchen und auf Küchenpapier abtropfen lassen. Je nach Größe quer in 3–4 Scheiben schneiden. Die Trauben längs halbieren.
2 Den Midori-Likör in einem kleinen Topf 2–3 Minuten bei starker Hitze kochen, bis der Alkohol verdampft ist. Vom Herd nehmen, abkühlen lassen.
3 Den Kanten abgießen, überschüssiges Wasser ausdrücken und in kleine Stücke rupfen. Mit dem Mineralwasser in einen Topf geben und bei mittlerer Hitze unter gelegentlichem Rühren 7–8 Minuten kochen lassen, bis der Kanten sich vollständig aufgelöst hat. Vom Herd nehmen und durch ein feines Sieb in einen anderen Topf abseihen. Bei mittlerer Temperatur erhitzen, den Zucker einstreuen und unter Rühren lösen. Vom Herd nehmen, abkühlen lassen. Hat die Kanten-Mischung etwa Körpertemperatur erreicht, den Midori-Likör unterrühren. Nicht zu lange warten, da die Mischung schnell fest wird.
4 Die Früchte und die Marshmallows (nach Belieben) dekorativ in einer quadratischen Form (560 Milliliter Inhalt) verteilen und die Kanten-Midori-Mischung darüber gießen. Die Früchte steigen dabei an die Oberfläche. Um dies zu vermeiden, zuerst nur die Hälfte der Früchte und der noch warmen Kanten-Mischung verwenden und 10 Minuten im Kühlschrank fest werden lassen. Nun die übrigen Früchte und die Mischung (etwa von Raumtemperatur) einfüllen. 20 Minuten fest werden lassen. Kanten wird schnell fest und muss darum nicht gekühlt werden. Das Gelee aus der Form stürzen und in 4 Stücke schneiden. Auf Tellern anrichten und servieren.

11

Reiswein
und Likör

Sake

Sake

Das alkoholische Nationalgetränk der Japaner ist zweifellos Sake – Reiswein. Obwohl dieses Getränk immer noch sehr geschätzt und stets zu traditionellen japanischen Speisen gewählt wird, haben ihm Export-Bier und Whisky, aber auch Wein inzwischen den Rang abgelaufen. Trotzdem wird Sake immer noch in ganz Japan gebraut; und um der wachsenden Popularität außerhalb Japans gerecht zu werden, produzieren einige große Brauereien auch im Ausland, vor allem in den USA.

Der Großteil des besten Sake kommt heute noch immer aus den kleinen japanischen Landbrauereien, wo der traditionelle Brauvorgang ausschließlich von Hand erfolgt. Etwa 6 000 dieser Brauereien produzieren jedes Jahr stattliche 55 000 Liter Sake. Der Prozess ist relativ einfach: Zuerst gibt man *Koji* (ein Gärungsmittel, das Stärke in Zucker umwandelt) zum gedämpften Reis, dann Hefe, um den Zucker in Alkohol und Kohlendioxid zu verwandeln. Nun werden erneut gedämpfter Reis, *Koji* und Wasser zum Fermentieren hinzugefügt. Schließlich wird der Sake abgepresst und muss in einem Fass reifen. Sake wird von Herbst bis zum beginnenden Winter hergestellt und ist nach etwa 60 Tagen fertig. Trinken sollte man ihn innerhalb eines Jahres nach Abfüllung.

Die Qualitätseinteilung ist sehr kompliziert, doch wer besten Sake haben möchte, sollte nach *Ginjo*, *Junmai* und *Hon-Johzo* Ausschau halten. Für die Herstellung wird das Reiskorn geschält, um die reine Stärke zu gewinnen. Die Qualität hängt vom Ausmaß des Schälens ab. Für *Ginjo* müssen mindestens 40 Prozent entfernt werden, für *Dai-Ginjo* (großen *Ginjo*), die beste Qualität, mindestens 50 Prozent. Bei *Junmai* handelt es sich um reinen Reis-Sake, während *Non-Junmai* etwas Braualkohol und Zucker enthält. Für *Hon-Johzo* werden 30 Prozent des Korns entfernt, und man gibt noch Alkohol dazu. *Ginjo* sollte kalt getrunken werden, *Junmai* und *Hon-Johzo* trinkt man kalt oder lauwarm. Nur 20 Prozent des in Japan produzierten Sake gelangen in diese höchste Kategorie. Getrunken wird der klare, farblose Sake aus Porzellanschälchen. Er ist gut haltbar, doch geöffnete Flaschen sollten schnellstmöglich getrunken werden. Man bewahrt ihn kühl und dunkel auf.

Pflaumenwein

Umeshu [V]

Obwohl dieses Getränk im Westen als Pflaumenwein bekannt ist, handelt es sich bei der Frucht Ume, *mit der man es bereitet, nicht um eine Pflaume, sondern um die Japanische Aprikose (bei uns als Kaki, Kakipflaume oder auch Chinesische Dattelpflaume bekannt). Frische, unreife grüne Früchte werden mit Zucker für mindestens 3 Monate in Branntwein, etwa* Shochu, *eingelegt.* Shochu *ist destillierter Reisbranntwein, der aber auch aus einer Mischung anderer Getreidearten und sogar aus Süßkartoffeln hergestellt wird. Japanische Aprikosen kommen in Japan im frühen Juni in den Handel; in den meisten Haushalten beginnt dann die* Umeshu*-Produktion für das nächste Jahr. Pflaumenwein, mit Eiswürfeln gekühlt, ist ein beliebtes Sommergetränk.*

ERGIBT ETWA 4 LITER

1 kg Japanische Aprikosen oder unreife Renekloden
750 g Kristallzucker oder 560 g herkömmlicher Zucker
1,8 l Shochu (destillierter Reisbranntwein)

1 Die Kelchblätter oder Stiele von den ungewaschenen Früchten entfernen und die Früchte mit Küchenpapier oder einem trockenen sauberen Tuch abwischen.
2 Ein paar Früchte in ein Einmachglas mit 4 Liter Inhalt einlegen und mit etwas Zucker bestreuen. Den Vorgang wiederholen, bis alle Früchte eingefüllt sind und der Zucker aufgebraucht ist.
3 Mit Shochu auffüllen, sodass die Früchte vollständig bedeckt sind. Das Glas luftdicht verschließen und an einen dunklen, kühlen Ort stellen. Mindestens 3 Monate, besser 1 Jahr stehen lassen. Mit Eiswürfeln oder vermischt mit Tomatensaft oder Sodawasser trinken.

Heißer Shochu mit eingelegter Pflaume

Umejochu [V]

Der etwas herbe Shochu *– destillierter Reisbranntwein, der auch aus Gerste und Hirse, Melasse oder Süßkartoffel hergestellt sein kann – wird über* Umeboshi, *getrocknete, in Salz eingelegte Japanische Aprikosen, gegossen.* Umeboshi *bekommt man abgepackt in japanischen Spezialgeschäften (Asienläden). Das bodenständige Getränk ist eine preisgünstige Alternative zu Sake, obwohl es auch einen eleganten Drink ergibt.*

ERGIBT 4 GROSSE GLÄSER

4–8 Umeboshi (getrocknete Japanische Aprikosen)
220 ml Shochu (destillierter Reisbranntwein)
Kochend heißes Wasser
Zitronenscheiben zum Servieren

1 Je 1–2 Umeboshi in 4 große Gläser einlegen. Jeweils 55 Milliliter Shochu darüber gießen und mit kochend heißem Wasser auffüllen. Die Stärke des Getränks kann mit der Menge des heißen Wassers reguliert werden.
2 Je 1 Zitronenscheibe an den Glasrand stecken und den Umejochu heiß servieren. (Eine feine Alternative zu „Bommi mit Pflaume“ und ein guter Digestif.)

Heißer Sake mit Fischflossen

Hire-zake

Takeshi Yasuge, Küchenmeister des *Fugu*-Restaurants Asakusa Fukuji in Tokio, behauptet, dass man für das beste Ergebnis wilden *Tora-Fugu* verwenden müsse. Doch leider ist *Fugu* in westlichen Ländern nicht erhältlich, und darum werden hier die Flossen von Rotbrassen als Alternative angegeben. Der kleine *Fugu* wird in Japan so hoch geschätzt, dass man jeden Teil des Fischs nutzt – selbst die Flossen dienen zur Herstellung eines Getränks. *Hire-Zake* ist heißer Sake, wie er gewöhnlich in japanischen *Fugu*-Restaurants serviert wird, mit *Fugu*-Flossen.

ERGIBT 4 HOHE SCHALEN

Flossen von 1 Rotbrassen
(siehe einleitender Text)
900 ml preisgünstiger Sake

Hire-Zake *wird eigentlich wegen seines Dufts, weniger wegen des Geschmacks getrunken. In meinem Restaurant verwenden wir nur die Flossen des wilden* Tora-Fugu, *die das weitaus beste Aroma besitzen. Sie machen Sake mild und süß und billigen Sake erst trinkbar. Der* Fugu *hat vier Flossen, eine an jeder Seite, eine Rücken- und eine Bauchflosse. Man kann auch die Schwanzflosse verwenden. Am besten genießt man diesen exquisiten Sake in einem* Fugu-*Restaurant in Japan, das nur wilden* Fugu *serviert. Wer das Getränk außerhalb Japans bereiten möchte, sollte Meerbrassen verwenden.* TY

1 Die 4 Flossen fächerförmig öffnen und, solange sie noch feucht sind, auf einer flachen Oberfläche (etwa einem Teller) so „aufkleben", dass sie die Fächerform behalten. 2–3 Wochen lufttrocknen lassen. Die Flossen sollten sehr trocken und knusprig sein. Im Elektrogrill bei mittlerer Hitze von beiden Seiten grillen, bis sie goldbraun und an den Spitzen beinahe verbrannt sind.

2 Inzwischen den Sake in einen Topf gießen oder in einen Tokkuri (Sakekrug) füllen und diesen in einen Topf mit kochendem Wasser stellen. Den Sake bei starker Hitze fast zum Kochen bringen. Die gegrillten Flossen in 4 hohe Schalen verteilen und mit heißem Sake auffüllen. Mit einem Deckel oder kleinen Teller abdecken und 5–6 Minuten ziehen lassen. Heiß trinken.

Register

Kursiv gesetzte Namen beziehen sich auf warenkundliche Informationen und wichtige japanische Begriffe. **Fett** gedruckte Seitenzahlen verweisen auf Rezepte mit einer Abbildung.

Die Küchenmeister

AUS JAPAN

Takayuki Hishinuma (TH)
Als Chef des Tokioter Restaurants Hishinuma gehört er zu den jungen Begründern der neuen japanischen Küche. Während die Verarbeitung der Zutaten auf seiner traditionellen Ausbildung basiert, verrät die Zusammenstellung jedoch sein Geschick, Tradition und heutige Zeit zu verbinden. Er ist auch ein Kenner internationaler Weine.

Nobuo Iwaseya (NI)
Er ist der Leiter aller Suntory-Restaurants im Ausland, die für den hohen Standard traditioneller Speisen berühmt sind. Verantwortlich für die Eröffnung sämtlicher Restaurants, die Speisepläne und die Verwendung regionaler Produkte, gewann er mit dem Londoner St. James's 1987 einen Michelin-Stern.

Kentaro Kobayashi (KK)
Kentaro ist ein berühmter junger Fernsehkoch, der in die Fußstapfen seiner Mutter, der bekannten Kochbuchautorin und Fernsehköchin Katsuyo Kobayashi, getreten ist. Seine unkomplizierte Küche spricht vor allem die viel beschäftigten Menschen von heute an. Er hat bereits viele Bücher geschrieben.

Akihiro Kurita (AK)
Der junge Küchenchef eines kleinen Restaurants mit seinem Namen, das auf die Kyotoer Küche spezialisiert ist, kocht vor seinen Gästen. Seine Küche basiert auf der *Kaiseki*-Tradition, ist aber zugänglicher und preisgünstiger. Die Spezialitäten des innovativen Kochs zeigen seine große Kenntnis der Saisonprodukte Kyotos und ihrer Zubereitung. In den Medien wurde schon viel über ihn berichtet.

Masahiro Kurusu (MK)
Masahiro Kurusu, der in der dritten Generation das etablierte *Kaiseki*-Restaurant Tankuma in Kyoto leitet, unterrichtet auch und erscheint regelmäßig im Fernsehen. Sein Großvater, der Gründer des Tankuma, führte die inzwischen sehr populären Kappoh-Restaurants ein, in denen der Chef hinter der Theke kocht und das Essen auch serviert.

Yoshihiro Murata (YM)
Der in eine Familie von *Kaiseki*-Küchenmeistern Hineingeborene bereiste die Welt auf der Suche nach kulinarischen Traditionen, bis er erkannte, wie reich sein eigenes Erbe ist und dass es seine Aufgabe sei, die Welt davon wissen zu lassen. Einen Teil dieser Aufgabe erfüllten er und seine Frau, als sie mit Dom Pérignon 1999 vor der Weltpresse in Frankreich ein *Kaiseki*-Bankett präsentierten.

Minoru Odajima (MO)
Minoru Odajima arbeitete einige Jahre in einem japanischen Restaurant in Paris, ehe er nach Japan zurückkehrte und Anfang der 1970er-Jahre sein eigenes Odajima in Tokio eröffnete. Als einer der ersten Küchenchefs servierte er Fleisch als Hauptgericht und passenden Wein dazu. „Das Einfache ist das Beste" lautet sein Motto, und er glaubt, dass die japanische Kochtradition die ultimative internationale Küche der Zukunft ist.

Yuichi Oyama (YO)
Chefkoch des 160 Jahre alten Sushi-Restaurants Yoshino in Osaka. Seine Karriere hat er ausschließlich der Sushi-Zubereitung gewidmet und ist sehr stolz, der Hüter des nur noch selten servierten *Hako-Zushi* zu sein, eines traditionellen Sushi nach Osaka-Art. Ihm beim Rollen, Pressen und Anrichten der Sushi zuzusehen ist ein magisches Erlebnis.

Tetsuya Saotome (TSa)
Tetsuya Saotome hält das Braten von Tempura für eine eigene Wissenschaft, was er in seinem Tempura-Restaurant Mikawa in Tokio immer wieder unter Beweis stellt. Er schreibt für Magazine und tritt im Fernsehen auf. Außerdem ist er Künstler, Kalligraph und sammelt japanische Antiquitäten.

Eiichi Takahashi (ET)
Als Nachkomme der Familie von Küchenmeistern des legendären *Kaiseki*-Restaurants Hyotei in Kyoto (1837 gegründet) ist er stolz darauf, dieses Erbe in der 14. Generation fortzuführen; er leitet eine ganze Armee von Köchen. Getragen von seinem Ruhm in der kulinarischen Welt Japans, hat er schon viele Bücher über die *Kaiseki*-Küche geschrieben.

Kazunari Yanagihara (KY)
Er ist der Nachkomme der alten *Cha-Kaiseki*-Schule Kinsa-ryu. Seine Tokioter Kochschule, Yanagihara Ryori Kyoshitsu, gehört zu den angesehensten Ausbildungsstätten für Töchter und zukünftige Bräute vornehmer Familien aus ganz Japan. Er hat bereits mehrere japanische Kochprogramme im Fernsehen präsentiert und viele Kochbücher geschrieben, einschließlich *Kinsa-ryu Seasonal Tastes*.

Takeshi Yasuge (TY)
Obwohl er eine allgemeine Ausbildung in japanischer Kochkunst erhielt, ist Takeshi Yasuge heute ein Experte in der Zubereitung von *Fugu*. Er ist der Küchenmeister des *Fugu*-Restaurants Asakusa Fukuji in Ginza, Tokio, und hält *Fugu* für den delikatesten und teuersten Fisch der Welt.

AUS GROSSBRITANNIEN

Susumu Hatakeyama (SH)
Küchenchef des etablierten Ikeda-Restaurants im Londoner Mayfair. Er kam nach seiner Ausbildung in der traditionellen japanischen Küche in Osaka Ende der 1970er-Jahre nach London. Für ihn besteht das Geheimnis einer erfolgreichen japanischen Küche im Ausland darin, sich ohne Scheu dem Geschmack der Menschen ein wenig anzupassen.

Hisashi Taoka (HT)
Hisashi Taokas Familie leitete in einem bekannten Kurort Japans ein *Ryokan* (Hotel im alten Stil). Heute ist er Fischhändler und Besitzer des 1978 gegründeten Kiku-Restaurants in Londons Mayfair. Auf der Suche nach gutem Thunfisch reist der frühere Großhändler vom Londoner Fischmarkt Billingsgate selbst ans Mittelmeer. Sein Restaurant kann sich der besten Sushi-Bar Londons rühmen.

AUS DEUTSCHLAND

Hideaki Morita (HMo)
Hideaki Morita kam nach seiner Ausbildung in Tokio nach Hamburg, um im dortigen Matsumi-Restaurant, Filiale des elterlichen Restaurants in Tokio, zu arbeiten. Bei der Pensionierung des Besitzers übernahm er 1987 das Restaurant. Seine traditionelle und kompromisslose Küche hat viele Anhänger gefunden, so auch seine deutsche Partnerin und Managerin Petra.

AUS DEN USA

Linda Rodriguez (LR)
Die in Manila geborene heutige (seit 1998) Chefköchin des gefeierten New Yorker Restaurants Bond Street verbrachte einen Teil ihrer Kindheit in Japan, wo sie die japanische Küche kennen lernte. Ihre erste Ausbildung erhielt sie in französischer Cuisine, darauf folgten verschiedene asiatische Landesküchen, auch die Cajun-Küche. Sie arbeitete im New Yorker wie im Londoner Nobu.

Toshi Sugiura (TSu)
Der Chef des Hama gilt als bester Sushi-Koch in Los Angeles. Toshi bereiste die Welt, ehe er Ende 1970 nach Los Angeles kam. Die Kunst der Sushi-Zubereitung hat er ausschließlich dort gelernt. Direkt neben dem Restaurant betreibt er eine Sushi-Schule. Internet-Adresse: *www.restaurant-hama.com* und *www.sushi-academy.com*.

Ken Tominaga (KT)
Ken gelangte in den 1970ern nach Kalifornien, kehrte für eine Ausbildung zum Küchenmeister jedoch nach Tokio zurück. Seine Küche ist innovativ, doch traditionsbewusst, und gründet auf kulinarischem Sachverstand, was seinem Restaurant Hana im Norden San Franciscos den Ruf eines der 50 besten der Bay Area eingebracht hat. Internet-Adresse: *www.hanajapanese.com*.

AUS AUSTRALIEN

Hiroshi Miura (HMi)
Leitender Küchenchef des Unkai-Restaurants im All Nippon Airways Hotel in Sydney. Nach seiner klassischen Ausbildung in *Cha-Kaiseki* und *Ryotei* arbeitete er in einer Reihe angesehener Häuser, bevor er zur ANA-Restaurant-Gruppe kam und Küchenchef eines Flug-Catering-Unternehmens wurde. Mit nur 32 Jahren ernannte man ihn 1992 zum Chef des neu eröffneten Unkai.

AUS HONGKONG

Naoyuki Sato (NS)
Der heutige Chefkoch des berühmten Nadaman im Kowloon Changrilla Hotel in Hongkong startete seine Karriere innerhalb der Nadaman-Organisation. Das 1829 in Kyoto eröffnete Nadaman gehört zu den ältesten *Kaiseki*-Restaurants mit mittlerweile 20 Filialen in Japan sowie 7 im Ausland.